新形态一体化活页式教材

大学生劳动教育教程

主编◎徐初娜 金蓓蕾 徐敏
副主编◎金浩伟 柏凤 卢璐璐 张彩娟

中国服务之美

U1046774

实践啦·劳动在线

劳动教育在线开放课程

中国旅游出版社

PREFACE 前言

劳动教育是中国特色社会主义教育制度的重要内容，是影响社会主义建设者和接班人的劳动精神面貌、劳动价值取向和劳动技能水平的因素之一。2020年3月，中共中央、国务院发布《关于全面加强新时代大中小学劳动教育的意见》，对新时代劳动教育做了顶层设计和全面部署，特别提出了整体优化学校课程设置，将劳动教育纳入中小学国家课程方案和职业院校、普通高等学校人才培养方案，形成具有综合性、实践性、开放性、针对性的劳动教育课程体系。2020年7月，为深入贯彻习近平总书记关于教育的重要论述，全面贯彻党的教育方针，落实《中共中央 国务院关于全面加强新时代大中小学劳动教育的意见》，加快构建德智体美劳全面培养的教育体系，教育部组织研究制定了《大中小学劳动教育指导纲要（试行）》。

本教材严格遵循《大中小学劳动教育指导纲要（试行）》文件要求，以培养学生劳动精神和劳动素养为目标，以强化学生劳动认知和劳动技能为关键，以案例分析、劳动实践项目训练、线上课程平台为载体，按照“劳动意识—劳动情感—劳动技能—劳动实践”的逻辑顺序，分为四篇、十二章。“认识劳动”篇由“劳动导论”“劳动教育实践概述”两章构成，着力于提高学生对劳动及劳动教育的认知，帮助学生树立新时代劳动观；“崇尚劳动”篇由“劳模精神”“劳动精神”“工匠精神”三章构成，着力于弘扬劳模精神、劳动精神、工匠精神，引导学生崇尚劳动；“懂得劳动”篇由“劳动心理”“劳动安全”“劳动法规”三章构成，着力于强化学生的劳动技能、职场文化适应能力，培育学生的劳动素养；“践行劳动”篇由“校园劳动”“社会实践”“实习实训”“创业实践”四章构成，着力于提升学生的服务意识、培养学生的创造精神，指导学生进行劳动实践。

作为旨在推进劳动教育实施效果的新形态教材，本教材与本门课的在线课程紧密关联，学生可以通过扫描书本封面及各章二维码的方式，获得海量的在线劳动教育资源，并可直接和编者在线互动，提升了教材的使用效果。同时，学生可以通过扫描书本封面的“实践啦·劳动在线”二维码，从劳动思想性、劳动服务性、劳动创造性、劳动习惯与品质四个维度参加劳动实践项目，走出课堂，身体力行参加劳动锻炼，知行合一，形成全面的劳动素养。

本教材的“认识劳动”篇由张彩娟、柏凤编写，“崇尚劳动”篇由谢建颐、吴依妮编写，“懂得劳动”篇由高晴、陈雪琪、俞丹茗编写，“践行劳动”篇由金浩伟、吴依妮、卢璐璐、徐敏编写。全书由徐初娜、金蓓蕾、徐敏进行整体框架设计并统稿。

本教材适合高职高专各专业学生使用。本教材是编者在总结多年教学经验的基础上，参考了大量有关文献及网络资源完成的。由于编写时间仓促，加上水平有限，书中难免有不足乃至错误之处，恳请广大读者朋友不吝赐教。

编者

2021 年 12 月

CONTENTS 目录

第一篇　认识劳动

第二篇　崇尚劳动

第三篇 懂得劳动

第四篇 践行劳动

第一篇

认识劳动

劳动是财富的源泉，也是幸福的源泉。树立马克思主义劳动观，反对一切不劳而获、投机取巧、贪图享乐的思想。

劳动教育在线开放课程

第一章　劳动导论

学习导航

目标分类	具体内容
知识	1.理解劳动的内涵 2.体会劳动教育的意义 3.了解劳动的历史渊源
能力	1.列举树立正确劳动观的途径 2.在生活、学习中践行正确的劳动观
素养	1.形成中国特色社会主义劳动观 2.认同劳动教育的开展 3.养成崇尚劳动、尊重劳动的态度
课程思政	1.懂得劳动教育是中国特色社会主义教育制度的重要内容 2.知晓劳动对培育时代新人的必要性

案例导读

劳动创造：大国崛起的支点

没有一个国家的崛起，是命中注定的。崛起，必须劳动争取。回望中国近百年，从饱经战乱到新中国成立，再到改革开放，直至如今全面建成小康社会，它们的背后，是无数革命先辈、科学家、劳动者奋斗的身影。这群可敬的劳动者，凝心聚力，把挑战变成机遇，把大国之材、大国重器，掌握在自己手里……

新中国成立以来，伟大的祖国发生了翻天覆地的变化。弹指一挥间，新中国取得了诸多瞩目的成就。1949 年，在我们这片饱经战乱、分裂与贫穷的土地上，建立了中华人民共和国；1949 年，教育部召开的“第一次全国教育工作会议”拉开了扫盲教育的序幕，全国各地办识字班，文盲率由 80% 下降到 4%；武汉长江大桥于 1955 年 9 月 1 日动工兴建，是新中国成立后修建的第一座公铁两用的长江大桥，1957 年 10 月 15 日，“万里长江第一桥”通车运营；1964 年 10 月 16 日，新中国试爆了第一颗原子弹，无数专家、学者在大漠戈壁过着极为艰苦的生活，只用 16 年，中国摆脱了美帝国主义的核讹诈，两年零八个月后，中国就拥有了氢弹；1978 年改革开放的大幕拉开后，数十年间高素质而廉价的劳动力吸引着全球产业向中国转移；20 世纪 90 年代，中国大规模推动西气东输工程、南水北调工程等基础设施建设；2001 年 7 月 13 日，获得 2008 年奥运会举办权，并在 2008 年奥运会上荣获 48 枚金牌，成为当时获得金牌总数最多的国家；2001 年，中国加入 WTO，到了 2013 年，中国已经是全球货物贸易的第一大国；2006 年三峡大坝全线建成，是世界上最大的钢筋混凝土重力坝；2015 年 10 月，中国药学家屠呦呦因开创性地从中草药中分离出青蒿素应用于疟疾治疗而获得诺贝尔生理学或医学奖；2018 年 10 月 24 日，港珠澳大桥开通运营。此外，我国在载人航天、探月工程、量子科学、深海探测、超级计算、卫星导航等诸多领域取得突破性进展，国产大飞机、高速铁路、三代核电、新能源汽车等领域自主创新成果在世界上叫得响、数得着、有影响。

这些奇迹，都离不开无数革命先辈、科学家、技术工人的辛勤劳动，他们付出的血汗，无愧于大国将才、工匠之名！

资料来源：https://mp.weixin.qq.com/s/eiaHbA-VVAx39-q9_o-VDg.

案例分析

中国，作为一个崛起中的超级大国，承载的是炎黄子孙心底那最迫切的呐喊，寄托的更是每位国人心中的中国梦。发展，作为国家崛起的第一要务，需要的不仅是纸上宏伟的蓝图，从中国制造到《中国制造 2025》，从“互联网 +”到“走出去”战略，需倾尽每一名中国人的智慧和汗水，需付出每一名劳动者的青春和热血。

劳动是一种精神，展示出中华民族屹立不倒的深刻本质；劳动是一种骄傲，展示一个人的能力和风采，体现生命的不屈和顽强；劳动是成就大国崛起和大时代的必然选择。作为一个拥有 14 亿人口的大国，要实现我们心中的梦想，只能靠每一位劳动者的双手，从实际做起，使人生有更广阔的平台。只有上下齐心共同发力，夯实基础，实现产业升级，完善上下产业链条，以高新科技为发动机，才能实现国家的平稳高速发展，才能实现国家和个人的波澜壮阔的大时代。

案例思考

你觉得古今中外劳动的发展脉络是怎样的？在历史进程中发挥着怎样的作用？

第一节　劳动的历史发展

劳动是自人类社会诞生起就存在的、为人类所特有、最常从事的活动，也是最熟知的人类行为。要试图揭示劳动的发展史及对其价值的认识史中潜藏的具有规律性的东西，亟须从古今中外社会的发展脉络梳理劳动行为的演变。

一、国外古今劳动及其价值的演进

（一）第一次工业革命前：生产劳动以体力为主，用畜力来补充人力的情况普遍存在

西方人类早期的劳动以体力劳动为主，相当长一段历史时期，生产力在低水平上徘徊，生产工具粗糙、原始，生产技术只是简单的、初步的，主要集中于身体技能、手工技艺等方面。古希腊时期，不同的劳动被赋予不同的地位，农业被看作是最重要的劳动，手工业和商业则处于价值判断的最底端。中世纪早期，劳动被人们认为是上帝在亚当、夏娃偷吃禁果犯错之后对世界上第一对夫妻施加的惩罚，并让他们的信徒成了罪人、手艺人或管账的，甚至以此明确强调他们的社会地位是十分卑微的。但宗教改革转变了这种观念，新教时代认为“它从受惩罚受屈辱和毫无结果的劳动演变为光荣的、不可缺少的和能发财致富的劳动”。之后，人在生产中的作用主要为生产提供动力，劳动依然是体力劳动。

人虽然自身力量不大，但几乎总是能依靠许多工具，以种种形式增加这种力量。其中有些工具在远古时代就已产生，如锤、斧、锯、钳和锄；人还用自身的体力推动简易动力机，一组简单的滑轮能把人的功率提高四倍、五倍乃至更多。与此同时，人类也用畜力补充和代替人的体力。美国著名人类学者摩尔根在《古代社会》中指出，人们饲养牲畜后，用畜力补充人力，该方法提供了一个价值极高的新因素。接着，由于有了铁，制出了带铁铧的犁和更为合用的铲子、斧头，因早先已有园艺，于是，田野农业便出现了，人类也就因此开始获得无穷的食物。用畜力拉犁，可视为一项技术革新。用畜力来补充和代替人力的情况在世界各地普遍存在，但不同地区的情况不尽相同。

（二）前两次工业革命时：利用自然力代替体力，早期动力装置得以充分发明和改进

随着早期动力装置的发明和改进，人类对自然力和机械力的利用越来越多，大规模利用自然力和机械力，最早出现于 12 世纪。西方于 12 世纪和 13 世纪经历了第一次机械革命，这里所说的革命指由于水磨和风磨的增多而导致的一系列革命。在能源供应不足的经济中，它们作为重要的辅助动力对欧洲经济最初的发展起着不可忽视的作用。18 世纪，美国著名科学家富兰克林首次做了关于电的实验，意大利著名物理学家 C. 沃尔塔第一次生产出电流。随着电力机械设备的发明和应用，人类开始将电力广泛应用于生产和生活。

但在资本主义社会发展初期，劳动创造价值成为资本家剥削工人阶级的原始逻辑，而劳动在成为资本增殖工具的同时，自身也开始异化。这种异化以资本主义生产方式造就的经济社会变迁为背景，对劳动力的极大需求使身体有用性成为管理者关注的主题。总之，工业革命前后，西方社会创造的堪称伟大的经济奇迹，以及占据主导地位的资本主义精神，不断培育着教育与生产劳动相结合的社会土壤：第一，与中世纪教育不同，教育机构逐渐摆脱宗教的控制而呈现独立化，满足现代生活需要的实用教育呼之欲出；第二，资本主义社会对科学技术要求颇高，但由于后者无法被劳动者直接掌握，只能通过教育将其引入工业生产，教育和生产劳动结合度增高。

（三）第三次工业革命至今：信息技术的应用使得劳动趋于专业化，原创性劳动越来越被重视

19 世纪初期，爱因斯坦、卢瑟福、居里夫妇和费米等世界著名科学家发现了核能，人类社会进入核能时代。1946 年和 1949 年第一代电子计算机——ENIAC 和 EDSAC 相继问世，在半个多世纪里，经过多次更新换代，目前，它已应用和普及于国民经济和社会生活的各方面，并成为衡量一个国家现代化程度的重要标志之一。随着人类对于更先进、更有潜力能源的利用，人类劳动也越来越多地被生产工具或机器取代。此时，在社会生产中，人类劳动力结构发生重大转变，到 20 世纪 50 年代中期，在工厂、矿山和运输业中工作的劳动力数量达到顶峰，英国、德国和日本蓝领工人超过总劳动人口的一半，而在美国蓝领工人达到总劳动力的 2/5。而在生产工具和技术不断发展的同时，产品生产中的劳动便开始分为两种：一种是发明、创造和设计机器的复杂劳动，另一种是运用机器进行物质产品生产的简单劳动。前者是原创性劳动，主要是脑力劳动和复杂劳动；后者是再造性劳动，它们以简单、重复为特点的体力劳动，还有不使用机器的简单劳动。

随着劳动分工的发展，每种劳动越来越趋于专业化，这种趋势随着机器的使用得到进一步加强。在实行生产自动化和产品标准化的基础上，将劳动进一步分解成一些简单的动作，利用高速传动装置，实行生产作业线的流水操作，最大限度地加快操作速度，提高劳动强度，使劳动生产率显著提高，产品数量迅速增加，最终产生了以生产自动化、产品标准化和大量生产为特点的管理模式。与此类似的还有以劳动定额标准化、劳动作业科学化、劳动报酬计件化、管理职能专业化并向基层转移为特点的管理模式。

也正是生产自动化和智能化的发展，物质生产中工人的数量不断减少，从事间接生产即从事知识、技术创造或管理创新的劳动者数量不断增加。社会生产越来越需要创造性劳动，在这种情况下，重复性劳动已不是不可替代的生产要素。首先，在不同的劳动者间，工作岗位是可以随意调换的，他们的劳动可相互替代。其次，随着生产技术的进一步发展，工人的这种再造性劳动，由于是重复的和可程序化的，因此最终会被智能化的机器取代。当前的情况是，人类已经不仅是在用机器来代替人的体力劳动，且正在用智能化机器来模拟和代替人的脑力劳动。除了人的跨越逻辑的思维和以智慧、悟性及情感为基础的创

造性劳动以外，最重要的莫过于知识和技能，特别是以知识和技能为基础的原创性劳动。知识和技能之所以重要，是因为拥有知识和技能的人所从事的劳动能够具有创造性，且知识和人工智能也是原创性劳动创造的。只有依靠原创性劳动，知识、技能和人工智能才能够进一步发展。因此，对于现代经济的发展，最重要的仍是原创性劳动。

二、中国古今劳动及其价值的演进

（一）原始社会至鸦片战争前：劳动局限于狭隘的小生产技能，未上升到技术研习与思想创新高度

农耕文明孕育了勤劳勇敢的中华民族，也决定了先民聚族而居、精耕细作的生活方式。在原始社会，教育尚未从生产劳动与社会生活中剥离，人们通过劳动将自然资源转化为生存必需的物质基础，再以部落或家庭为单位通过口耳相传的方式将既有的生产经验和劳动技能传递下去，维系生产力。此时生产劳动为独立的社会过程，取火技术、渔猎手段、编织手法、种植方式等与生活息息相关的劳动知识和技能都被纳入当时还处于自然形态的教育之中。步入奴隶社会，阶级的出现将劳动分为体力劳动与脑力劳动，教育分流为劳动者教育与统治者教育。劳动者教育沿袭原始社会教育的特征，与生产生活息息相关，多存在于为温饱奔波的农业和手工业者教育中；统治者教育则是统治阶级为维护自身地位，对贵族子弟传授统治术的教育，有特定的教育者与被教育者，其内容、方法、形式皆脱离生产劳动。西周时期，学校教育以礼、乐、射、御、书、数为内容，完全隔绝以物质生产方式和技能为主要内容的劳动教育。

春秋战国是我国古代社会的转折点，此时百家争鸣、学术繁荣，许多思想观点、文化传统都在该时期被系统化、理论化，且在秦汉以后的各历史阶段得以延续。道家崇尚自然，主张“大巧若拙”，将手工业者的匠心与逐利者的心机联系在一起，认为“有机械者必有机事，有机事者必有机心”，后世知识分子对“奇技淫巧”嗤之以鼻，将手工业者视为只会钻营的小人，也许就是受此影响。“君子”是儒家学说体系中理想人格的化身，是德才兼备的从政者，其与从事生产劳动的“小人”有着不同的社会分工，《论语》中“樊迟问稼”一事反映了孔子对稼圃之类体力劳动的轻鄙，此后孟子的“劳心者治人，劳力者治于人”及荀子的“君子以德，小人以力”都是对孔子态度的继承，他们将劳心者与劳力者区别对待，使之在社会地位与人生价值上有了高低贵贱之分。秉承这种态度，儒家学者重视个人德行与治学态度的培养，将生产劳动排斥在教学活动之外。不过墨子十分重视劳动，认为只有劳动才能创造物质财富，才能使“万民富”，在此基础上才能实现“官府实”，进而做到贤者归顺、天下归心。但其他诸子在对待劳动者的态度上与儒家大多一致，尤其道家对机械技术的警惕和排斥及儒家对农业手工业者的轻视，影响了之后封建社会精英阶层对待劳动者及劳动教育的态度，出现“优秀分子大抵贱工贱商而趋于政治活动，则生产技术不易改良，而农工商业不能进步”的社会现象。

自西汉董仲舒提出“罢黜百家，独尊儒术”，源于孔孟的儒家思想在此后的学校教育中长期居于主导地位，“学而优则仕”的价值取向深入人心。隋唐之后科举制度的实行让更多读书人有机会进入官府任职，一时之间士人读书好学之风盛行，“朝为田舍郎，暮登天子堂”是历代读书人的毕生追求。然而科举考试的内容多以儒家经典为主，学校教育以科考为中心将与生产劳动相关的知识和技能摒弃在外。因此，劳动教育多存在于家庭教育、行业传授中，依旧未被正统教育接纳。

总之，中国古代劳动教育的缺失源于社会制度的拘束，中国自古以来就是农业大国，无论是原始社会、奴隶社会还是封建社会，自然经济的生产方式及随后产生的专制主义中央集权的政治制度都影响着古代社会的方方面面。为强化尊卑贵贱的等级差别，统治者以儒家学说为武器，垄断了知识生产与学校教育。传统的学校教育以培养“谋道不谋食”的君子为己任，劳动不仅没有被明确提出，而且长期为知识阶层忽视。尽管明末思想家、教育家颜元敢于冲出封建思想的藩篱，在观念上肯定劳动对个人、国家的价值，在实践中要求学生“当立志学礼、乐、射、御、书、数及兵、农、钱、谷、水、火、工、虞”，但他固守阶级壁垒，将劳动视为知识分子获得治世本领的工具。颜元的实学教育思想虽打破了传统教育对劳动的偏见，然而其学说几乎自产生时起就受到攻讦，不被同时代的人所接受。因此，一直到民国前，劳动教育依旧被主流的教育体系拒之门外。

（二）鸦片战争至抗日战争时期：高度推崇劳动与劳动者，劳动教育在思想与实践上均得到一定突破

鸦片战争的爆发打碎了天朝帝国故步自封营造的假象，炮火轰隆声中清王朝被西方列强无情地碾压，帝国主义国家在军事、政治、经济、文化等多方面嚣张地蚕食着这片疆土。殖民者的坚船利炮使中华民族备受磨难与耻辱，但客观上也迫使中国封建社会开始解体，刺激了中国社会的近代化。在教育领域，西学东渐之势不可抵挡，代表西方先进文化内容的科技知识冲击了千百年来被四书五经所垄断的教学内容，以科举制为核心的封建教育体制最终走向消亡。洋务派主张中体西用，李鸿章、左宗棠、张之洞等人创办翻译、农务、工业、轮船等新式学堂，培养专门人才。资产阶级改良派笃信“农、商、矿、林、机器、工程、驾驶，凡人间一事一意者，皆有学”，康有为、梁启超多次提出废科举、兴实业，农工商各领域的生产知识与劳动技能逐渐被正视。至此，被八股取士禁锢的传统教育迎来根本革新，为劳动教育的起步提供理念与内容的准备。民国时期，劳动教育在思想与实践上都有巨大突破，一度成为制度化教育体系中受到明确规范的教育形式之一。此时，虽然封建帝制被推翻，但民族危机仍未消除，主张教育救国的知识分子希望通过探索教育改革来拯救民生。

在此期间，教育家们学习西方先进的教育理念并反思中国传统教育，他们意识到劳动及劳动教育对于民众、国家的重大意义。黄炎培将职业教育作为强国富民的重心，视劳动教育为职业教育的基础，高度推崇劳动与劳动者。他在主持中华职校时，将尊重劳动（学生除半日工作外，凡校内一切洒扫、清洁、招待等事，均由全体学生轮值担任）列为学生入学誓约的首要条目。陶行知主张“行是知之始，知是行之成”，系统阐述了劳动是实现教育目标的必要手段，劳动教育是教育体系中必不可少的环节。在创办晓庄学校时，他鼓励学生到民间去，并在课程中组织农事及机械制造等活动。梁漱溟认为劳动有利于社会稳定和经济发展，在山东主持乡村建设运动时，他鼓励学生积极参与劳动，不仅在课程中专门设计农业、手工业等环节，而且在学校日常生活方面主张一切零碎事都要学生自己做，要学着勤劳一点、俭朴一点。

近代以来，从主张“中学为体，西学为用”的洋务派到重在“言教”“言政”的维新派，从高举“实业救国”大旗的民族资产阶级到高歌“教育救国”口号的知识分子，从呼吁“民主”“科学”的五四运动到大众化、生活化的平民教育运动、乡村教育运动，劳动与劳动者的地位逐渐被正视，劳动教育得到了初步发展。在各方面的推动下，酝酿多时的壬戌学制于 1922 年 11 月出台。新学制规定，在小学及初中阶段要进行一定的职业准备及训练：小学高年级课程增加职业准备教育，包括自然、园艺、工用艺术；初中在实行普通教育基础上，兼设各种职业科，有师范、商业、工业、农业等。至此，劳动教育虽未在正式文件中被提出，但在思想与实践上已得到一定突破与发展，成为近代教育人才培养的重要部分。

（三）新中国成立后至今：劳动内容不断向外拓展，逐渐构建德智体美劳全面发展的教育体系

受到有限的物质条件及认识误区的影响，劳动教育在我国经历了几番艰难的探索。在新民主主义社会向社会主义社会过渡时期，我国效仿苏联模式，发布一系列的规程来促进劳动教育的规范化、制度化，初步建立起生产劳动技术教育体系。但此时劳动教育的发展基本停留在宏观控制层面，由于与现实条件不匹配，相关政策的执行并未达到预期效果。在全面建设社会主义时期，劳动教育的地位被提升至前所未有的高度，并在实践层面得到强势推进。1957 年，毛泽东同志在《关于正确处理人民内部矛盾的问题》中明确指出“我们的教育方针，应该使受教育者在德育、智育、体育几方面都得到发展，成为有社会主义觉悟的有文化的劳动者”，由此确立了培养劳动者的教育目标。1958 年后，勤工俭学、半工半读的浪潮席卷全国，“劳动人民知识化，知识分子劳动化”成为红极一时的口号。这种社会现象很快脱离常态，“勤工俭学”被异化为“以劳代学”，直至 1977 年期间，过分强调劳动教育，劳动冲淡了日常教学，甚至将学习与劳动、脑力劳动与体力劳动、知识分子与工农群众对立起来，打破了劳动教育的内在运行规律。

改革开放后，党中央在理念上对劳动教育的定位进行慎重调整，在实践层面加强对劳动教育体系的系统化建构。在“教育与生产劳动相结合”方针的指引下，劳动教育有了长足的发展，其学科和课程地位再次得以确定。但由于一些主客观原因，劳动技术课在全国范围内的开展情况并不平衡。进入 21 世纪，我国迈向全面建成小康社会，加快推进社会

主义现代化建设的新阶段。随着劳动时代内涵的不断丰富，劳动教育的内容也在不断向外拓宽。但在实践层面上，由于课程目标不明、课时难以保障、课程设施与场地被挪用等原因，劳动教育的地位实际上“明升暗降”。

如今习近平新时代劳动教育观以时代化表达和价值性引导的形式，展现了中华优秀传统文化的当代价值。党的十九大报告对当代国情作出了科学论断，指出我国社会主要矛盾已经转变为人民日益增长的美好生活需要与不平衡不充分的发展之间的矛盾，中国特色社会主义进入新时代。习近平新时代中国特色社会主义劳动思想回应了新时代的重大关切，包含了“实干兴邦”的劳动实践观、“民族复兴”的劳动发展观、“崇尚劳动”的劳动价值观、“热爱劳动”的劳动教育观等丰富内涵，成为推动党和人民事业发展的强大思想武器和具体行动指南。习近平总书记在 2018 年全国教育大会上强调，“要在学生中弘扬劳动精神，教育引导学生崇尚劳动、尊重劳动，懂得劳动最光荣、劳动最崇高、劳动最伟大、劳动最美丽的道理，长大后能够辛勤劳动、诚实劳动、创造性劳动”，从而将劳动教育提升为党的教育方针，明确了劳动教育的总体目标，提出了培养德智体美劳全面发展的社会主义建设者和接班人的教育任务，擘画了教育现代化的方向蓝图。2020 年 3 月，中共中央、国务院印发《关于全面加强新时代大中小学劳动教育的意见》，明确了全面贯彻党的教育方针的总要求，系统设计和全面部署了大中小学劳动教育，为各级各类学校全面实施和加强劳动教育指明了方向，为新时代劳动教育提供了现实依据。

人民创造历史，劳动开创未来。纵观几千年来劳动在古今中外的发展历程，从原始社会与自然形态的教育融为一体，到机器取代人力，直至近代知识经济迅猛发展，脑力劳动得以进入教育思想和实践活动领域，成为人才培养的重要内容。回溯历史，我们应当吸取古代轻视劳动、忽略劳动教育致使科技落后的教训，认真总结劳动的实践经验，尊重劳动自身发展的规律，避免政治、经济因素的过度干扰。立足当下，贯彻落实习近平新时代中国特色社会主义思想，坚持教育与生产劳动和社会实践相结合，让广大青少年在实践活动中磨炼意志、锻炼才干，继而能够尊重劳动、热爱劳动。

第二节　劳动概述

劳动是马克思主义哲学的重要范畴，也是劳动伦理产生的基础。在长期实践中，人们对劳动的认识，经历了曲折漫长的过程，从最初的劳动低下到如今的劳动崇高，人们的思想观念发生了显著变化，基本形成了共识。但关于劳动的概念与内涵，直到今天也没有达成相对一致的看法。要正确认识劳动，需从词源意义、理论渊源、现实地位等方面予以考察。

一、马克思主义劳动观中国化探索发展概述

（一）理论渊源：马克思主义劳动观

马克思和恩格斯在批判德国古典哲学、古典政治经济学和空想社会主义关于劳动学说的基础上，通过对历史的考察及从自由资本主义时期市场经济的实际情况出发，阐释了劳动本质、劳动价值、劳动解放等问题，并从资本主义制度出发，立足于批判异化劳动和雇佣劳动，建立了科学的劳动理论体系。

马克思主义劳动观主要强调：第一，人是劳动的产物，劳动创造了人类生存所必需的全部物质条件和精神条件。马克思说："任何一个民族，如果停止劳动，不用说一年，就是几个星期，也要灭亡，这是每一个小孩都知道的。"劳动是人的生命存在和全部社会活动的前提，作为生命存在的人要解决吃、穿、住的生活问题，必须从事生产劳动，通过劳动改造自然，从大自然中获取生活资料。第二，劳动是人类全部社会关系形成和发展的基础。人们在劳动过程中，一方面同自然界发生关系，另一方面在人们之间又结成了生产关系。第三，劳动是促使社会历史发展的根本推动力量。社会发展的最终决定力量不是精神、意志、神灵，而是人的劳动实践。在马克思、恩格斯看来，人不仅凭借劳动满足最基本的生存需要，实现社会财富的创造和积累，而且最终也要通过劳动来实现人之为人的自由本质。劳动不但创造了人的物质生活，而且充盈着人的精神世界，使人得以成长。

（二）马克思主义劳动观的中国化探索

1. 以毛泽东同志为代表的第一代领导集体的中国化马克思主义劳动观

毛泽东深受中西文化中劳动思想的影响，并经过青年时期的激荡、革命时期的升华、新中国成立初期的探索，最后形成了相关劳动思想，为马克思主义劳动观中国化做出了重要贡献。第一，重视劳动生产在革命和经济建设中的作用。无论是革命战争年代还是和平时期，毛泽东都十分重视劳动生产。他指出，生产运动不但过去要，现在要，将来还是要，这是生产运动的永久性的根据。第二，强调干部是普通劳动者，动员干部参加集体生产劳动。在干部队伍建设问题上，毛泽东多次特别提醒，干部要以普通劳动者的姿态出现。他认为，干部要多到群众中去学习，以普通劳动者的姿态在人民中出现，这才体现了高尚的共产主义精神。第三，重视知识分子的劳动及其作用。他指出，劳动过程把脑力劳动和体力劳动结合在一起了。第四，重视提高劳动生产率。毛泽东重视劳动，强调提高劳动生产率对于社会主义经济建设的重要作用，认为这是实现国家富强、人民生活富裕的重要途径。他指出，任何社会主义的经济事业，必须注意尽可能充分地利用人力和设备，尽可能改善劳动组织，改善经营管理和提高劳动生产率。

2. 以邓小平同志为代表的第二代领导集体的中国化马克思主义劳动观

20 世纪 80 年代以来，和平与发展成为时代主题，科学技术在推动生产力中的作用日益突出，各国都竞相利用新技术革命增强经济实力。第一，邓小平在总结历史经验时就清晰

认识到社会主要矛盾的变化，他指出要摆脱贫穷，取得经济的快速发展，就必须发展生产力，这才是真正的马克思主义。在南方谈话中指出，社会主义的本质是解放生产力，发展生产力，消灭剥削，消除两极分化，最终达到共同富裕。第二，面对我国科技发展水平极其落后的现实情况，邓小平高度重视科学技术的作用和力量。他说："马克思说过，科学技术是生产力，事实证明这话讲得很对。依我看，科学技术是第一生产力。"第三，对于知识和人才的作用，邓小平形象而生动地指出，人是生产力中最活跃的因素。而且他认为劳动者应是具备一定的科学知识、生产经验和劳动技能来使用生产工具、实现物质资料生产的人。还指出，随着现代科学技术的发展，随着四个现代化的进展，大量繁重的体力劳动将逐步被机器所代替，直接从事生产的劳动者，体力劳动会不断减少，脑力劳动会不断增加，并且越来越要求有更多的人从事科学研究工作，造就更宏大的科学技术队伍。此外，这一时期，鼓励劳动致富、多劳多得、先富带动后富，实现共同富裕的劳动思想是邓小平对两极分化问题的重要思考，这一思想强调劳动关系中的分配正义问题。邓小平同志要求人们合法经营，诚实劳动，并提出尊重劳动者个体差异，充分肯定劳动致富及按劳分配就是按劳动的数量和质量进行分配等思想。

3. 以江泽民为代表的第三代领导集体的中国化马克思主义劳动观

进入 21 世纪，第三次科技革命迅猛发展，使人类的生活方式和人类现代化水平有了进一步提高，使科技工作和管理经营等脑力劳动的作用日益凸显。江泽民提出了一系列关于劳动的重要理论观点：第一，深化和拓展了劳动的内涵和外延。江泽民在党的十六大报告中强调，要尊重和保护一切有益于人民和社会的劳动。不论是体力劳动还是脑力劳动，不论是简单劳动还是复杂劳动，一切为我国社会主义现代化建设做出贡献的劳动，都是光荣的，都应该得到承认和尊重。这说明，无论是哪种形式的劳动，只要是合法经营和诚实劳动，都是人类历史发展不可缺少的内容和推动力量，都应该得到承认、保护和尊重。第二，对劳动收入及分配的新发展。党的十六大明确指出要放手让一切劳动、知识、技术、管理和资本的活力竞相迸发，让一切创造社会财富的源泉充分涌流，以造福于人民。这说明江泽民充分肯定了知识、技术、管理等生产要素在价值创造中的重要作用。第三，提出"尊重劳动、尊重知识、尊重人才、尊重创造"四个尊重方针。党的十六大报告明确指出，必须尊重劳动、尊重知识、尊重人才、尊重创造，这要作为党和国家的一项重大方针在全社会认真贯彻。要尊重和保护一切有益于人民和社会的劳动。江泽民认为，人是生产力最活跃的因素，人力资源是第一资源。尊重创造是科学技术是第一生产力的具体体现，也是时代发展的要求，没有创新、创造的劳动是缺乏活力和效率的。

4. 以胡锦涛为代表的第四代领导集体的中国化马克思主义劳动观

进入 21 世纪，世界各国的发展理念发生了深刻变化，从早期强调以经济增长为中心转变为可持续发展观，更多注重经济发展的质量及人在经济发展中的主体地位。在这一时期，胡锦涛提出了"以人为本"的科学发展观，与之相应构建了新的劳动理论体系。第一，确立“以辛勤劳动为荣，以好逸恶劳为耻”的劳动理念。胡锦涛同志为主要代表的中国共产党人，适时把“以辛勤劳动为荣，以好逸恶劳为耻”列入社会主义荣辱观，目的就是要使“劳动光荣、劳动神圣”成为劳动人民共同的道德认识。第二，高度重视劳动者素质和能力的提高。作为一个劳动力大国，我国劳动力资源具有数量优势，但质量优势并不突出。对此，胡锦涛指出，劳动者素质对一个国家、一个民族的发展至关重要。当今世界的综合国力竞争，归根到底是劳动者素质的竞争，不断提高广大劳动群众的综合素质，是实现人的全面发展的必然要求，也是推动经济社会发展的重要保证。第三，提出实现体面劳动，切实保障劳动者的权益。胡锦涛一向十分关心广大劳动群众的工作生活，特别关注劳动者的劳动环境、劳动收入、劳动保障等问题。胡锦涛强调，实现好、维护好、发展好最广大人民根本利益是我们一切工作的出发点和落脚点。保障工人阶级和广大劳动群众经济、政治、文化、社会权益是我国社会主义制度的根本要求，是党和国家的神圣职责。

5. 新时代的创新：习近平总书记关于劳动的重要论述

党的十八大以来，在充分继承马克思主义劳动理论和中华优秀传统文化的基础上，立足于新时代中国社会经济发展的客观实际和当代劳动的新特点，习近平就劳动问题作出一系列重要论述，形成了内涵丰富的关于劳动的重要论述，开辟了马克思主义劳动观的新境界。第一，劳动是财富和幸福的源泉。2012 年 11 月，在当选为总书记之后，习近平就指出人世间的一切幸福都需要靠辛勤的劳动来创造。2015 年，习近平又指出正是因为劳动创造，我们拥有了历史的辉煌；也正是因为劳动创造，我们拥有了今天的成就。习近平号召全国各族人民必须牢固树立劳动最光荣、劳动最崇高、劳动最伟大、劳动最美丽的观念，让全体人民进一步焕发劳动热情、释放创造潜能，通过劳动创造更加美好的生活。第二，最大限度地关心和造福劳动者。历史反复证明，人民群众是历史发展和社会进步的主体力量，是先进生产力和先进文化的创造主体。习近平始终坚持历史唯物主义，充分肯定劳动人民在社会历史发展中的地位。他明确指出，实现我们的奋斗目标，开创我们的美好未来，必须紧紧依靠人民、始终为了人民。当前是经济社会转型期，也是劳动关系矛盾和社会问题的多发期，所以，高度重视和妥善处理好劳动关系尤其重要。第三，建设知识型、技能型、创新型劳动者大军。当前，新一轮产业革命席卷全球，技术、管理、知识等要素在劳动创造价值过程中的作用，比以往任何时候都更加突出。习近平在多个场合多次强调劳动的创新性、创造性，高度重视科学技术知识的力量，提倡创新精神，呼吁劳动中的创新意识，并适时提出创新驱动发展战略。党的十九大报告又进一步明确提出，创新是引领发展的第一动力。第四，弘扬新时代的劳模精神。习近平对劳动模范的肯定和崇尚，使劳模文化成为社会主义现代化的强大精神动力，生动诠释了社会主义核心价值观。习近平指出，劳动模范是劳动群众的杰出代表，是最美的劳动者。劳动模范身上体现的“爱岗敬业、争创一流，艰苦奋斗、勇于创新，淡泊名利、甘于奉献”的劳模精神，是伟大时代精神的生动体现。第五，竭诚为职工群众服务。做好工会工作，充分发挥工会组织桥梁纽带的作用，对于构建和谐劳动关系、巩固和扩大党执政的阶级基础和群众基础，具有重要意义。党的十八大以来，习近平对工会工作做了大量阐述，对于加强工会工作的职能和推进工会工作方式的创新提出了重要指示。尤其是在当前社会转型发展期，习近平要求“工会工作只能加强，不能削弱；只能改进提高，不能停滞不前”。而且他提出必须加强工会工作的政治建设，要“坚定不移走中国特色社会主义工会发展道路”。

二、关于劳动的认识

劳动是人类最高尚的活动。之所以如此总结，是因为劳动不仅创造了人类社会得以发展和延续的一切物质生活资料，而且创造了人类的精神文化，推动着社会不断前进。

（一）劳动的词源含义

在汉语里，“劳”字在古代金文中被写成上边两个“火”字，下面一个“心”字的象形，表达了“火在心头燃烧”，即过度操心、忧心如焚；后来，“劳”字的下半部分由“心”换成“力”字，演变成今天这个字形。“力”字可作“干苦力的人”解释，还可作“仆役”“徭役”等解释。可见，古人在造这个“劳”字时，首先是指心力交瘁的劳动，后来又演化成体力劳动，既包括脑力劳动，又包括体力劳动，这与今天的含义是一致的；“动”字在金文中通“童”字，金文中的“童”字最上边是刻刀的形象，下面是一只代表人的眼睛，意为“在人的额头上刺字”，这是古代对罪人或奴隶的一种惩罚，表明这一人群的辛酸身世和卑下地位。将“劳”与“动”组成一个词，可看出，中国古人眼中，劳动是“劳心”与“劳力”的结合，从事这样活动的人地位低下，“劳动”与“劳动者”一开始就烙下了被歧视的地位与命运。

英语中的“labor”与汉语中的“劳动”有着基本相同的意思。labor 源自拉丁语 labor，在拉丁语里是“艰辛”的意思，在古英语里有“痛苦”和“悲伤”之意。现代英语 labor 一词有“劳动、劳工、分娩、工作、苦干、费力地前进”等意思。当然，无论在中国还是他国，词源意义上的“劳动”包含有“苦力”的成分，实际上劳动之所以高尚，就在于这一劳作、苦命、低下、痛苦的行为本身创造了人类财富，推动了社会发展。正因为有了劳动，才有了人类社会的今天和我们可以期许的明天。

（二）不同的劳动思想

人们对劳动的认识如何，改变不了社会发展大步向前的趋势。如今的社会更加倡导对劳动的尊重，学界形成了有关劳动的丰富思想。

我国学术界主要沿袭马克思主义劳动思想，但对劳动的理解不同。代表性的观点有：1999 年出版的《劳动经济学概论》，定义劳动是人类使用生产资料创造自身生存资料和发展所必需的物质财富和精神财富的有目的的活动。学者苏海南主张劳动是人在自身智能支配下，通过各种手段和方式创造社会财富满足人类日益增长的物质、精神等方面需要的有目的的运动。这一定义的核心是强调了人类劳动的智能本质、创造本质、运动本质和社会本质。学者王江松认为，劳动是人们以自主或受雇的方式改造自然界并创造物质财富的直接的物质资料生产，是人与自然界直接进行物质、能量、信息交换的活动过程，是人类历史的奠基石。此外，在工具书里，《辞海》定义劳动是人们改变劳动对象使之适合自己需要的有目的的活动，是人类社会存在和发展的最基本的条件；《现代汉语词典》解释劳动是人类创造物质或精神财富的活动，包括体力劳动和脑力劳动。

（三）劳动的概念

通过以上分析可知，广义上，劳动指人类创造自身生存和发展所必需的物质财富和精神财富的、有目的的生产活动和提供非物质形态的服务活动；狭义上，劳动指物质生产劳动，一般指身体活动，其中又以手工劳作最为重要。伴随科学技术的飞速发展，劳动的内涵不断丰富，把所有物质生产和非物质生产领域中的劳动都纳入了生产劳动范畴，它包括以下三个层次的要求：在法律允许范围内的劳动；经过交换（不论是与资本交换，还是与收入交换）的劳动；满足他人和社会需要的劳动。这三方面的要求构成劳动的充分必要条件。

三、劳动的要素

马克思指出劳动过程的简单要素是有目的的活动或劳动本身、劳动对象和劳动资料。其中，“有目的的活动或劳动本身”这一表述隐藏着劳动者。因此，劳动要素包括劳动者、劳动对象和劳动资料。

（一）劳动者

关于劳动者的探讨中，马克思主义极其有创见的是关于“总体工人”的论述，强调传统社会的劳动是纯粹个人的劳动，同一劳动者把后来彼此分离的一切职能结合在一起，把脑力劳动和体力劳动结合在一起；而现代劳动是职能分离型劳动，产品从个体生产者的直接产品转化为社会产品，转化为总体工人即结合劳动人员的共同产品。总体工人的各个成员较直接地或者较间接地作用于劳动对象。因此，随着劳动过程的协作性质本身的发展，生产劳动和它的承担者即生产工人的概念也就必然不断外延。在资本的作用下，劳动者必须构成一个分工协作体。因此，劳动者不是一个个的只有自然属性的肉体存在物，而是一个具有强烈的社会属性的社会构建物。

（二）劳动对象

在劳动对象中，马克思主义区分了“天然存在的劳动对象”与“原料”两个概念。所谓天然存在的劳动对象，指未经人的协助，就作为人类劳动的一般对象而存在的东西。而劳动对象中的“原料”不同于作为劳动对象的自然物，作为劳动对象的自然物，尽管已被纳入人类活动的视域，但以前并没有对之进行加工改造，仍保存着其原生态。而原料则不同，只有已经被以前的劳动改造过的劳动对象才称之为原料，一切原料都是劳动对象，但并非任何劳动对象都是原料。劳动对象只有在它已通过劳动而发生变化的情况下，才是原料。

（三）劳动资料

劳动资料是劳动者置于自己和劳动对象之间、用来把自己的活动传导到劳动对象上去的物或物的综合体，劳动者利用物的机械的、物理的和化学的属性，以便把这些物当作发挥力量的手段，依照自己的目的作用于其他的物，这意味着劳动者直接掌握的东西，不是劳动对象，而是劳动资料。而广义的劳动资料指劳动得以进行的一切物质条件，即除了那些把劳动的作用传达到劳动对象、因而以这种或那种方式充当活动的传导体的物外，劳动过程的进行所需的一切物质条件都算劳动资料。它们不直接加入劳动过程，但没有它们，劳动就不能进行，或只能不完全地进行。这在于各种经济时代的区别，不在于生产什么，而在于怎样生产，用什么劳动资料生产。劳动资料既是人类劳动力发展的测量器，又是劳动借以进行社会关系的指示器，且机械性劳动资料远比只充当容器的劳动资料更显示一个社会生产时代的具有决定意义的特征。总之，人的劳动行为是在一定条件下发生，其发生时周围的情况，就构成了劳动资料。自然环境资料指在劳动者的生存空间内，一切可直接或间接影响劳动者生存和发展的自然物质和能量的总和；社会环境资料是人类为实现劳动目的而创建的特定物质环境和文化因素，既包含工业、城市、社会服务等环境因素，又包含人际关系、民族传统等文化因素。

四、劳动的分类

基于劳动在人类社会发展的不同时期，或是同一时期不同过程中表现出来的特征，可对劳动做出以下分类。

（一）按劳动存在的形态划分：活劳动与死劳动

平常所言的劳动实质是活劳动，即感性的、看得见摸得着的、人改造世界的物质活动，也即劳动力的使用，与活劳动对应的是死劳动。在马克思话语体系中，死劳动并非望文生义的僵死劳动，特指资本，即以往劳动成果通过价值转化而变为可带来剩余价值的价值。活劳动是死劳动的源泉，马克思揭示了死劳动增殖的秘密正在于资本家无偿占有了工人活劳动创造的剩余价值。活劳动通过运用、加工、改造死劳动中的劳动资料和劳动对象，使得死劳动“活”起来，使构成死劳动的要素通过生产和流通等环节增殖起来。因此，活劳动就像活酵母，它可并入形成产品的各种死的要素中，激活劳动的各个要素。

（二）按劳动难易程度划分：简单劳动与复杂劳动

简单劳动是简单的社会的平均劳动，简单平均劳动是每个没有任何专长的普通人的有机体平均具有的简单劳动力的耗费。简单劳动有以下几个特点：第一，简单劳动是不经专业训练和教育培训，专凭劳动者个人的本能或经验而进行的劳动实践。第二，简单劳动是一种社会平均的劳动水平和状态，它不用超越和挑战人的身体极限就能够实现。一种劳动是不是简单劳动，不是简单地由劳动者本人来评判的，而是要由社会中的劳动者大众来集体评判的。复杂劳动指需经过一定专业训练和教育培训，需超越本能和经验、挑战身体和心智极限的劳动。从价值衡量角度看，复杂劳动创造的价值量可用多倍的简单劳动创造的价值量来换算，但绝不能得出结论说复杂劳动与简单劳动间没有质的区别。

（三）按劳动的商品样态划分：抽象劳动与具体劳动

一切劳动，一方面是人类劳动力在生理学意义上耗费，就相同的或抽象的人类劳动来说，它形成商品价值。一切劳动，另一方面是人类劳动力在特殊的有一定目的的形式上的耗费，就具体的有用的劳动来说，它生产使用价值。需指出的是，马克思所说的抽象劳动与具体劳动并不是每种性质完全不同的劳动类型，而是从质上来审视劳动后的结果。所以，抽象劳动与具体劳动的划分，从质上讲的就是劳动的共性与个性、普遍性与特辣性的辩证关系。

（四）按劳动成果和关系划分：必要劳动与剩余劳动

必要劳动指人创造满足自给生活的劳动；剩余劳动是超越自给生存需要而（为资本家无偿）创造新价值的劳动。促使一个人由开展必要劳动迈进开展剩余劳动的动力，除制度外，还有一个人的高贵品德、服务社会及自我实现的精神面貌。虽在资本主义社会，人们进行剩余劳动主要靠资本推动，即剩余劳动的驱动力是资本的透利本性，而在社会主义社会，人们进行剩余劳动更多地是为了服务社会和自我实现。

（五）按劳动创造产品划分：生产劳动与非生产劳动

生产劳动是不仅能创造出维持劳动者自己生存的生活资料，而且能够提供剩余劳动或带来剩余价值的劳动；非生产劳动则是顶多能创造出维持劳动者自己的生活资料，不能给他人或社会带来剩余劳动成果的劳动。与生产劳动不同，非生产劳动者为买者生产的只是使用价值，想象的或现实的使用价值，而绝不是商品。非生产劳动者的特点是，他不为自己的买者生产商品，却从买者那里获得商品。当然，生产劳动与非生产劳动的划分不是绝对的，同一劳动可以是生产的，只要作为资本家、作为生产者来购买它，为的是使它增殖；它也可以是非生产的，只要作为消费者、作为收入的花费者来购买它，为的是消费它的使用价值。

劳动的定义既是对人类活动和人类实践的同时性结构进行抽象分析的终极结果，又是对人类历史的历时性结构进行追溯还原的终极结果。劳动是在一定的社会关系下进行的，劳动也再生产出一定的社会关系。通过从事劳动实践，人们不仅要生产出满足自己物质需要的生活资料，而且要超出单纯维持自身生存的需要限度，把自己作为特定社会的劳动者的社会关系再生产出来。可见，劳动价值的社会性决定了劳动价值具有相对性。一般来说，评判劳动有无价值、有多大价值要以社会为尺度，而不是以劳动所创造的物的好坏为尺度。

第三节　劳动的意义及时代价值

劳动意义与价值的揭示是一个不断演化发展的历史过程。不同时代赋予劳动不同的价值或彰显劳动价值的不同侧面，作为人类所特有的社会活动的劳动，它不仅改造着人和社会，而且改造着自然界。

一、劳动的意义

劳动是人类有目的的活动，是物质财富和精神财富的创造过程。在马克思看来，劳动是为每个人设定的天职，理想的人生是劳动的人生，理想的社会是人人劳动的社会；习近平总书记也指出“劳动最光荣，劳动最崇高，劳动最伟大，劳动最美丽”。劳动是人作为人的表达方式、证明方式，我们每个人一辈子都需担负劳动之责，以劳动作为生活方式。

（一）宏观层面：劳动创造人类、创造财富、创造进步

1. 劳动创造人类

首先人就是劳动的创造物，恩格斯在《劳动在从猿到人转变过程中的作用》一文中指出，劳动在促进猿演化为人中发挥了创造性作用。如劳动使猿的前肢逐渐进化成人的手，手可以用来制造和使用工具，本能式的劳动促进了手脚的专门化发展；劳动还创造了语言。随着手脚的分工和直立行走，人类的视野得以开阔，产生了相互协作、交流，逐步产生了语言；劳动还创造了具有思维能力的大脑。由于语言的产生，人类开始有思维、有意识，加上食物的丰富，人类大脑不断发育，成为有自我意识、有思维的人类大脑。可见，劳动是人类的本质活动，人类的基本特征在于：一是人类的生命活动是建立在有目的的劳动基础上，而动物界再聪明，如大猩猩会用工具掏蜂蜜，也只能获取自然界已有的物品。二是人类是有社会性的，社会性是在劳动中形成的。蚂蚁、蜜蜂也有一定的社会性，但它们是在生物本能中形成的，而不是在有目的、有意识的劳动中形成的。

2. 劳动创造财富

人类社会要生存和发展必须有物质财富和精神财富，一切物质财富都是劳动对自然界提供材料进行加工而形成的。如粮食，农民劳动作用于土、肥、水、种形成的；纸张是劳动作用于植物纤维形成的；手机的各类材料是劳动作用于各种自然界的矿，如硅、铁等矿物质形成的。精神财富也由劳动创造，劳动中产生音乐、绘画等艺术的最初形态，产生语言、文字的最初形态，产生计算、测量、天文等科学的最初形态。劳动分工后，一部分人专门从事科学、艺术、宗教、教育等精神领域生产。人类宝贵的精神都来源于劳动，如勤劳、节俭、尊重自然等。

3. 劳动创造进步

一是劳动构成社会进步的基础。马克思曾指出，任何一个民族，如果停止劳动，不用说一年，就是几个星期，也要灭亡 。一个人要生存与进步，首先必须吃、穿、住、行，需要物质财富的生产——劳动，劳动是不以一切社会形式为转移的人类生存条件，是人类生存的第一需要。二是劳动推动生产力发展。通过劳动对象、劳动工具的改进，推动人类创造自然、适应自然能力的提升，生产力的发展进而推动生产关系、经济基础、上层建筑的

进步。三是劳动促进人的全面发展。在无产阶级思想发展过程中，马克思是较早把劳动教育引入教育目标的思想家。人的全面发展不仅是每个人的最高追求，而且是人类社会理想状态的基础，劳动对于人类最初的价值是人的价值，即创造人、创造人类本质、创造人类社会。但在阶级社会，特别是剥削制度下，劳动的价值异化造成劳动者的被迫劳动、异化劳动、片面劳动。在社会主义制度下，劳动开始走向自主劳动、摆脱异化，开始回归人的价值，即全面发展的价值，为共产主义社会奠定社会基础和经济基础。

（二）微观层面：劳动影响人生、影响职业、影响幸福

重视劳动在人才和教育中的地位，是古今中外劳动人民智慧的结晶。我们的教育要培养德智体美劳全面发展的社会主义建设者和接班人，劳动是人的立身之基，将劳动教育纳入党的教育方针，是尊重人才成长规律和教育规律的体现，它不仅影响个人的物质生活状况，而且影响个人的精神面貌。

1. 劳动影响一个人的世界观、价值观和人生观

世界观即人们对世界本质的看法。世界是物质的，物质运动是有规律的，掌握和运用物质运动规律需正确的立场、观点和方法。马克思主义认为世界观需通过学习劳动、科学实验、生产实践来感知和确立。价值观是人们对事物的看法，包括真假、好坏、善恶、美丑等的判断。世界观决定价值观，劳动在价值观形成中有决定性作用，如果脱离劳动、实践，不接触社会和群众，就难以确立马克思主义、中国特色社会主义的真理性认识，以及对中国共产党、共产主义的信仰。人生观即对人生的看法，特别是人生的目的、价值与意义的看法。劳动对人生观也有决定性作用，人生观中最大的问题是人为什么而活、为谁而活。一个人如果不劳动、不实践，不接触社会和群众，自我封闭、坐享其成，就会形成为自己而活的自私自利人生观。

2. 劳动影响一个人的职业观、学习观和时间观

职业观是人们对职业与工作的看法，体现对自身才能与社会角色的认识。正确的职业观，是自身才能与社会分工相匹配，找到自己在社会中的合适位置，“干一行爱一行，钻一行精一行”。做到这一点，关键靠劳动积累职业技能与职业意识、提升职业能力与职业水平。学习观是一个人对如何学习的看法。学习是一种主动的、艰苦的劳动，是一个实实在在的脑力劳动过程，即是一个主体认知、思想和行为的自觉过程。个体全面主动参与、精力投入和劳动付出，从而实现知识发展和能力提升。时间观是人们对时间的看法，它折射的是人对价值、对生命的看法。一个热爱学习的人，从不虚度光阴，即所谓“三更灯火五更鸡，正是男儿读书时”；一个热爱劳动的人，特别懂得“敬天惜时”，应时而作。只有将时间注入劳动的过程，才会明白时间的价值和意义，才会惜时如金，不会让时间在无所事事中白白浪费。

3. 劳动影响一个人的财富观和消费观

正确的财富观是靠劳动挣得财富，珍惜靠劳动创造的财富。通过劳动创造的财富往往

浸透着自己的劳动血汗，蕴含着个人的劳动体验和真切感受，懂得财富取舍之道，懂得节用和创造财富。不爱劳动的人，不明白财富得来的艰辛，往往好逸恶劳，甚至走上歪路。消费观是一个人对消费的看法。目前社会上存在着过度超前消费、炫耀性消费和浪费性消费三种典型错误消费观，对大学生产生负面影响，以致有的学生陷入“校园贷”“套路贷”难以自拔，习惯透支财富，浪费现象严重。所以，大学倡导节俭，要与劳动教育紧密结合，这样才能帮助学生树立正确的消费观。

4. 劳动影响一个人的自我观和幸福观

自我观是一个人对自我及自我与他人关系的看法。劳动者的自我观是实事求是地看待自己，正确处理自己与他人的关系。因为劳动过程就是把外界对象化的过程，劳动过程也是处理自己与外界、与他人关系的过程，因此，劳动者能做到正确看待自己、他人，能做到谦虚、包容。相反，不劳动，缺乏对象化认知过程，就会出现自大、封闭、不善于应对外界等一系列问题。幸福观是一个人基于生活对幸福是什么的看法，它由世界观、价值观、人生观决定。一个人如果不劳动只享受、不付出只索取、不创造只消耗，那么这个人的幸福就会寄托在向别人、向社会的索取上。相反，一个劳动的人、一个艰苦奋斗的人、一个为他人服务的人，其幸福源泉必定是劳动、创造与服务。

二、价值呈现：新时代劳动教育应有的意义承载

劳动立身，在马克思身体思想的视域中，充满活力的身体是“现实的个人”生活实践展开的物质载体，热情崇高的主体精神是“现实的个人”建构理想世界的内在动力，而作为人之自由本质展现的劳动是实现“现实的个人”外在与内在、理性与感性的唯一途径。新时代的劳动教育要立基于此，在恢复劳动所具有的创生性价值的本真意义上来思考劳动教育的现实指向。这样才能在培养自由而全面发展的人的基础上直面时代新人培养的现实问题，真正使劳动所具有的品格养成、精神陶冶、人文教养价值得到充分显现。

（一）劳动教育关切身心健康，培育时代新人的生命健康观

生命健康观倡导人类从生命本然的角度全面审视自身的健康状况，以身心健康协同发展的“大健康”理念来指导人类预防疾病、防范意外伤害，秉持文明自然的生活方式，维持积极向上的生活态度，最终达到身心协同、健康积极的生活状态。从马克思身体思想的视域审视学生全面发展、健康成长，意味着劳动的过程是不断形塑和完善身体的过程，中国特色社会主义劳动教育必须始终从“身心合一”的角度关注学生的生命健康。劳动教育动手动脑、出力出汗、劳力劳心的教育方式是实现培育时代新人生命健康观的重要途径，应首先从“身”出发，以此为立足点形塑时代新人的健康体魄。同时，劳动教育还必须从“心”出发，浸润时代新人的健康心理。这在于劳动是作为主体的“现实的个人”自觉运用知识、意志、情感、体力进行的对象化活动，通过劳动，作为主体的人能感受自我存在与发展的本质力量，并在自由与美感的创造活动中感受自我超越的审美体验。质言之，劳

动是人之为人的根本生存方式，是重要的教化形式。基于此而展开的劳动教育不仅需引导个体的人在劳动过程中感受人之躯体的肌肉力量和人之意识的精神创造，而且需彰显劳动所透视出的时代风貌和社会品格，由此才能实现人之主体意义上的能动创造和既定社会场域之间的相互建构关系。

（二）劳动教育关爱自然生命，培育时代新人的生态文明观

生态文明观是人类基于人与自然之间的关系在经验事实认知的基础上所形成的积极的价值判断，意味着人与生活于其中的世界之间达成了一种更为和谐默契的有机关联。马克思主义认为离开了人的自然界是纯粹自在的自然，是没有任何意义关涉的绝对客体。要从人化自然的维度来理解人与自然界间的关系，劳动正是实现人化自然的根本途径。因此，新时代的劳动教育既要创新劳动形态、扩大劳动教育的内容，实现生产与技术、知识与价值、信息与文化、时间与空间等劳动要件的耦合，全面提升社会主义建设者和接班人的劳动技能和水平，更要突出劳动教育的生态思维，将生态文明教育与劳动教育有机结合。马克思认为，在共产主义社会中，劳动是人与自然联结的纽带，人类通过认识自然、改造自然的劳动活动可获得物质生产资料与精神生产资料，实现人作为肉体的身体与作为精神的身体的“全部感觉的复归”。即人类在感性劳动中可充分感知自然孕育生命，认识自然资源的有限性与人之需求增长无限性的客观矛盾，认识人类必须运用实践理性来正确处理人类“需求”与自然“供给”间的关系，认识人须尊重自然、顺应自然、保护自然及善待自然。因此，劳动教育还需引导时代新人自觉承担保护自然生态之完整与稳定的伦理责任，逐渐体悟人与自然和谐共生的生存境界。

（三）劳动教育关注社会关系，培育时代新人的公共交往观

公共交往观体现的是马克思意义上的“现实的个人”的社会性本质，意味着作为社会主体的人能够在与“有意义的他者”的交往关系中达成自觉而理性的自我认知和社会认知。健康积极的公共交往观，对一种和谐有序的社会关系的生成与建构具有非常重要的意义。马克思主义认为现实的人及其劳动实践的展开就是社会、国家和整个世界，人类在劳动实践的过程中形成的社会关系是人类真实存在的本质呈现，而生产劳动给每一个人提供全面发展和表现自己全部的即体力的和脑力的能力的机会，这样，生产劳动就不再是奴役人的手段，而成了解放人的手段。此时，自由手工业者之间的联合就会体现出劳动本身的崇高精神，这是因为劳动作为一种教化方式，会引导个体通过劳动体验合作共赢，实现劳动主体间性的交流。这样的劳动过程本身就是与他人展开公共交往的过程，同时也是自我与“有意义的他者”逐渐达成相互承认的过程。基于此种认识的劳动教育必然将社会关系的正向建构纳入其中，必然蕴含着对于生活共同体的与生俱来的归属感与荣誉感。从这层意义上来看，新时代的劳动教育展现着时代新人应有的公共性旨趣和社会关怀，是突破狭隘可悲的自我关注而通达包容豁达生存境遇的内在构成。

（四）劳动教育关怀人类命运，培育时代新人的世界历史观

世界历史观指人们对全球化进程中人类的普遍交往实践所持有的根本观点，是世界观的重要组成部分。马克思认为整个所谓世界历史不外乎是人通过人的劳动而诞生的过程。他生活的时代正是机器大工业蓬勃发展的时代，也是资本扩张推动全球化初步发展的时代，更是民族历史被世界历史所逐步取代的时代。在这样一个全球生产生活日趋融为一体的发展状态下，包容性地关怀人类社会的整体发展事业已成为衡量是否具有现代意识的重要标准。人类命运共同体意识体现的正是这种全球休戚与共的整体发展理念，因此，必须明确人类劳动所具有的世界历史的文化教育意义。且人类的劳动进化史，正是人类摆脱蛮荒、走向文明的发展史，也正是人类社会不断建构更加合理的社会秩序、通达更加开放包容的生活状态的历史。人类社会只有突破异化劳动的“铁笼”，通过劳动解放实现普遍的人类解放，才能获得“真正共同体的生活本身”。新时代的劳动教育要充分彰显人类劳动所具有的自我解放和文明教化意义，要将开放包容的全球视野和休戚与共的人类命运共同体意识自觉纳入其中。这样培养出来的时代新人才能真正勇立时代潮头，才能拥有开放胸怀、全局观念和战略意识，才能洞悉人类社会发展的规律和趋向，才能成为推动世界历史发展的中流砥柱。

总之，劳动是知识世界、生活世界、工作世界之间建立关联的重要桥梁，是建立生活认知和生命认知的重要渠道。大学生的成长离不开劳动锻炼，劳动教育作为中国特色社会主义教育制度的重要组成部分，新时代劳动教育体系必须立足人民的美好生活追求，精准把握新时代发展的客观需求和发展趋势，以培养担当民族复兴大任的时代新人为根本目标。因此，新时代劳动教育须将夯实马克思主义的劳动理论根基、明确社会现实发展的劳动价值需求、探索人类文明进步的劳动实践路径三者加以内在贯通、协调，多维度呈现具有中国特色的劳动教育的价值意蕴，并在此基础上积极探求其实践路径，引导青年大学生把劳动作为立身之基，靠劳动筑梦，靠劳动圆梦，深度挖掘劳动在自然、社会与人的发展进程中的作用。

课后作业

1. 如何界定劳动在社会结构和历史发展过程中的地位和作用？

2. 如何从辩证角度阐释劳动的内涵、类型及属性？马克思主义劳动观中国化探索分为几个阶段？

3. 如何理解劳动的意义及新时代大学生劳动教育的价值范畴？

4. 结合劳动实践，谈谈自己的劳动感触。

劳动实践任务

一、劳动主题

制订劳动任务清单

二、劳动目的

1. 了解劳动教育实践部分的课程考核要求。

2. 根据劳动菜单设置合理的劳动实践任务清单。

三、劳动任务

参照劳动菜单所设置的劳动思想性、劳动服务性、劳动创造性、劳动习惯与品质四个维度内容，根据自己的兴趣及特长，制订个性化的劳动实践任务清单并完成相关的劳动任务。

序号	劳动教育维度	计分项目	考核要点	分数	备注
1	劳动思想性	* 劳模精神、劳动精神、工匠精神专题讲座	500 字讲座心得	0.2 分	不限分
2		学生说“劳模故事”	组织方证明等	0.1 分	限 0.4 分
3	劳动服务性	校园义工	组织方证明等	0.1 分	限 0.2 分
4		劳动教育实践基地活动	组织方证明等	0.2 分	限 0.4 分
5		参加省级以下志愿服务活动	志愿者工作证等	0.1 分	不限分
6		参加省级及以上志愿服务活动	志愿者工作证等	0.3 分	不限分
7		* 暑期社会实践项目	社会实践考核表	0.2 分	限 0.2 分
8	劳动创造性	专业实习实训活动	二级学院或实习单位证明	0.1 分	限 0.4 分
9		大师、名导工作室活动	工作室证明	0.1 分	限 0.4 分
10		创业实践	工商营业执照或公司股权证明书，由徐霞客创新创业学院证明	0.5 分	限 0.5 分
11	劳动习惯与品质	* 完成“美丽校园”创建活动	组织方证明	0.1 分	限 0.4 分
12		校园劳动	组织方证明等	0.1 分	限 0.4 分
13		寝室卫生	校级优秀	0.1 分 /2 次	不限分
14		家务劳动	组织方证明	0.1 分	限 0.4 分

注：标 * 模块为必选必修项目，未修学生直接记为“不合格”。

四、考核评价标准

四年制学生，修满 1 分为“合格”，修满 2.5 分为“良好”，3 分及以上为优秀。

三年制学生，修满 1 分为“合格”，修满 2 分为“良好”，2.5 分及以上为优秀。

两年制学生，修满 1 分为“合格”，修满 1.5 分为“良好”，2 分及以上为优秀。

五、劳动设计

按照学年、劳动项目类型、项目内容、项目完成日期等字段，列出大学生涯的劳动任务清单，认真执行并及时进行修正。

六、劳动成果

大学生涯劳动任务清单

学年	劳动项目类型	劳动项目内容	预计完成日期	备注

第二章　劳动教育实践概述

学习导航

目标分类	具体内容
知识	1.熟悉并掌握劳动教育的主要内容 2.了解生产劳动、生活劳动以及服务性劳动三个方面的劳动知识 3.明确劳动教育的意义，区别不同劳动的特点
能力	1.运用所学知识，掌握生产、生活和服务性劳动技能 2.通过对生产劳动内容的熟知，明确劳动的多样性，积极参加各种生产劳动
素养	1.树立正确的劳动目标，培养热爱劳动的好习惯 2.通过参与不同的劳动，提升自身的劳动素养
课程思政	1.理解劳动的精髓并使学生懂得劳动是培育时代新人的必要途径 2.养成正确的劳动态度与劳动精神性

案例导读

最美劳动者——袁隆平事迹

袁隆平的形象可谓“几十年如一日”的“农民本色”——瘦小身材，背微驼，小平头，一身过时衣，两腿烂泥巴。但也就是他，获得了首届国家最高科技奖证书和500万元的高额奖金。“杂交水稻之父”——袁隆平的获奖，可谓“一石激起千层浪”，他不仅仅搅动了人们对科学家的好奇，更引起人们对大奖的产生以及我国科技奖励制度的关注。

1976年，袁隆平和助手培育的三系杂交水稻“南优2号”在全国大面积推广，比常规水稻平均增产20%，到2000年全国累计推广38亿亩，增产稻谷3600亿公斤；1995年，袁隆平在全国大面积推广两系法杂交水稻生产应用，到2000年全国累计推广面积达5000万亩，续写“东方魔稻”的新篇章；2000年，“超级杂交稻”突破日本专家估算的水稻的理论极限产量，被全国400位院士评选为“2000年中国十大科技进展”的第一项成果；2000年12月12日，“隆平高科”上市，成为中国证券市场第一只以科学家名字命名的股票。

他先后获得了联合国知识产权组织“杰出发明家”金质奖、联合国教科文组织“科学奖”、英国让克基金会“让克奖”、美国费因斯特基金会“拯救世界饥饿奖”、联合国粮农组织“粮食安全保障奖”等八项国际奖。

他的成果不仅仅在很大程度上解决了中国人的吃饭问题，并且也被认为是解决下个世纪世界性饥饿问题的法宝。国际上甚至把杂交稻当作中国继四大发明之后的第五大发明，誉为“第二次绿色革命”。

资料来源：http://www.cppcc.gov.cn/zxww/2021/05/25/ARTI1621922579008378.shtml.

案例分析

袁隆平老先生所发明的杂交水稻，被西方专家称之为“东方魔稻”，比常规水稻增产20%以上，每年因种植杂交水稻而增产的稻谷可以多养活7000万人口，从而从根本上解决了中国人吃饭难的问题。如今，杂交水稻已经推广到全世界20多个国家和地区，不仅为解决中国人的温饱和保障国家粮食安全做出了杰出贡献，更为世界和平和社会进步树立了丰碑。他的一生都在为劳动事业奋斗。

案例思考

你觉得生产劳动有哪些？生产劳动对于社会有哪些意义？

第一节　生产劳动

一、农业生产劳动概述

农业属于第一产业，是支撑国民经济建设与发展的基础产业。农业是人们利用动植物体的生活机能，把自然界的物质和能转化为人类需要的产品的生产部门。现阶段的农业分为植物栽培和动物饲养两大类。土地是农业中不可替代的基本生产资料，劳动对象主要是有生命的动植物，生产时间与劳动时间不一致，受自然条件影响大，有明显的区域性和季节性。农业是人类衣食之源、生存之本，是一切生产的首要条件，它为国民经济其他部门提供粮食、副食品、工业原料、资金和出口物资。广义的农业包括种植业、林业、畜牧业、渔业、副业五种产业形式，狭义的农业是指种植业，包括生产粮食作物、经济作物、饲料作物和绿肥等农作物的生产活动。

（一）种植业

种植业又称植物栽培业。种植业作为农业的主要组成部分之一，是栽培农作物以取得植物性产品的农业生产劳动，包括蔬菜作物、粮食作物、饲料作物、经济作物、园艺作物、果树、林木、药用植物等的栽培。

（二）林业

林业，是培育和保护森林，以取得木材和其他林产品、利用林木的自然特性以发挥防护作用的生产部门。保护森林资源、改善生态环境、保持生态平衡是林业建设的一项重要内容。

（三）畜牧业

畜牧业，是利用畜禽等已经被人类驯化的动物，或者鹿、麝、狐、貂、水獭、鹌鹑等野生动物的生理机能，通过人工饲养、繁殖，使其将牧草和饲料等植物能转变为动物能，以取得肉、蛋、奶、羊毛、山羊绒、皮张、蚕丝和药材等畜产品的生产部门。

（四）渔业

渔业，是开发和利用水域，捕捞和养殖鱼类、其他水生动物及海藻类等水生植物以取得水产品的社会生产部门。渔业也是为国家建设和人民生活提供食品和工业原料的产业。

（五）副业

副业，是生产单位所从事的主要生产活动以外的生产事业。在我国农业生产部门中，是指畜牧业、种植业、渔业、林业等大田生产以外的其他附带经营产业，主要包括养猪、养鸡、采集药材等。

二、工业生产劳动概述

工业是国民经济中重要的物质生产部门之一。工业生产劳动主要是对自然资源以及原材料进行加工或装配的过程。这是一个工资相对较高，但工作也比较艰苦的行业，对从事此行业的人要求有一定的体能和技能。

工业一般分为重工业和轻工业。《中国统计年鉴》中对重工业的定义是为国民经济各部门提供物质技术基础的主要生产资料的工业；将轻工业定义为主要提供生活消费品和制作手工工具的工业。

（一）重工业的分类

按其生产性质和产品用途，可以分为下列三类：

（1）采掘（伐）工业，指对自然资源的开采，包括石油开采、煤炭开采、金属矿开采、非金属矿开采和木材采伐等工业。

（2）原材料工业，指向国民经济各部门提供基本材料、动力和燃料的工业，包括金属冶炼及加工、炼焦及焦炭、化学、化工原料、水泥、人造板以及电力、石油和煤炭加工等工业。

（3）加工工业，指对工业原材料进行再加工制造的工业，包括装备国民经济各部门的机械设备制造工业、金属结构、水泥制品等工业，以及为农业提供的生产资料如化肥、农药等工业。

（二）轻工业的分类

按其所使用的原料不同，可分为两大类：

（1）以农产品为原料的轻工业，是指直接或间接以农产品为基本原料的轻工业。主要包括食品制造、饮料制造、烟草加工、纺织、缝纫、皮革和毛皮制作、造纸以及印刷等工业。

（2）以非农产品为原料的轻工业，是指以工业品为原料的轻工业。主要包括文教体育用品、化学药品制造、合成纤维制造、日用化学制品、日用玻璃制品、日用金属制品、手工工具制造、医疗器械制造、文化和办公用机械制造等工业。

三、服务业生产劳动概述

服务业生产劳动指从事服务产品的劳动实践。服务业是当前我国国民经济结构中的最大产业，已成为推动中国经济增长的重要动力之一，其对 GDP 的贡献率逐年上升，发展前景长期向好。服务业包括：软件和信息技术服务业，信息传输、仓储和邮政业，租赁业，科学研究和技术服务业，金融业，水利、环境和公共设施管理业，居民服务、修理和其他服务业，教育业，卫生和环保业，文化、体育和娱乐业，公共管理、交通运输、社会保障和社会组织，农、林、牧、渔业中的农、林、牧、渔服务业，采矿业中的开采辅助活动，制造业中的金属制品、机械和设备修理业，国际组织等。

服务业有服务产业和服务事业之分。以增值为目的提供服务产品的生产部门和企业集合叫服务产业；以满足社会公共需要提供服务产品的政府行为集合叫服务事业。

低碳经济时代，文化和旅游两大产业逐渐成为世界主要国家优先发展的“绿色朝阳产业”。党中央提出“要推动文化产业与旅游、体育、信息、物流、建筑等产业融合发展”。作为我国大力扶持发展的第三产业新模式，文化与旅游两大产业的融合发展对促进整个国民经济的发展升级和结构转型有着重要意义。

第二节 日常生活劳动

一、家务劳动概述

家务劳动是家庭成员为了维持家庭成员正常生活面付出的没有任何经济报酬的劳动，是一种无偿劳动。通过家务劳动，可以让大学生形成积极的劳动态度和良好的劳动习惯，克服不良的劳动价值观，培养自觉劳动、热爱劳动的精神，为将来更好的人生发展奠定基础。大学生大都已成年，所有的家务劳动都可以做，并且还可以做相对复杂和专业的家务劳动，比如自己动手装修、维修等。

习近平总书记指出，要教育孩子们从小热爱劳动、热爱创造，通过劳动和创造播种希望、收获果实，也通过劳动和创造磨炼意志、提高自己。家务劳动是劳动教育体系里最重要的板块之一，家务劳动是人生的第一堂劳动课，做好家务劳动，是树立正确劳动观的开始，也是培养大学生养成良好习惯和品质的起点。

二、校园劳动概述

校园是劳动教育的主要场所，也是大学生树立正确劳动观的思想教育基地，学校要培养大学生德智体美劳全面发展，实现“五育并举”。校园劳动是日常生活劳动实践的一种重要类型，大学生在学校学到的劳动知识及技能，首先就应当运用到校园劳动中去。

校园劳动和其他形式的劳动有些不一样，它不仅承担着一定形式的劳动，还肩负着劳动观念的教育。不像生产劳动、社会劳动那样更多的是注重劳动实践，校园劳动需要理论和实践相结合，引导青少年用正确的劳动观去实践各种形式的劳动。实践是需要理论进行支撑的，而劳动理论的教育主要依靠学校的教育，因此要加强劳动思想教育的实施路径，从各个方面引导青少年树立正确的劳动观。

学生参加校园劳动，开展的形式多种多样，总体来说可以分为课堂劳动和课外劳动两大板块。

（一）课堂劳动

课堂上的劳动主要展现形式是劳动课，学生可以在劳动课上参加劳动，提高自己的动手能力。学校劳动课程大致可以概括为劳动健身课程、劳动技能课程、劳动艺术课程和劳动实训课程。

（二）课外劳动

课堂上的劳动都能如此多姿多彩，课外的劳动就更加能给学生的劳动教育提供广阔的空间。校园劳动的展现形式主要还是课外劳动，学生除了在课堂上学习知识外，其他大部分时间在课外劳动中学习。课外劳动大致可以分为打扫卫生和参加校园劳动实践活动两大板块。

1. 打扫卫生

打扫卫生包括教室卫生、寝室卫生和校园卫生。教室是学生日常学习的环境，教室的卫生需要班上每一位学生打扫与维护，一般班级都会制订一个值日表，每天都会安排不同的学生进行打扫，共同营造一个干净整洁的学习环境。寝室是学生日常生活的环境，学生下课后，大部分时间是在寝室，寝室就像他们的家，需要共同生活的室友一起维护，只有大家齐心协力，才能营造良好的寝室环境和寝室文化。校园卫生就是除了教室卫生和寝室卫生之外的环境卫生，一般包括公共场所清洁、校园绿化、垃圾分类等，校园这个大环境，需要校园里的每一个人去维护，共同营造一个良好的校园环境。

2. 参加校园劳动实践活动

参加校园劳动实践活动包括勤工助学、社团活动、校园劳动主题活动。校内设立勤工助学岗位，主要是让学生在帮助老师处理日常事务的同时也学会热爱劳动、尊重劳动。勤工助学可以助研、助教、助管、助维、助卫等，比如进实验室给老师当助手，在办公室帮助老师做日常管理工作，在校园里帮助老师维持秩序、检查卫生等，这些可以培养学生树立校园主人翁的意识，进而自觉自愿地参加校园劳动。除了勤工助学外，学生还可以通过参加社团活动、校园劳动主题活动来从事校园劳动，参加此类活动，不仅能够丰富学生的课外活动，而且可以锻炼学生，增强他们的劳动意识。

校园劳动是大学生参加的主要劳动，也是培养大学生树立正确劳动观的主要场所。习近平总书记在全国教育大会上强调，要在学生中弘扬劳动精神，教育引导学生崇尚劳动、尊重劳动，懂得劳动最光荣、劳动最崇高、劳动最伟大、劳动最美丽的道理，长大后能够辛勤劳动、诚实劳动、创造性劳动。而校园就肩负着加强大学生劳动教育的重要责任，大学生的劳动观是对劳动的根本认知和态度，决定着劳动价值判断和选择，不仅直接影响其在各个阶段的学习，更关系到优秀品德的养成。因此，要培养热爱劳动、尊重劳动的社会主义劳动者，加强校园劳动就有着重要的意义。

第三节　服务性劳动

一、志愿服务概述

志愿服务，是通过自愿且不图物质报酬的方式贡献自己的个人精力和时间，参与社会生活，从事具有促进社会进步、推动人类发展的社会事业。志愿者就是志愿服务的践行人，而大学生作为志愿服务的主力军，他们利用自己的业余时间，为社会、为他人提供自己的无偿服务，这是一种志愿精神。

志愿服务是一种典型的公益劳动，它可以培养学生乐于奉献的精神。在志愿者服务中，可以锻炼劳动技能，增强责任感，强化劳动教育意识，从而深化对劳动创造人、劳动创造世界的认识。针对大学生，志愿服务可以分为校内志愿服务和校外志愿服务两部分。

（一）校内志愿服务

校内志愿服务一般根据学校活动的需要，临时招募一批有责任感的志愿者协助学校组织活动。针对不同的活动，招募的志愿者要参加相关方面的培训，然后在食堂、图书馆、操场、教室、实验室、宿舍、报告厅等教学基地开展相关的志愿活动。学生在校园内积极参加志愿服务，是对自己的一种磨炼和提升（见图 2–1）。

图2–1　校内志愿服务

（二）校外志愿服务

校外志愿服务相比较校内志愿服务，服务的范围要广很多。校外志愿服务一般是通过学校联系的一些需要帮助的政府部门和社区，定时定点地进行志愿服务。根据志愿服务的领域不同，校外志愿服务一般可分为社区基层志愿服务、环境保护志愿服务、大型活动志愿服务以及社会援助志愿服务。

1. 社区基层志愿服务

社区基层志愿服务，包括志愿者走进社区基层，深入康复中心、养老院、孤儿院等服务基地，为其提供生活照顾和医疗保健，或者通过自己所学的知识，在社区里进行回收废旧衣物和日常用品、宣传各种法律知识、培训网络知识等社区志愿服务。社区志愿服务的内容有很多，比如大学生志愿者可以定期去养老院帮助老人们解决生活难题，打扫养老院，做一些简单的表演和小游戏供老人们娱乐；再比如大学生志愿者可以开展一些社区讲座，给居民们传播法律知识，让居民们警惕网络诈骗等。大学生志愿者服务社区，是人与人之间良好关系的黏合剂，是社会发展的需要，同时锻炼了大学生的劳动能力，让社会资源发挥最大功能，共同促进社区精神文明建设。

2. 环境保护志愿服务

环境保护志愿服务，主要是围绕植树造林、美化环境、治理污染等环保领域的志愿服务工作。大学生志愿者可以定期开展植树造林活动，多植树、多栽花，让我们的生活环境更加美好；可以开展清洁周围环境的活动，可以组织大家定期开展打扫活动，比如扫落叶、捡垃圾等，这样不仅美化了环境，而且治理了污染。大学生参加环境保护志愿服务，可以增强环保意识、实践环保行动，对保护我们赖以生存的环境起到积极的作用。

3. 大型活动志愿服务

大型活动志愿服务，是通过我国举办的大型活动如亚运会等招募志愿者，让志愿者提供志愿服务的劳动（见图 2–2）。志愿者已经成为大型活动的重要人力资源之一，随着我国发展得越来越好，世界各种大型活动陆续在我国举办，从亚运会到奥运会到世博会再到冬奥会，这些大型活动规模大，需要的人手多，需要很多大学生志愿者的支持。大学生志愿者不仅可以为大型活动提供高效优质的服务，而且通过参加志愿服务能够培养他们的爱国情怀。

图2–2　校外志愿服务

4. 社会援助志愿服务

社会援助志愿服务，主要是通过“三下乡”、下农村支教、大学生当村干部等形式，向边远山区需要得到医疗、教育、农业科技等帮助的群体进行志愿服务。志愿者扶贫计划是各级志愿服务组织长期从事的一项工作，很多省份有自己的援助计划，比如地处西部区域的省份，贫困基数较大，经常招募大学生志愿者到贫困地区帮助推动教育、医疗、农业技术的发展，因此，大学生志愿者在促进贫困地区脱贫方面发挥着巨大的作用。

随着社会的发展，志愿服务在促进社会和谐、提高道德水平以及培养大学生成长成才方面发挥着越来越重要的作用。大学生进行志愿服务劳动，可以促进社会的和谐发展。志愿者在从事社区服务时，帮助他人、服务他人，体现了无私奉献的志愿精神，构建了人与人之间的和谐关系；志愿者在从事社会救助时，表现出对社会弱势群体的关注，体现出了大爱无疆的精神；志愿者在从事环境保护志愿服务时，保护了生态环境，改善了人与自然的关系，促进了人与自然的和谐相处。可见，志愿服务对构建和谐社会有极其重要的作用。

大学生进行志愿服务，可以提高自己的道德水平。“奉献、友爱、互助、进步”是志愿精神的体现，也是我们思想道德修养所要养成的品质。志愿服务是无偿的、自愿的、公益的，志愿者在深刻理解其中的含义之后，又积极地付出，这个过程就是思想道德的提升过程。

大学生进行志愿服务，可以深化自己的知识结构。志愿服务的涉及面很广泛，志愿者可以从志愿服务中学到很多课本上接触不到的知识，无论是举办大型活动、开展救助活动还是去社区基层提供日常生活服务等，志愿者都可以从中接触到很多新的知识。因此，志愿服务可以让大学生增长见识、深化知识结构，对其全面发展有重要的意义。

二、企业劳动概述

企业劳动指大学生进入企业进行劳动，满足企业用人需求，服务于相关行业、产业的劳动实践形式，主要通过社会实践、校企合作、毕业实习三种形式来实现。

（一）社会实践

社会实践，是大学生利用假期在校外实习的劳动。可以根据自己的兴趣爱好、专业知识等去选择进入不同的企业参加社会实践，比如可以根据自己的兴趣爱好从事餐饮类、服装类、娱乐类的社会实践，也可以选择与自己的专业知识相关的企业参与社会实践。例如，新闻传播专业的可以去报社实习，法律专业的可以去法院实习，会计专业的可以去会计师事务所实习等。

（二）校企合作

校企合作是学校与企业在人才培养和培训中所进行的教育教学合作活动，是学生进行企业劳动的主要途径之一。校企合作的主要形式是学校以课程办学为主，企业则提供人员支持和相关技术，共同制订人才培养方案，提高学生综合素质，实现学校与企业互利共赢的长远目标。学生通过学校与企业的合作，在校期间学习课程的同时能进入企业进行实习，把自己所学的专业知识运用到实践中去检验，找出理论学习和实践锻炼的差距，让学生能够更全面地去思考学习效果，进而促进学生把自己的专业知识学得更好。校企合作的主要模式有产业园模式、“校中厂、厂中校”的教学工厂模式、订单班培养模式以及现代学徒制模式。

1. 产业园模式

产业园模式，是指在校园教学用地上建设与学校主体专业相符的产业园，通过一些优惠政策，吸引与学校主体专业对口的企业入驻园区，共同培养人才的合作办学模式。在产业园里，企业能为学生实习实训提供真实的岗位，实现了学校教育环境与企业工作环境的有机结合。学校利用企业的资源，可以让学生就近参加实践劳动，企业利用学校的资源，可以指导学校的教学设计，极大地拉近了企业与学校的距离。

2.“校中厂、厂中校”的教学工厂模式

“校中厂、厂中校”的教学工厂模式，是校内基地生产化与校外基地教学化思维的拓展。一方面，企业负责提供技术方案、设备仪器、技术人才等资源；另一方面，学校提供实习场地、实验室、图书馆以及优秀师资等资源。二者共同制订人才培养方案、共享资源、共同育人、互相指导，形成一个良好的教学模式，让校中有厂、厂中有校。

3. 订单班培养模式

订单班培养模式，就是企业根据自身的发展需要，预测人才的需求量，向校企合作的学校“下订单”，专门量身为企业培养需要的人才。双方要签订人才培养的协议，共同组织人才培养的教学方式，共同制订人才培养方案，最后用人单位按照人才培养协议的约定，让符合要求的学生到该企业工作。订单班培养模式相较于其他校企合作，目标更加明确，培养对象更加确定。一般学生从进校开始，订单班培养模式就启动，学生在学校学习期间，会参加企业实习、知识考试，到毕业的时候，根据优胜劣汰的竞争模式，各方面表现优秀的学生将进入该企业工作。

4. 现代学徒制模式

现代学徒制模式，是基于传统学徒制建立起来的，是通过学校与企业的深度合作、教师与师父的联合传授，对学生以技能培养为主的现代人才培养模式。这是一种以企业为主的校企合作方式，学校的人才培养方案需要契合企业生产岗位的需要，学生在这种模式下边工作边学习，不脱离工作岗位，同时学习到专任老师传授的基本技能知识。这种校企合作模式，更加注重学生的实际工作能力，企业会派经验丰富的技术人员指导学生实习，会让学生有充足的时间进行实践，同时也会安排各种职业技能考核，以确保提高学生的工作质量。现代学徒制，让学生在实践中学知识、在工作中学知识，有利于人才与企业的对接，让企业寻求到真正符合要求的学生，这样的学生不仅掌握了技能知识，而且学到了真正的技术与方法。

（三）毕业实习

毕业实习是学生在企业进行劳动的主要途径之一，每个学生根据自己不同的专业到不同的企业实习，为他们即将毕业找工作打下坚实的基础。学生可以通过毕业实习，更加了解和熟悉自己的专业，在实习期间逐步熟悉工作环境，为他们之后找工作可以提供一些指导和方向。因此，毕业实习是学校人才培养计划中不可或缺的一个教学环节，也是劳动教育中很重要的一部分。

每年企业进行人才招聘的时候，如果是在本企业有实习经验的，一般企业都会优先考虑其入职，这可以大大提高学生的就业率。同时，也可以让学生在进行企业劳动的时候，对企业的工作模式、企业文化都有更深入的了解，这对学生以后的职业生涯会产生重要的影响。

企业劳动有助于在劳动中增广见识。学生在企业中进行劳动，需要将理论知识与劳动实践项目相结合，可以学习到课本上学不到的知识，增长自己的见识。比如到某公司实习，可以学到公司内部管理的知识、公司外部合作的知识，甚至还可以学到与公司产业相关联的其他行业的知识，这样的见识是必须通过劳动实践活动才能逐渐积累的。

企业劳动有利于增强就业竞争力。用人单位进行招聘，会考察应聘者的专业能力、学习能力、分析能力、沟通能力、创新能力、合作能力等各方面工作所需的能力，这些能力都要通过企业劳动实践才能获得有效提升，因此，拥有一定的企业劳动经验，无疑会增强学生的就业竞争力。

课后作业

1. 你做过哪些生产劳动？请你体验一次生产劳动，谈一谈你的体验。
2. 分别进行家务劳动和校园劳动体验，并谈一谈两者有何异同。

劳动实践任务

一、劳动主题

疫情防控志愿服务

二、劳动目的

1. 融入疫情防控战中，配合社区和学校打好疫情防控的总体战、阻击战。

2. 特殊时期，让学生以全新的视角接触、观察和审视社会，发现城乡公共管理、社会治理和社会志愿服务体系的不足之处。

3. 疫情面前，人人临危，培养学生的时代使命感和责任担当精神。

4. 疫情服务中会遇到诸多困难，培养学生任劳任怨和主动担当的精神。

三、工具使用要求

1. 志愿服务统一服装。

2. 基本的消毒工具和个人防护装备。

3. 疫情宣传和防护措施资料。

4. 基本引导用具（路标、旗帜、哨子等）。

5. 志愿服务细则、服务人员花名册、服务地点分布等资料。

四、安全保护要求

1. 每个小组由组长负责服务期间信息的上传下达，任何组员如有问题，可直接咨询组长。

2. 尽量选用公共交通工具到达活动开展地点或由志愿服务专车接送，即随集体，服从统一指挥。

3. 根据志愿服务地点和疫情等级，佩戴好基本的个人防护装备，非安全区域不得私自脱下个人防护装备。

4. 如遇无法解决的困难，必须迅速上报，寻求组织支持，个人不得冒险处理。

五、考核评价标准

1. 全员安全完成重大疫情志愿服务，无人受伤、无人感染。

2. 主动担当、任劳任怨，积极配合防控人员完成本岗位的日常工作，无延期和遗漏。

3. 遵守志愿服务章程，所在服务岗位在服务期间未出现异常情况。

六、劳动设计

1. 时间安排

2. 材料、工具准备

3. 劳动时间及地点

4. 劳动过程记录

七、劳动成果

将参与此次疫情防控志愿服务的心得记录如下：

第二篇

崇尚劳动

弘扬劳模精神、劳动精神、工匠精神，牢固树立劳动最光荣、劳动最崇高、劳动最伟大、劳动最美丽的观念。

第三章　劳模精神

学习导航

目标分类	具体内容
知识	1.了解劳模精神的发展历程 2.掌握劳模精神的定义、内涵及特征 3.了解劳模精神的当代价值
能力	1.学会阐述劳模故事，传播劳模精神 2.学会制作劳模精神主题的视频，展示劳模榜样故事
素养	1.通过践行劳模精神，提升职业热情、责任担当及创新意识 2.通过劳模故事分享与讨论，提高表达能力
课程思政	弘扬劳模精神，传播正能量，厚植爱国情怀，立志做新时代的奋进者

案例导读

铁人王进喜的故事

王进喜，甘肃玉门人，中国石油工人的代表，中国工人阶级的先锋战士，中国共产党党员的优秀楷模，中华民族的英雄。他为祖国石油工业的发展和社会主义建设立下了功勋，在创造了巨大物质财富的同时，还给我们留下了宝贵的精神财富——铁人精神。

1959 年，他作为石油战线的劳模到北京参加群英会，看到汽车背上包来回跑，问别人："上边装那家伙干什么？"人家说是没有汽油烧的煤气。这话像锥子一样把他刺得生疼。"真急人呀！我们这么大国家没有石油烧还了得！我一个石油工人，眼看没有油，让国家遭这么大难，还有脸问？"

1960 年春，我国石油战线传来喜讯——发现大庆油田，一场规模空前的石油大会战随即在大庆展开。王进喜从西北的玉门油田率领1205钻井队赶来，加入了这场石油大会战。

一到大庆，呈现在王进喜面前的是许多难以想象的困难：没有公路，车辆不足，吃和住都成问题。但王进喜和他的同事下定决心：有天大的困难也要高速度、高水平地拿下大油田。

在困难面前，王进喜带领全队靠人拉肩扛，把钻井设备运到工地，以“宁可少活二十年，拼命也要拿下大油田”的顽强意志和冲天干劲，苦干5天5夜，打出了大庆第一口喷油井。在随后的10个月里，王进喜率领1205钻井队和1202钻井队，在极端困苦的情况下，克服重重困难，双双达到了年进尺10万米的奇迹。

在那些日子里，王进喜身患重病也顾不得到医院去看；钻井砸伤了脚，他拄着双拐指挥；油井发生井喷，他奋不顾身跳进泥浆池，用身体搅拌重晶石粉，被人们誉为“铁人”。

资料来源：https://www.xuexi.cn/lgpage/detail/index.html?id=16984136274013490568.

案例分析

王进喜是新中国第一代钻井工人，也是家喻户晓的著名劳模。面对新中国成立之初石油短缺的局面，他以强烈的责任感、高昂的政治热情投入到为祖国找石油的工作之中，为我国石油工业的发展和社会主义建设做出了突出贡献，留下了宝贵的精神财富——铁人精神。铁人精神本质上就是“为国分忧，为民族争气”的爱国主义精神，至今仍然激励着一代代劳动者不懈努力、奋勇前行，为中国的发展持续贡献智慧和力量。

案例思考

劳模精神从何而来？你觉得劳模精神是什么？具有什么样的时代价值？

第一节　劳模精神的形成与发展

一、中国劳模精神的萌芽期（20世纪30—40年代）

我国的劳模最早诞生于土地革命战争时期中央苏区的公营企业和革命竞赛中，后面出现在抗日战争时期的陕甘宁边区大生产运动和各项建设中。20世纪30年代，由于日本帝国主义和国民党反动派的封锁，党领导的陕甘宁边区政府在经济上面临着巨大的困难。自力更生，发展生产，打破敌人的封锁，为当时边区的紧迫任务。在党的领导下开展了“新劳动者运动”“增产立功运动”，争当“增产立功”的“新劳动者”成为边区工人的响亮口号和奋斗目标。解放战争时期又出现了大量的“支前劳模”和新解放城市中的“工业劳模”。“劳模”这一称号，可追溯到延安时期，那时的大生产运动产生了许多劳模。

这一时期的劳模主要包括生产成绩出色的劳动英雄和工作表现突出的模范工作者两大类。这一时期的劳模运动经历了从个人到集体、从生产领域到各个方面、从上级指定到群众评选、从数量增多到质量提高、从提倡号召到按规定标准予以推广、从革命竞赛到全面的群众运动的发展过程，体现了“服务战争、支援军事”的指导思想和“为革命献身、革命加拼命、苦干加巧干、经验加创新”的劳模精神，呈现出“革命性”的劳模特征。代表人物主要有：赵占魁、吴运铎、张思德等。抗日战争时期，陕甘宁边区大搞生产运动，涌现出一批劳模。如陕甘宁边区广泛开展建立新的劳动态度、提高生产率为内容的“赵占魁运动”，赵占魁先后被授予“特等劳动英雄”等称号。吴运铎是抗日战争时期革命根据地兵工事业开拓者、新中国第一代工人作家，他带领职工自制枪弹，在生产与研制武器弹药中多次负伤，失去了左眼，左手右腿致残，经过二十余次手术，身上留有几十处弹片，仍以顽强毅力坚持战斗在生产第一线，为提高部队火力做出了突出贡献。

这些先进模范人物以新的劳动态度对待新的劳动，积极参加义务劳动，全力支援前线斗争，带动群众投身中国共产党领导的人民解放事业。这一时期，劳模的评选表彰极大地调动了军民斗争、工作、生产的主动性和积极性，在群众中首次树立了“劳动光荣、劳动致富”的价值观念，不但推动了革命事业的发展，改善了军民的生活，提高了军事素质和工作效率，而且增强了劳动人民的团结，并为党领导下的新民主主义革命取得胜利、成立新中国做出了重大贡献。

拓展阅读

赵占魁运动

抗日战争时期陕甘宁边区开展的向模范工人赵占魁学习的生产运动。赵占魁是农具厂工人，自 1939 年开始一直担任熔炉看火和翻砂的艰苦工作，他以任劳任怨、大公无私、关心工人、始终如一的劳动态度做出了出色的成绩。1942 年被评为边区特等劳动模范；同年 9 月 11 日《解放日报》刊发《向模范工人赵占魁学习》的社论；10 月 12 日边区总工会发出号召开展赵占魁运动。随即边区各厂工人发动了以劳动竞赛为主要形式的生产运动，使工人的劳动态度焕然一新，劳动生产率也有了很大提高，同时也有力地支援了抗日前线，改善了人民生活，带动了私营企业的生产发展。在此影响下，其他根据地也纷纷响应。该运动时间长，影响深远，造就了新的劳动风尚，培养出了大批有高度觉悟的新型工人。

二、中国劳模精神的雏形期（20世纪50—70年代）

新中国成立后，工人阶级和广大农民实现了政治和经济上的“翻身”，获得了主人翁和当家做主的地位，心中充满了感恩和报效国家的劳动热情。50年代的中国百废待兴，为使国民经济尽快恢复，更好地建设社会主义，党和国家在总结革命战争时期经验做法的基础上，积极开展社会主义劳动竞赛和生产运动，并进行了形式多样的劳模表彰工作，从中评选出了一大批劳模和先进生产者。这些劳模广泛分布在国民经济和社会建设的多个行业，既有生产能手、岗位标兵、技术人员、科学工作者，又有先进工作者、优秀组织者和管理者，劳模们勤勤恳恳、任劳任怨、勤俭节约、艰苦奋斗的“老黄牛”精神，带动了整整一代人为共和国奠基做出了突出贡献。

这一时期，以王进喜、时传祥、张秉贵、孟泰、马恒昌、郝建秀、王崇伦等为代表的一大批普通劳动者，在平凡的工作岗位上以不平凡的主人翁责任感和艰苦创业精神，以高尚的忘我劳动热情和无私奉献精神赢得了社会的尊重，成为激励全国人民的楷模。以黄继光、张积慧、邱少云等为代表的一大批战斗英雄，不怕牺牲、舍身为国，浴血奋战在朝鲜战场，最终赢得抗美援朝战争的伟大胜利，极大地激发了中国人民的爱国热情，将爱新中国与爱伟大的共产党紧密地联系在一起。“宁肯一人臭，换来万家香”的时传祥，是北京的淘粪工人，每天背着沉重的粪桶，走街串巷，收集千家万户的粪便。他认定了一个通俗的道理：淘粪也是社会主义建设事业的一部分。因此，他千方百计提高工作效率，没白天没黑夜地工作，连节假日也很少休息。他的高尚精神，受到全社会广泛赞誉。张秉贵从1955年11月到北京市百货大楼站柜台，30多年接待顾客数百万人，没有怠慢过任何一个人。从为国家争光、为人民服务的政治信念出发，他在问、拿、称、包、算、收六个环节上不断摸索，练就了“一抓准”和“一口清”的过硬本领，接待一个顾客的时间从三四分钟减为一分钟。他通过特有的眼神、语言、动作、表情、步伐、姿态等，为顾客提供热情周到的服务，几乎成了那个时代商业领域的服务规范。

同时，许多劳模以高度的主人翁责任感，开拓创新、攻坚克难，通过发明创造、技术革新等，突破重大技术难关，使生产效率得到了极大的提高。例如，1953年倪志福以创造“三尖七刃麻花钻”闻名遐迩，被称为“倪志福钻头”，1986年获联合国世界知识产权组织颁发的金质奖章和证书。1958年，李瑞环曾以创造“放大样”的新工作法，改革了传统木工工艺，解决了生产难题并写出了《木工简易计算法》而闻名，被誉为“青年鲁班”。

这一时期的劳模主要来源于基层，一线产业工人是主流，“一不怕苦、二不怕死”的硬骨头精神和“老黄牛”形象是他们的真实写照，从生产型向技术革新型转变的“建设性”是劳模们的典型特征。劳模们身上展现的是社会主义理想和爱国报恩的价值追求，劳模队伍的迅速壮大及其具有的示范引领作用，为新中国国民经济的恢复、社会主义建设在各条战线的起步与发展做出了重大贡献，并为树立社会主义劳动观念、推广劳模经验、提高生产工作效率、提升组织管理协作水平发挥了重要作用。

三、中国劳模精神的发展期（20世纪80年代至今）

20 世纪 80 年代，中国吹响了改革开放的号角。“实现四个现代化”口号被唱响，广大劳动者充满理想、更富激情。一批科技文化教育工作者劳模走进了人们视野，新一代劳模发扬“当代愚公”和“两弹一星”精神，带领广大职工群众，勇攀科学技术高峰，在推动改革、促进发展、维护稳定中再立新功，涌现了一大批以数学家陈景润、“两弹元勋”邓稼先、优秀光学专家蒋筑英、微电子研究专家罗健夫等为代表的科学家劳模，他们将毕生精力献给了祖国的科技事业，通过自己的模范行动和骄人业绩，为我国的经济发展和社会进步做出了不可磨灭的贡献。

20 世纪 90 年代，我国经济社会飞速发展，社会变化日新月异，取得了让世人刮目相看的巨大成就。这一时期涌现了以孔繁森、李素丽、徐虎等为代表的一大批先进模范人物，他们以“求真务实，拼搏进取”的精神，引领时代向前进。为西藏的经济社会发展以身殉职的孔繁森，兑现了“青山处处埋忠骨，一腔热血洒高原”的铮铮誓言；被人们称赞为“盲人的眼睛、病人的护士、外地人的向导、乘客的贴心人”的服务行业楷模李素丽，在平凡的工作中闪现着时代光芒。在这一批先进人物身上展现了当代社会所需要的一种时代精神，一种社会所倡导的主流价值观，激励广大劳动者崇尚先进、爱岗敬业。

这一时期，劳模队伍的结构非常广泛，在经济、科技、教育、文化、卫生、体育等重大项目和工程上均有突出的贡献。不少劳模的先进事迹感动中国、影响世界。劳模精神的内涵也演化为“解放思想、开拓进取，知难而上、勇于创新，艰苦奋斗、求真务实，淡泊名利、无私奉献”。这集中反映了中国工人阶级的优秀品质，是适应时代要求、响应党的号召的充分体现。

随着科技的发展，伴着信息时代的来临，劳模精神的内涵也在与时俱进，升华为“爱岗敬业、争创一流，艰苦奋斗、勇于创新，淡泊名利、甘于奉献”。这一阶段，以知识创造效益、以科技提升竞争力，实现个人价值、创造社会价值成为劳模的价值追求，知识型、创新型、技能型、管理型成为当代劳模的鲜明特征。充满活力和感召力的广大劳模为全面建成小康社会，推动社会主义经济建设、政治建设、文化建设、社会建设以及生态文明建设和党的建设做出了重大贡献，是实现中华民族伟大复兴、开辟中国特色社会主义事业新局面的重要力量。

第二节　劳模精神的内涵及当代价值

一、劳模精神的定义及内涵

习近平总书记在知识分子、劳动模范、青年代表座谈会上指出："劳动模范是劳动群众的杰出代表，是最美的劳动者。劳动模范身上体现的'爱岗敬业、争创一流，艰苦奋斗、勇于创新，淡泊名利、甘于奉献'的劳模精神，是伟大时代精神的生动体现。我们要在全社会大力宣传劳动模范的先进事迹，号召全社会向他们学习、向他们致敬。"劳模精神是一种导向，凸显了劳动最光荣、劳动最崇高、劳动最伟大、劳动最美丽的时代风尚，能够引导全社会劳动者爱岗敬业、开拓创新；劳模精神是一面旗帜，引领着中国建设和改革开放中的先锋，用自己的行动、担当和奉献树立了标杆；劳模精神是一座丰碑，在群众中有着独特的影响力、凝聚力和感召力，激励着中国人民自强不息、争创一流；劳模精神是一个品牌，是党和人民共同创造的具有中国特色的崇高精神，体现并诠释着民族精神与时代精神。

（一）劳模精神的定义

劳模精神，是指"爱岗敬业、争创一流、艰苦奋斗、勇于创新、淡泊名利、甘于奉献"的劳动模范的精神。这二十四字劳模精神在任何时候都需要，都不过时，是伟大时代精神的生动体现。2021 年 9 月，党中央批准了中央宣传部梳理的第一批纳入中国共产党人精神谱系的伟大精神，劳模精神（劳动精神、工匠精神）被纳入。

中国特色社会主义事业进入了新时代，劳模精神显露出新的时代内涵。当代中国劳模是社会主义改革开放和建设中优秀劳动者的典范，当代中国劳模精神鼓舞着成千上万的普通劳动者坚守理想信念、职业追求、创新创造，以主人翁的姿态投身于社会主义建设之中。

（二）劳模精神的内涵

1. 爱岗敬业是当代中国劳模精神的基础

爱岗敬业就是指劳动者无论从事什么职业，身处何种岗位，都要干一行爱一行，热爱自己的本职工作和工作岗位，就是对自己的工作要有敬畏心，就是要以正确、恭敬、严肃的态度对待自己的职业劳动，努力培养工作幸福感和荣誉感。爱岗敬业就是要勤勤恳恳、兢兢业业、忠于职守、尽职尽责。爱岗敬业是社会主义职业道德倡导的首要规范，是对劳动者提出的最基本、最起码、最普通的道德要求，还是实现职业目标的重要内容，也是事业成功的必要因素。当代劳模无一不是践行爱岗敬业的典范。劳模彰显出爱岗敬业的崇高美德，感染和激励着我们只要爱岗敬业，再平凡的工作都能做出巨大的贡献，体现自我价值，创造出社会价值。

职业是人类在劳动过程中的分工现象，人类社会劳动分工形成了职业，随着社会的不断发展，劳动分工越来越细，职业越来越多，岗位设置也越来越具体化，爱岗敬业也就成为崇尚劳动的代名词。具有爱岗敬业的品质是能成为劳模的最基础条件，当代中国劳模都具有爱岗敬业的职业态度和职业道德，爱岗敬业也就成为当代中国劳模体现出的劳模精神的基础。

2. 争创一流是当代中国劳模精神的灵魂

争创一流是当代劳模具有竞争力、战斗力和爆发力的精神源泉。争创一流作为当代中国劳模精神的灵魂，是一种思想意识，是劳模充分发挥主观能动性创先争优的内生动力；是一种思维方式，是激励劳动者奋勇向前、拼搏进取的保证；还是一种行动目标，是劳模对标“高、精、尖”，实现追求一流功绩的灯塔；也是一种方法手段，是对在中国特色社会主义建设各项事业中表现突出、工作业绩突出的劳动者的肯定和鼓励。

广大劳模在工作中不断强化自身竞争意识，善于“比”，敢于“拼”，争当各个行业和岗位的排头兵。如果没有了争创一流的精气神，劳模精神就失去了竞争力，就没有了战斗力，就不会有爆发力，当代中国劳模精神就失去了灵魂。

3. 艰苦奋斗是当代中国劳模精神的本色

艰苦奋斗是自强不息精神的集中体现，是中华民族精神的重要内容，是中华民族伟大的精神财富。艰苦奋斗是马克思主义的实践品格和价值取向。艰苦奋斗是富有实践意识的奋斗，是人发挥主观能动性改造物质世界的人的社会生活实践活动。在此过程中，艰苦奋斗既是人成为实践主体的必备的精神状态，又是在实践中人的主体性的生动表现。艰苦奋斗在实践中成为人的一种价值取向，蕴含着人对某种价值的执着追求。

当代劳模正是凭借艰苦奋斗的价值追求，锐意进取、奋发有为，攻破了一个又一个中国特色社会主义现代化建设的难题，取得了一个又一个惊叹世界的成就。也是由于劳模秉承着艰苦奋斗的优良作风，在工作中忘我劳动、开拓创新、奉献集体，表现出崇高的美德和精神风貌。当代中国劳模精神之所以能够继续发挥其号召力、感召力和影响力的作用，就是因为劳模精神中包含着长期以来具有的、始终如一的艰苦奋斗精神因素，并成为当代中国劳模精神最稳定和永恒的本色。

4. 勇于创新是当代中国劳模精神的核心

勇于创新是马克思主义最宝贵的理论品格和精神品质，以马克思主义为指导的中国当代劳模精神，也必须紧紧把握勇于创新这一内涵，并使之具有勇于创新的关键内容。马克思主义认为，创新即人的存在方式。创新是人类特有的活动，是作为拥有智慧的高等生物的人的有意识的创造性实践，这种创新实践的目的是实现人的自由全面的发展，推动社会变革与发展。从付出上看，创新活动与一般的实践活动相比，创新是一种更高级形式的实践活动，需要人投入更多的时间和精力，不仅需要耗费更多的脑力劳动，而且伴随着大量的体力劳动；从产出上讲，创新所创造的财富更多，带来的经济价值也更大。不仅如此，创新活动还能促进并实现人的自由全面发展，凸显人的本质力量。

创新是引领发展的第一动力，是建设现代化经济体系的战略支撑。提倡勇于创新、善于创造的劳模精神是实现中华民族复兴的现实需要。改革开放以来，具备创新创造能力都成为劳模的目标和方向；尤其是党的十八大以来，勇于创新已融进劳模的血液，印刻在劳模的心田。勇于创新、强于创造已经成为当代中国劳模精神的关键内容和核心内涵。

5. 淡泊名利是当代中国劳模精神的境界

名利反映的是一个人的劳动成果和贡献得到社会公认，并获得相应的物质报酬。淡泊名利是中国传统名利观的集中体现，是中华民族传统美德。名利观是指人们对名利问题的根本看法和基本观点，属于价值观的范畴，也是一种人生观。

淡泊名利是无产阶级名利观的重要内容，是中国共产党人的精神追求。无产阶级名利观继承了中华民族传统美德，与社会主义核心价值体系和谐一致，是中国共产党人的价值取向，其核心内容是“全心全意为人民服务”。

淡泊名利是中国劳模固有的精神境界，涵养着当代中国劳模精神。劳模从登上中国历史舞台起，就拥有着“淡泊名利”的精神境界。全国劳模模范、全国道德模范袁隆平，也是淡泊名利的榜样。把全部精力都放在了杂交水稻上，放在了解决中国人的吃饭问题上，并且把杂交水稻的专利权无私地捐赠给了国家。让 8 亿人吃饱饭，却仍然身穿 35 元的衣服，泡在水田里默默耕耘。2004 年度感动中国致袁隆平的颁奖词写道：“他是一位真正的耕耘者。当他还是一个乡村教师的时候，已经具有颠覆世界权威的胆识；当他名满天下的时候，却仍然只是专注于田畴，淡泊名利，一介农夫，播撒智慧，收获富足。他毕生的梦想，就是让所有的人远离饥饿。”

正确的名利观会影响和铸就高品位和高格调的人。新时代，我们仍然需要倡导劳模本来就具有的安贫乐道、淡泊自守、不求闻达的豁达态度，学习继承老一辈劳模体现的谨守本分、淡泊名利的精神境界，做称职的劳模，弘扬当代中国劳模精神。

6. 甘于奉献是当代中国劳模精神的底色

奉献是应该被人类所倡导的，是随着人类社会的发展而与时俱进的一种精神品德。一方面，甘于奉献是马克思共产主义理论中集体主义原则的集中体现。马克思主义认为，只有在共产主义社会集体中，个人才能获得其全面自由的发展。另一方面，奉献社会是马克思主义职业价值观最高追求目标。马克思曾说，在选择职业时，我们应该遵循的主要指针是人类的幸福和我们自身的完美。不应认为，这两种利益会彼此敌对、互相冲突，一种利益必定消灭另一种利益；相反，人的本性是这样的：人只有为同时代人的完美、为他们的幸福而工作，自己才能达到完美。如果一个人只为自己劳动，他也许能够成为著名的学者、伟大的哲人、卓越的诗人，然而他永远不能成为完美的、真正伟大的人物。

无论是从事任何职业的劳模，都在各自的事业中默默奉献，将自己的幸福融入国家和人民的幸福之中。正是如此，劳模和劳模精神才得以获得了全社会的认同，劳模精神才焕发着光彩和生机，才能凝聚鼓舞人前进的磅礴力量。劳模精神的内涵在变，但劳模甘于奉献的追求没变。甘于奉献已经成为中国劳模精神最鲜明的标识，镌刻着劳模为党和人民贡献一切的光荣而不朽的印记，是当代中国劳模精神内涵中最亮丽的底色。

二、劳模精神的特征

（一）实践性

劳模精神作为一种社会价值观，不仅是一个思想领域的问题，而且是一个实践领域的问题，因为劳模精神以现实劳动为理论基础。马克思在《1844年经济学哲学手稿》中独创性地揭示了劳动在人类社会实践中的基础性作用——人类通过劳动生产物质产品以满足身体机能需求，生产精神产品满足精神发展需求，劳动是人类本质的确证与生成机制。在《德意志意识形态》中，马克思认为人类在劳动中实现了生产方式与生活方式的统一，并在这个“统一”的过程中形成了观念世界，“人们的想象、思维、精神交往在这里还是人们物质行动的直接产物，表现在某一民族的政治、法律、道德、宗教、形而上学等的语言中的精神生产也是这样”。即人类的一切精神活动，既包括以个体意识呈现出的观念、思想、精神等，又包括以社会意识呈现出的政治、法律、道德等，均由劳动这一根本基础而产生。马克思历史地揭示了劳动对于价值观的基础决定作用，指出只有彻底消灭资本主义私有制，实现对异化劳动的超越、实现人本性的回归、实现人类自由全面的发展，人们才能真正热爱劳动、尊重劳动。因此，马克思关于劳动与价值观两者关系的深刻分析启示我们劳模精神是人们在具体的劳动实践中凝结而成的，它以劳动为现实基础，随劳动（特别是社会生产方式）变革而变化，具有实践性特征。

（二）发展性

劳模精神作为一种理论探索，是对时代难题的回应，其科学内涵与具体特征均体现其发展性特质，其发展进程可分为孕育成长、广泛影响、因时而进与创新升华四个阶段。劳模精神在不同的发展时期体现了不同的特质，如萌芽期的“革命性”，雏形期的“建设性”，发展期的“创新性”。中国劳模精神的萌芽期，劳模精神孕育于新民主主义革命，以发展物质生产、服务战事、支援前线为核心使命，主要体现为“革命性”特征。这一时期的劳模精神促进了革命根据地物质生产、密切了军民关系，为夺取新民主主义革命胜利、成立新中国做出了极大贡献。中国劳模精神的雏形期，以“硬骨头精神”和“老黄牛精神”为形象的劳模精神体现典型“建设性”特征，即“艰苦奋斗、自力更生、不怕牺牲、多做贡献”。这一时期的劳模精神极大地发挥着贡献社会主义建设的示范引领作用，为新中国恢复国民经济水平、落实各条战线上的社会主义建设奠定了重要物质与思想基础。中国劳模精神的发展期，以“创新性”为特征的劳模精神，进一步武装我国知识型、技能型、创新型劳动者大军，深化供给侧结构性改革，建设创新型国家。

（三）民本性

劳模精神作为一种价值引领，它源于人民，并将人民作为其发挥作用的有效载体。劳模精神的核心价值取向是满足最广大人民需求，因为人民是劳动实践的主体，是社会物质财富与精神财富的创造者，也是推动社会发展与变革的最终决定力量，可以说，人民群众是社会发展目的与动力的辩证统一。劳模精神只有真正说服并牢牢掌握人民群众这一历史的创造者，才能转化为物质力量以改造客观世界。劳模精神要充分发挥其作用，就要坚定不移地维护好最广大人民的根本利益，以保障满足人民的多元化需求（如生存需求、发展需求、享受需求等）为核心价值取向。

（四）民族性

劳模精神作为一种文化现象，源于古而成于今。它以古今中华优秀文化为精神资源而产生，是中国特色社会主义文化自信在劳动实践向度内的生动诠释。首先，劳模精神充分汲取中华优秀传统文化中“敬业”“争优”“创新”等文化养分，是中华优秀传统文化的现代化创造性转化形态。然而，中华传统文化具有认知理性上较少凸显人对自然的主体性、伦理审美方面重“智”轻“力”的封建局限性，而劳模精神则以“劳动创造美”“劳动不分高低贵贱”的观念为价值准绳，辩证地将传统文化与价值系统中的良性基因加以创新性变革。其次，劳模精神也是我国社会主义先进文化所特有的精神现象，具体表现为刻苦勤勉、兢兢业业、敦本务实、埋头苦干的实干精神；持之以恒、孜孜不倦、锲而不舍、牢记使命的坚守精神；淡泊名利、甘于奉献、不图回报、不计得失的无私精神。它是我国社会主义核心价值观的集中体现，表达了我国社会评判是非曲直的价值标准。

（五）政治性

习近平总书记在党的十九大报告中指出，建设知识型、技能型、创新型劳动者大军，弘扬劳模精神和工匠精神，营造劳动光荣的社会风尚和精益求精的敬业风气。人民创造历史，劳动创造生活。崇尚劳动是我们的光荣传统。劳动模范评选是社会主义国家的独特文化现象，彰显了党和国家对劳动人民及其所创造的劳动价值的肯定。劳动模范是一个有着独特含义的荣誉，劳模精神则是新时代人们学习和践行的重要精神风范。很多劳模是普通工人和农民，是来自一线的劳动者。他们以朴素的感情和真诚的劳动，成为群众敬仰的模范。劳模精神集中展示了工人阶级和广大劳动群众中先进分子具有的坚定政治立场、强烈主人翁意识、忘我劳动热情、良好职业道德，体现出高度的政治性。

三、劳模精神的当代价值

（一）劳模精神凝聚建功新时代的磅礴伟力

2018年“五一”国际劳动节之际，习近平总书记在给中国劳动关系学院劳模本科班学员回信中提出，希望“用你们的干劲、闯劲、钻劲鼓舞更多的人，激励广大劳动群众争做新时代的奋斗者”。劳动模范是“干出新时代”的排头兵，是践行“实干兴邦”的楷模。激励广大劳动群众争做新时代的奋斗者，就是要让实干担当在新时代蔚然成风，让改革创新在新时代焕发活力，让精益求精在新时代落地生根。只要我们持之以恒地弘扬劳模精神，充分调动起广大劳动人民的积极性、主动性和创造性，就一定能最大限度地聚合起人们饱满的奋斗热情，从而为建功新时代、实现中国梦凝聚起磅礴的中国力量。

（二）劳模精神引领新时代产业工人队伍建设

推进产业工人队伍建设，是以习近平同志为核心的党中央着眼于巩固党的执政基础、实施制造强国战略、全面提高产业工人素质做出的重大决策部署。在抗击新冠肺炎疫情全民战争中，广大产业工人，尤其是大批劳动模范，积极参与到疫情防控的各条战线中，以艰苦卓绝的劳动创造了中国速度，谱写了一曲曲抗疫赞歌，充分体现了产业工人在非常时期的非常担当，彰显了中国特色社会主义制度的显著优势。在新时代，应充分发挥劳动模范和工匠人才的示范带动和价值引领作用，培养造就更多劳动模范、大国工匠，努力打造一支有理想守信念、懂技术会创新、敢担当讲奉献的宏大产业工人队伍，建设知识型、技能型、创新型劳动者大军。

（三）劳模精神昭示新时代劳动教育的价值取向

习近平总书记在全国教育大会上强调，要在学生中弘扬劳动精神，教育引导学生崇尚劳动、尊重劳动，懂得劳动最光荣、劳动最崇高、劳动最伟大、劳动最美丽的道理，长大后能够辛勤劳动、诚实劳动、创造性劳动。这既是对广大学生涵养深厚劳动情怀的谆谆嘱托，更是对未来劳动者用奋斗成就梦想的殷切期待，昭示着新时代劳动教育的价值取向。劳动模范是每个时代劳动精神的典型化身，是引导广大学生培育践行社会主义核心价值观的宝贵财富和有效载体。应充分发挥劳动模范先进事迹和优秀品质的感召作用，让青少年有机会近距离接触劳动模范、聆听劳模故事、感受劳模精神，在实践中体悟劳模精神，在磨炼意志和增长才干中感受劳动的乐趣和收获，从而培育辛勤劳动、诚实劳动、创造性劳动的精神气质。

（四）劳模精神成为激励人们勤奋劳动的精神动力

劳动模范是一个光荣称号，也是一种精神坐标。劳模以自己的模范行动鼓舞着人们，劳模精神成为激励人们勤奋劳动的精神动力。说起劳模，人们心头总能闪现出许多光辉形象。“宁肯一人脏、换来万人净”的时传祥、“铁人”王进喜、“高炉卫士”孟泰、“杂交水稻之父”袁隆平、“太行英雄”申纪兰、“抓斗大王”包起帆、“当代愚公”李双良、“工人教授”窦铁成、“金牌工人”许振超等。新中国发展的每一个阶段，都有劳动模范涌现出来。他们以卓越劳动凝结而成的劳模精神，是时代精神的生动体现，引领社会价值风向，更是激励人们勤奋劳动的强大精神动力。

课后作业

1. 我国劳模精神的发展经历了哪些阶段，各阶段的劳模精神有哪些特征？
2. 劳模精神的内涵和特征是什么？
3. 谈一谈当代大学生应该如何弘扬劳模精神？

劳动实践任务

一、劳动主题

劳模故事分享会

二、劳动目的

通过对劳模故事的分享，使学生更好地理解劳模精神、马克思主义劳动观，厚植家国情怀。

三、劳动任务

1. 学生可选择任一时代的劳模，团队协作，完成所选择劳模故事的分享，在劳模事迹分享中需提炼 2~3 个劳模故事的闪光点，并展开讨论。

2. 教师通过“实践啦 · 劳动在线”特色应用程序发布劳动任务，学生可至程序中接受劳动任务、提交劳动成果，并完成师生互评。

四、考核评价标准

1. 学生分享表现得分，占 30%。

2. 回答其他组学生或老师提问表现，占 30%。

3. 劳模故事短视频的播放量、阅读量、转发量综合评定分数，占 40%。

五、劳动成果

1. 劳模故事分享

将劳模故事分享内容记录如下：

2. 劳模精神传播

小组制作劳模事迹短视频，传播劳模故事并提交短视频发布的网址，教师根据短视频的播放量、阅读量、转发量综合评定小组表现。短视频成果（可记录短视频发布的平台及网址）展示：

第四章　劳动精神

学习导航

目标分类	具体内容
知识	1.掌握劳动精神的定义及内涵 2.理解新时代弘扬劳动精神的实践价值
能力	1.理解劳动精神的重要性，内化于心，外化于行 2.掌握劳动精神的实践路径，自觉践行劳动精神
素养	1.形成良好的劳动习惯与品质 2.向他人阐述劳动精神的内涵，宣传劳动精神
课程思政	鼓励学生积极参与劳动实践，践行劳动精神，感知劳动成果来之不易、幸福生活来之不易，进而增强在家庭与社会生活中的责任担当意识，厚植爱国爱家情怀

案例导读

宋学文：平凡快递，创造美好生活

“快递小哥”宋学文不仅10年间行走超过30万公里，配送了超过30万件“有速度、有温度”的快递包裹，而且保持了零误差、零投诉、零安全事故的纪录。他在平凡岗位上十年如一日，把送快递干成了一门“学问”，赢得了客户的肯定和社会的尊重。

“快递，真的不是送个货那么简单，要想做好得用心。”宋学文这样理解自己的工作。在他配送的范围内，每个人享受到的是“私人定制”般的服务。作为新职业代表，宋学文先后获得中国劳动者的最高荣誉——全国劳动模范，以及全国五一劳动奖章和首都劳动奖章等荣誉。“10年前，快递员还是一个不被理解和不被尊重的职业，今天我所获得的荣誉是过去想都不敢想的，我知道这不是给我个人的，而是国家和社会对全国400万快递小哥的肯定。”宋学文说。

在新中国成立70周年阅兵典礼上，他有幸作为代表参与方阵表演走过天安门。在建党百年之际，宋学文也成为全国优秀共产党员的表彰对象。2020年11月，宋学文当选“全国劳动模范”。宋学文说：“我们这个岗位太平凡了。但我是名中共党员，就要在平凡的岗位上，把工作做到极致，更好地为人民服务。”

资料来源：孙冰．宋学文：我的荣誉是对400万“快递小哥”的肯定[J]. 中国经济周刊，2021（12）：2.

案例分析

宋学文作为一名普通的“快递小哥”，靠着辛勤劳动和用心付出，获得了客户的信任，在平凡的岗位上获得不平凡的成绩。作为一线快递员多次获得国家级表彰，体现了国家对普通劳动者的尊重，始终重视发挥工人阶级和广大劳动群众的主力军作用。宋学文身上所体现出的劳动精神也将激励着更多和他一样的普通人，通过劳动创造幸福美好生活。

案例思考

你认为在宋学文身上所体现出的劳动精神是什么？

第一节　劳动精神概述

一、劳动精神的定义及内涵

（一）劳动精神的定义

劳动精神是指崇尚劳动、热爱劳动、辛勤劳动、诚实劳动的精神。2020年11月24日，习近平总书记在全国劳动模范和先进工作者表彰大会上指出：“在长期实践中，我们培育形成了爱岗敬业、争创一流、艰苦奋斗、勇于创新、淡泊名利、甘于奉献的劳模精神，崇尚劳动、热爱劳动、辛勤劳动、诚实劳动的劳动精神，执着专注、精益求精、一丝不苟、追求卓越的工匠精神。劳模精神、劳动精神、工匠精神是以爱国主义为核心的民族精神和以改革创新为核心的时代精神的生动体现，是鼓舞全党全国各族人民风雨无阻、勇敢前进的强大精神动力。”劳动精神与劳模精神、工匠精神一起被纳入中央宣传部梳理的第一批中国共产党人精神谱系的伟大精神。

劳动不仅是个人谋生的手段，而且是实现人的自由全面发展的必由之路，其中包含的体力劳动与脑力劳动、简单劳动和复杂劳动在内的一切劳动都是社会进步的重要前提。新时代的劳动更是充满智慧和勇气的“创造劳动”，不仅在劳动过程中改造客观世界与主观世界，而且改造着人类自身。精神指人的意识、思维活动和一般心理状态，在哲学上，精神的定义是对过去事和物的记录及此记录的重演。精神的内涵是十分丰富的，我们日常所提及的精神主要是指生命体所展现出来的状态，精神与意识不同，意识是大脑在认识过程中所达到的一种高级境界，是主体对自我以及非我的反思和觉悟，所以精神是意识的产物，是经过高级思维过程后产生的精神性产物。

劳动精神是指劳动者为创造美好生活，在劳动中展现的劳动态度、劳动理念及其劳动精神风貌。它不仅折射出一个时代的人文精神，而且反映出一个民族在一个时代的人生价值和道德取向。劳动精神所对应的主体是普通劳动者，体现出劳动者艰苦奋斗、脚踏实地、诚实劳动等精神品质，这种精神是每一位为创造美好生活和未来而奋斗的劳动者所要具备的劳动品质，同时不以时代背景变化为转移，是从古至今劳动者从耕耘到收获所离不开的永恒主题。

（二）劳动精神的内涵

1. 崇尚劳动是一种历史传承

中华民族自古就是崇尚劳动的民族。从“晨兴理荒秽，带月荷锄归”的耕作，到“女郎剪下鸳鸯锦，将向中流匹晚霞”的纺织，再到“六月调神曲，正朝汲美泉”的酿造……古往今来，对劳动的赞歌绵延不绝。“青春激情绘理想，攀科学高峰为祖国争光。机器轰鸣马达响，云霓织成锦绣万里长。麦浪滚滚牛羊壮，丰收的歌声传遍四方……”

习近平总书记指出，“无论时代条件如何变化，我们始终都要崇尚劳动、尊重劳动者”。因为崇尚劳动，我们有着“咱们工人有力量”的豪迈，有着“天不怕地不怕，风雪雷电任随它”的勇气，有着“紧摇桨来掌稳舵，双手赢得丰收年”的底气，有着“人们在明媚的阳光下生活，生活在人们的劳动中变样”的自信。劳动，创造了财富，也砥砺着精神。人行天地间，只有不图安逸，不惧困苦，爬过高山，蹚过激流，拼搏过，奉献过，才能感受“千淘万漉虽辛苦，吹尽狂沙始到金”的喜悦与充盈，才能体会生而为人的自在与尊严。因为崇尚劳动，我们对每位劳动者都充满敬意。当耄耋之年的袁隆平又一次走进稻田，察看水稻长势；当钟南山挤进火车餐车，奔赴武汉抗疫前线；当张定宇拖着正在萎缩的双腿，在病房里奔走；当张桂梅伸出贴满膏药的双手，鼓励她的学生，都让我们肃然起敬。我们要以辛勤劳动为荣、以好逸恶劳为耻，树立劳动最光荣、劳动最崇高、劳动最伟大、劳动最美丽的观念。

2. 热爱劳动是一种职业信仰

社会主义是干出来的，新时代是奋斗出来的。一代又一代热爱劳动、勤于劳动、善于劳动的高素质劳动者，用对事业的“痴”、对岗位的“爱”、对工作的“狂”，创造了新时代美好生活。中国共产党历史展览馆，不少参观者在一组题为《十八颗红手印》的雕塑前停下了脚步。雕塑中的18位农民，有人蹲着思考，有人站着议论，有人挽起袖子，在土地承包责任书上郑重按下手印。这是1978年冬天的安徽凤阳小岗村，当18位农民依次按下自己的手印，改革开放的奇迹随之展开。这些农民为何敢闯敢试、敢为人先？因为他们内心，有对劳动的满腔热忱；因为他们相信，辛勤的劳动一定能换来幸福的生活。

劳动开创未来，奋斗成就梦想。劳动没有高低贵贱之分，不论身处哪个行业，只要付出足够的辛劳与智慧，干一行、爱一行、钻一行，就能够在平凡的岗位上取得不平凡的成绩。在普普通通的百货柜台，张秉贵练就了一身绝活，卖货“一抓准”，算账“一口清”；为了掌握焊接技术，高凤林拿着筷子练，端着水杯练，举着铁块练，终于练就了为火箭焊接“心脏”的绝技；在北京人民艺术剧院排练厅，高悬着“戏比天大”四个大字，培养了一代代演员对事业的敬与爱，排演了一出出经典的话剧。他们对职业的礼敬、坚守，源自对劳动的尊崇与热爱。

3. 辛勤劳动是一种强大力量

辛勤劳动是中国人民创造的又一个“中国奇迹”的力量之源。习近平总书记在给郑州圆方集团全体职工的回信中指出，面对这次突如其来的疫情，从一线医务人员到各个方面参与防控的人员，从环卫工人、快递小哥到生产防疫物资的工人，千千万万劳动群众在各自岗位上埋头苦干、默默奉献，汇聚起了战胜疫情的强大力量。

功崇惟志，业广惟勤。三峡工程竣工、青藏铁路通车，南水北调、西气东输，“嫦娥”飞天、“蛟龙”潜水……每个“中国奇迹”的背后，都是众多劳动者经年累月的辛勤奋斗。民生在勤，勤则不匮。农民们用四季的辛勤耕耘，换来秋天的丰收喜悦；工人们用日复一日的辛勤劳作，生产出质优价廉的优质产品；老师们用年复一年的辛勤教学，获得桃李满天下的累累硕果；学生们用持之以恒的学习锻炼，造就卓越的大学生涯。

当今的中国，劳动的内涵不断丰富，劳动者的主动性、创造性愈加彰显，知识型、技能型、创新型劳动者成为时代的要求，但辛勤劳动仍然不可或缺。无论是知识分子、工人还是农民，都需要以自我革新的勇气和胸怀，不断努力学习新的知识，打破既有的思维模式、劳动习惯，运用新技术、新理念改造劳动工具、劳动方法，提升劳动效率，升华劳动价值。这意味着，很多劳动者从程序化、重复性的工作中解放出来，可以将更多精力投入创新创造。这也意味着，社会需要提供更为宽松的创新环境、更加完善的分配制度、更为顺畅的晋升渠道，从制度层面保障权利公平、机会公平、规则公平，切实维护劳动者的权益，让辛勤劳动得到应有的回报。

4. 诚实劳动是一种使命担当

习近平总书记曾说，人世间的美好梦想，只有通过诚实劳动才能实现；发展中的各种难题，只有通过诚实劳动才能破解；生命里的一切辉煌，只有通过诚实劳动才能铸就。我们要在全社会大力弘扬劳动精神，提倡通过诚实劳动来实现人生的梦想、改变自己的命运，反对一切不劳而获、投机取巧、贪图享乐的思想。

人无信不立，业无信不兴。劳动是个体实践，也是社会行为。每个劳动者通过诚实劳动收获财富，社会的基本秩序才能够得以维系。偷工减料、制假售假、抄袭盗版、科研作假等失信行为，通过瞒与骗的不当手段或许换来了一时的私利，但最终全社会都要为诚信缺失“埋单”，没有人是受益者。天津三建建筑工程有限公司原项目经理、副总工程师范玉恕，干了几十年的建筑，始终对自己要求“四个一样”：大事小事一个样，外露工程和隐蔽工程一个样，分内事和分外事一个样，甲方有要求和没要求一个样。他常说：“我们建筑工人讲诚信，最根本的就是要确保工程质量。”“老老实实做人，结结实实盖楼”的他多次荣获“全国劳动模范”称号，被誉为“群众信得过的建房人”。

我们崇尚劳动、尊重劳动，就要诚实地付出劳动、从事劳动。以诚为先、以诚为重、以诚为美，这才是劳动应有之义。

二、新时代弘扬劳动精神的实践价值

（一）弘扬劳动精神是全面建设社会主义现代化国家的时代诉求

劳动是助推社会发展的引擎，是通往美好未来的阶梯。习近平总书记指出，实现我们的奋斗目标，开创我们的美好未来，必须紧紧依靠人民、始终为了人民，必须依靠辛勤劳动、诚实劳动、创造性劳动。当前，“第一个百年目标”已经实现，全面建设社会主义现代化国家新征程已经开启。建设社会主义现代化强国，呼唤敢为人先、开拓进取的创新性劳动精神，推动我国实现科技自立自强，解决“卡脖子”的技术难题；呼唤刻苦钻研、精益求精的劳动精神，以知识和技能作为核心驱动力，推动实现高质量发展；呼唤敬业担当、苦干实干的劳动精神，脚踏实地，把实体经济做实做强做优；建设现代化强国，需要一支知识型、技能型、创新型劳动者大军，在劳动精神的号召下，发挥工人阶级主力军作用，撸起袖子加油干。

（二）弘扬劳动精神是培养高尚道德情操的实践要求

中华民族自古以来就是热爱劳动的民族，以崇尚劳动、尊重劳动者为表征的劳动精神是中华民族的宝贵精神财富，是培育和践行社会主义核心价值观的原生要素，理应成为全社会每个人的精神底色。然而，随着科技和社会的急速发展，劳动主体、劳动形式等发生了巨大的变化，劳动范畴的丰富化、经济主体的多元化、思想的多元化、价值多元化、利益诉求多元化等对人们传统的劳动价值观念产生了巨大冲击。在这种环境下，更需要大力弘扬劳动精神，端正人们对劳动的认知，培养高尚道德品质，提高中华民族整体思想道德水平，推进社会主义精神文明建设。

（三）弘扬劳动精神是贯彻落实以人民为中心发展思想的重要支撑

以人民为中心的发展理念是马克思主义价值观的时代彰显，是中国共产党的最高价值遵循。劳动精神坚持以人民为中心的价值导向，奉行“发展依靠人民，发展为了人民，发展成果由人民共享”的理念，体现了劳动主体与劳动目的统一。一方面，劳动精神充分肯定了劳动人民的主体地位，尊重和鼓励一切劳动者以及他们的劳动创造，使广大人民群众在劳动中感受到幸福感和获得感。另一方面，劳动精神坚持劳动使人幸福的共享理念，通过辛勤劳动获得实实在在的利益，更加公平地享有劳动成果。新时代弘扬劳动精神，就是激励广大劳动者积极投身于中国特色社会主义伟大事业建设之中。

（四）弘扬劳动精神是培育社会主义建设者和接班人的必备举措

当前，加快建设宏大的知识型、技能型、创新型劳动者大军迫在眉睫。劳动精神培育是培养和造就时代新人的必然要求。围绕培育时代新人这个重大命题，在全社会尤其是学校教育中培育和弘扬劳动精神，引导青少年树立正确的劳动价值观，培养良好劳动态度，涵养深厚的劳动情怀，培养高尚的劳动品质，激发广大青少年的积极性、主动性和创造性。在劳动的过程中，促进青少年的道德品质、智力水平、体力水平和审美能力充分提升，并实现自我价值与社会价值的统一，最终实现人的自由全面发展。

第二节　新时代大学生劳动精神的培育

一、新时代培育大学生劳动精神的重要性

新时代培育大学生的劳动精神能够促进大学生德智体美劳的全面发展，劳动精神的培育能够为大学生综合素质的提升提供必要的前提条件。劳动精神于大学生而言是一种不容忽视的宝贵精神品质，是一种可贵的精神力量，是中国精神的精髓和要义。对于国家而言，劳动精神的培育能够培养出更多具备良好身体素质的人才致力于祖国的社会主义现代化建设。在新时代的时代际遇和历史方位下，培育大学生劳动精神有着重要的意义，是契合时代需要、彰显制度优势和映现大学生青春气质的重要举措。

（一）契合时代需要：全面发展是培育“时代新人”的价值依归

大学生劳动精神的培育，对于培养德智体美劳全面发展的社会主义建设者和接班人具有重要的理论和现实意义。一方面，有利于促进大学生全面发展。德智体美劳全面发展是培育“时代新人”的价值依归，是培养社会主义建设者和接班人的内在要求。然而，现实的教育实践在一定程度上存在着“重理论学习，轻实践锻炼”“重脑力劳动，轻体力劳动”的畸形现象，这在一定程度上导致大学生的理论学习与现实实践相脱节。劳动精神的培育对大学生正面劳动观念的形成、正向劳动情感的滋养、正义劳动品质的锻炼和正确劳动习惯的养成有着重要的作用，有利于促进大学生全面发展。另一方面，有利于促使大学生成

长为有理想、有本领、有担当的时代新人。民族复兴、国家富强的美好梦想为大学生指明了前进的方向，但梦想成真的星星之火还要靠劳动之石来敲出。培育劳动精神，是立足当下、放眼未来的战略安排，有利于引导大学生树立崇高的理想、练就过硬的本领，将自己锻造成担当民族复兴大任的时代新人。

（二）彰显制度优势：劳而有获是中国特色社会主义的鲜亮底色

劳动是人类生存的手段，是人类文明进步的源泉。劳动创造了社会，同时，也受社会所制约，在不同的社会制度下，劳动的性质、劳动的形式、劳动成果的归属等要素呈现不同的样态。譬如，在西方资本主义社会，劳动是异化的劳动，劳动不是工人创造幸福的源泉，而是资本的奴隶，是驱使和剥削工人的恶棍。“他在自己的劳动中不是肯定自己，而是否定自己，不是感到幸福，而是感到不幸。”总而言之，资本家们“不劳而获”和工人们“劳而无获”是资本主义社会的常态。中国作为社会主义国家，其不同于资本主义国家的重要一点就是坚持实行生产资料公有制和按劳分配的原则，劳而有获是社会主义制度的鲜亮底色。新时代大学生劳动精神培育提倡劳动最崇高、劳动最伟大、劳动最美丽，“提倡通过诚实劳动来实现人生的梦想、改变自己的命运，反对一切不劳而获、投机取巧、贪图享乐的思想”。这种价值取向与资本主义社会提倡的资本至上的逻辑大相径庭，与资本主义私有制基础上为了追求剩余价值的最大化而迫使工人辛苦劳作截然相反。

（三）映现青年模样：蓬勃奋进是大学生的青春标识

大学生的精神状态代表着一个国家的精神姿态。大学生处于朝气蓬勃、精力旺盛的青春时期，昂扬奋进是其主旋律。青春是用来奋斗的，奋斗的青春才是最美的青春。劳动精神和这种奋斗精神有着密切的关联性，奋斗精神是劳动精神的核心要义。对大学生进行劳动精神的培育，充分尊重了大学生的青年气质、青年特点，是“因时施教”的重要体现。针对当前青年大学生群体中出现的“佛系”和“伪奋斗”现象、“只想出彩，不想出力”错误思想以及“三天打鱼两天晒网”的浮躁劳动方式，应培育大学生的劳动精神，以激发新时代青年大学生的斗志，使他们始终保持锐意进取、奋发有为的精神状态。

二、新时代大学生劳动精神的实践路径

（一）涵育勤俭美德，端正大学生勤勉自持的劳动态度

勤俭作为劳动精神的重要内容，是劳动基本态度与道德取向的反映。勤能开源、俭可节流，二者相辅相成，影响和决定劳动的态度与行为选择。

勤俭是中华民族的传统美德，古人以“勤思劳体”“克勤于邦，克俭于家”“勤以立志，俭以养德”等思想深刻阐明了勤俭的重要意义。我们党在不同时期提出的“勤俭建国”方针、“勤俭”公民道德规范以及“厉行节约、反对浪费”的文明新风，都是对勤俭美德的赓续与弘扬。新时代，大学生需要崇尚劳动、尊重劳动，培养勤俭美德，集聚辛勤劳动、诚实劳动、创造劳动的底气和实力。

涵育勤俭美德，旨在端正大学生勤勉自持的劳动态度。为此，一要加强马克思主义劳动观教育和劳动实践锻炼，深化劳动认知。马克思主义劳动教育理论认为，劳动是人类生存发展的第一需要，一切社会财富和历史进步都是劳动创造的结果；劳动教育是人存在与发展的重要源泉，目的在于培养全面发展的人。大学生要掌握马克思主义劳动观这把“总钥匙”，在面对各种社会现象、价值选择、人生考量时，做到是非明、方向清、路子正，真正明白只有付出辛勤劳动才能结出果实。同时，大学生需要积极参加劳动实践，亲身体验劳动甘苦，抵制好逸恶劳、奢侈浪费的恶习，树立劳动光荣、浪费可耻的基本态度。二要加强对中华优秀传统文化和国情的了解，明白领悟勤俭的意义。大学生要立足基本国情，弘扬与时俱进的勤俭观和符合实际的消费观、资源观，倡导“一分耕耘，一分收获”“勤耕不辍，富而不奢”的传统美德，认识到合理消费与勤俭节约并行不悖是文明进步之表现，深刻理解劳动与享受的辩证统一。三要加强个人修养与制度约束，提升大学生的勤俭修为。大学生要以家庭教育为起点，勤奋学习、诚实劳动、节俭自律，不弃微末、身体力行并持之以恒。同时，要建章立制，遵守经济秩序和道德规范，做节约适度、绿色低碳、文明健康的宣传者和践行者，将勤俭内化为一种生活习惯和方式，让勤奋做事、勤勉为人、勤劳致富在全社会蔚然成风。

（二）筑牢奋斗信念，锤炼大学生勇于拼搏的劳动意志

奋斗是指通过劳动改变现状或开拓未来的坚定信念与行动姿态，是一个为达成既定目标、实现理想抱负不懈劳动、顽强斗争的实践过程，体现为不畏艰险、昂扬向上的意志状态与精神风貌。纵观中外历史，凡有所作为者无不是经过攻坚克难而成大业，一切理想的实现、事业的成功、人生的幸福无不在永久奋斗的信念坚守中孕育创造。奋斗是中国共产党在长期革命、建设和改革开放中形成的光荣传统和优良作风，是实现中华民族伟大复兴的精神法宝与力量之源。

伟大梦想不是等得来、喊得来的，而是拼出来、干出来的。社会主义是干出来的，新时代是奋斗出来的。把我国建设成为富强民主文明和谐美丽的社会主义现代化强国、实现中华民族伟大复兴的中国梦，归根结底靠包括青年大学生在内的一代又一代劳动者的不懈奋斗、劳动创造，因此，筑牢大学生奋斗信念至关重要。

着力筑牢奋斗信念，旨在锤炼大学生勇于拼搏的劳动意志。第一，坚定理想信念，把准奋斗方向。大学生要用习近平新时代中国特色社会主义思想来武装头脑，牢固树立共产主义远大理想和中国特色社会主义共同理想，增强为实现“两个一百年”奋斗目标和中华民族伟大复兴努力拼搏的信念和信心。大学生需要以忧患意识和长远眼光，深刻把握百年未有之大变局下中国日益走近世界舞台中央的机遇和挑战，自觉把个人追求融入国家繁荣和民族进步的事业中；明确人生发展方向和现实定位，根据自身现状规划制定阶段性发展目标和可行性职业目标，使奋斗之路更加理性、务实。第二，增强自身的素质能力，增强奋斗本领。大学生要通过树立终身学习理念，勤学善思，敏于求知，同时，通过各种学以

致用的实践锻炼平台，依靠踏实学习、诚实劳动，练就与时代发展和事业要求相适应的素质和能力，成为可堪大用、能担重任的栋梁之材。第三，注重心理健康，锤炼奋斗意志。在遭遇大事、难事、急事，奋斗意志动摇或消减时，大学生需要在摔打、挫折、考验中磨砺宠辱不惊的心理素质，坚定百折不挠的进取意志，保持乐观向上的精神状态，保持奋斗初心。

（三）塑造创新品格，树立大学生追求卓越的劳动理念

培养大学生的劳动精神，应当适应环境变化要求，不断创新方式方法，实现塑造创新品格目标。创新通常指运用已有知识，对事物进行改进或创造而产生超常价值的劳动实践形式，是引领驱动事物发展的内在力量。创新的标志在于通过创造性劳动取得“人有我有、人有我强、人强我优”的突破性成果，凝结着人们打破思维定式与条条框框、敢走前人未走之路的勇气和智慧，是敢闯敢试的进取意识、不落窠臼的思维超越和标新立异的创造能力等品格的综合呈现，是最具时代特色的劳动精神表征。当前，创新已成为推动新科技革命和全球变革的第一引擎，依靠自主创新补齐我国基础科学研究和关键核心技术的诸多短板，既对传统劳动提出了挑战，又提供了培养创新精神的珍贵契机。加强新时代大学生劳动教育，尤其要在“培养学生创新意识和创新能力”上下功夫，着力塑造创新品格，为培养造就高素质创新型劳动大军、推动各项事业高质量发展提供强大人才与智力支持。

塑造创新品格，旨在树立大学生追求卓越的劳动理念。在践行劳动精神的实践中，大学生要做到以下几个方面：一是注重开发自身的兴趣，激发创新意识。大学生要坚定勇于探索、追求卓越的雄心壮志，既不妄自菲薄，也不妄自尊大，以强烈的好奇心、求知欲、挑战力、坚韧性，进行自我教育、自我开发、自我创造。二是优化自身的知识结构，培养创新思维。大学生需发挥主观能动性，大胆构思、怀疑自省，敢于提出问题、敏锐发现问题、善于解决问题，加强逻辑思维、逆向思维、辩证思维等训练，用探究的手段、批判的精神、求异的品质，提出新理论、开辟新领域、探索新路径。三是加强专业学习，提高创新能力。大学生要依托重大科技项目、重点实验室、重大赛事、虚拟仿真平台、创客空间、创业科技园、孵化基地等平台，投身基础研究、进行关键技术攻关，提高信息加工、分析研究、动手操作和成果转化能力。

（四）厚植奉献情怀，提升大学生担当有为的劳动境界

奉献是指为了国家、集体和他人利益，自觉自愿投入劳作、付出劳动、让渡财富甚至舍弃生命的本色行为，正如马克思所言“劳动已经不仅仅是谋生的手段，而且本身成了生活的第一需要”。奉献精神蕴含着深刻的公共价值体认，个人对社会的贡献越大，就越能获得自我价值实现的利益回报与社会尊重。奉献体现社会主义和集体主义导向，社会主义解放发展生产力、实现共同富裕的本质，决定人们要自觉把国家和人民的利益摆在首位，积极劳动创造，按照集体主义原则正确处理义与利、奉献与索取等关系。奉献既表现为危急时刻不畏牺牲的伟大情怀，又体现为包容谦让、扶弱济困的凡人善举，既是高尚的情操境界，更是劳动的责任担当。新时代大学生需要甘于为祖国和人民奉献、乐于奉献，把劳动作为生活需要，将奉献作为人生追求，让青春在奉献中焕发出绚丽光彩。

厚植奉献情怀，旨在提升大学生担当有为的劳动境界。首先，大学生需要恪尽职守、敬业奉献。敬业是奉献的基本追求。不论分工如何、能力大小，在平凡岗位上担职尽责就是在为祖国为人民为民族做奉献，就要干一行、爱一行、精一行、专一行，在勤学笃用中获得自我提升的契机。大学生需要以劳模为标杆，坚持“德者有得、好人好报”的价值导向，提高职业道德素养。其次，大学生要积极投身公益、服务奉献。主动参与社区建设、环境保护、大型活动、抢险救灾、网络公益等志愿服务，增强公共服务意识，在面对重大疫情、灾害等危机时，具有主动作为的奉献精神。通过参加规范、完善的志愿服务培训，进一步提升大学生在生产劳动、生活劳动、服务劳动中的奉献水平。最后，大学生要励志有为、爱国奉献，饮水思源听党话、理直气壮跟党走，深化“四史”理解、坚定“四个自信”，以国家富强、民族振兴、人民幸福为己任，勇做走在时代前列的奋进者、开拓者、奉献者；弘扬红色革命精神、科学家精神，以张富清、黄大年、黄文秀等为榜样，用爱国情、强国志、报国行谱写新时代的奉献之歌。

课后作业

1. 劳动精神的定义和内涵是什么？具有怎样的时代价值？
2. 作为当代大学生，你觉得如何去践行劳动精神？

劳动实践任务

一、劳动主题

居家劳务“十个一”

二、劳动目的

让学生利用寒暑假居家的时间，参与形式丰富的劳动实践，践行劳动精神，激发学生参与劳动积极性，体会劳动的充盈感，深刻领悟劳动精神的重要性。

三、劳动任务

1.“十个一”居家劳动菜单中任选一项完成：

（1）进行一次整理收纳。

（2）坚持一周室内清扫。

（3）清洗一次衣物鞋包。

（4）学做一道传统美食。

（5）制订一套出游计划。

（6）种养一盆家庭绿植。

（7）参与一次社区服务。

（8）钻研一项专业技能。

（9）体验一次农业劳作。

（10）观赏一部劳动电影。

2. 教师通过“实践啦·劳动在线”特色应用程序发布劳动任务，学生可至程序中接受劳动任务、提交劳动成果，并完成师生互评。

四、考核评价标准

1. 劳动成果展示清晰、有效、丰富度高，占 40%。

2. 劳动过程记录翔实，劳动反思有深度，占 60%。

五、劳动设计

1. 劳动主题

____

____

2. 劳动日期

____

____

3. 劳动预期目标

六、劳动成果

1. 劳动成果展示

将劳动成果以及与劳动成果的合照记录如下：

2. 劳动心得

结合本次劳动体验，谈谈对劳动精神的理解。

第五章　工匠精神

学习导航

目标分类	具体内容
知识	1.了解工匠精神的内容、特征 2.了解工匠精神的时代价值 3.了解弘扬践行工匠精神的路径
能力	体验一次手工艺实践
素养	1.学习并了解成为一名工匠所需要具备的素质 2.了解培养大学生如何培养职业素养
课程思政	1.深刻理解工匠精神的时代价值和重要意义 2.激励青年一代走技能成才、技能报国之路，培养更多高技能人才和大国工匠

案例导读

最美旅院人：32年，“教头”与“灶头”

省人力社保厅、省总工会联合发文，公布了2021年“浙江工匠”培养项目人员名单，厨艺学院院长金晓阳成功入选，是浙江旅游职业学院首位获此殊荣的教职工。浙江省直机关工会二级调研员孙少红、副主席朱红征、省文旅厅机关党委四级调研员温泉等到校为金晓阳颁发“浙江工匠”荣誉证书。

作为国家级的烹饪大师，金晓阳“教头”一当就是三十余载光阴，“灶头”一处就是一生情缘。

“当我还是学生的时候，并未想到自己会从事教育事业。”谈起自己的从教之路，从“伙头”到“教头”，金晓阳很庆幸当时坚定地留在母校任教。“毕业后，不少单位邀请我，也有一些提供了高薪职务。但当时学校成立了烹饪专业，需要烹饪专业教师，我就毅然留

了下来。毕业30多年了，能够留在母校向学生们传授中国传统厨艺，传承中华民族传统文化，我为自己的选择高兴！”

三十余载光阴须臾过，金晓阳从刻苦好学的厨艺学子成长为诲人不倦的教学名师，从精益求精的技术能手发展成德高望重的行业专家。他曾荣膺中国烹饪大师、全国餐饮职业教育优秀教师、浙江财贸工匠、浙江省技术能手等多项荣誉，主理国家级“金晓阳厨艺传承大师工作室”（教育部），身兼世界中餐业联合会国际烹饪教育副秘书长和中国烹饪协会餐饮职业教育委员会委员等要职，受聘为数届教育部全国职业院校技能大赛专家组组长和国家级裁判员，2018年被授予“浙江省餐饮业改革开放四十周年杰出贡献奖”。

资料来源：https://mp.weixin.qq.com/s/313Z2jrmvu3rnGozxMKRpg.

案例分析

教书育人三十二载，金晓阳用初心筑梦、用匠心铸魂，他坚持为中国烹饪技艺的传承、中国烹饪文化的传播辛勤耕耘、默默奉献。

案例思考

结合本案例，你觉得金晓阳老师身上所体现工匠精神包括哪些方面？

第一节　新时代工匠精神的内涵及特征

一、工匠的由来

我国古代称“士、农、工、商”为四民，其中的“工”就是指工匠，即有手艺专长的人。所以，工匠是能工巧匠的简称。在原始社会末期，手工业从农业中脱离之后，便出现了专门从事手工劳动的生产者，也就是我们所说的手艺人或者工匠。当时，从简单的石器、骨器、木器制作等到复杂的制陶、纺织、房屋建筑、舟车制作等，都是由工匠完成的。

在我国，“工匠”一词最早指的是手工业者。工匠在古代被称为“百工”，“百工”是中国古代主管营建制造的工官的名称，后来成为对各种手工业者的总称。成书于春秋末期、战国初期的《周礼·考工记》是我国已知年代最久远的手工业技术文献。这本书在中国工艺美术史、科技史、文化史上都有着举足轻重的地位，在当今世界上也是独一无二的。全书共7100余字，记述了春秋战国时期官营手工业中的木工、金工、皮革、染色、刮磨、陶瓷6大类30个工种的情况，反映了当时我国所达到的科技及工艺水平。

工匠中的“匠”字，是会意字。《说文解字》中解释道：“匠，木工也。从匚，从斤。斤，所以作器也”。“匠”本义是木工。《孟子·尽心上》记载：“大匠不为拙工改废绳墨”，即高明的木匠不因为拙劣工人改变或者废弃规矩，这里的大匠是指有专门技术的工人。《广韵·漾韵》记载：“匠，工匠。”工匠就是有某方面熟练技能、技艺高超的手艺人。这些人往往追求更高的技术或艺术境界。

二、工匠精神的提出

2016年3月5日，李克强总理代表国务院向十二届全国人大四次会议作《政府工作报告》时，首次正式提出工匠精神，即鼓励企业开展个性化定制、柔性化生产，培育精益求精的工匠精神，增品种、提品质、创品牌。同年12月14日，工匠精神入选《咬文嚼字》杂志发布的“2016年十大流行语”之一。

李克强总理首次正式提出工匠精神的一个重要时代背景是我国的供给侧结构性改革。2015年11月10日，习近平总书记在中央财经领导小组第十一次会议上首次提出“着力加强供给侧结构性改革”；同年12月，中央经济工作会议将“去产能、去库存、去杠杆、降成本、补短板”作为2016年推进供给侧结构性改革的五大任务。2016年的第一个工作日，李克强总理是在山西度过的，重点是部署被列为2016年五大结构性改革的任务之首的“去产能”工作。1月4日下午，李克强总理在太原主持召开钢铁煤炭行业化解过剩产能、实现脱困发展座谈会。

李克强总理在会上指出，化解过剩产能，要以“壮士断腕”的精神，与深化改革、企业重组、优化升级相结合。必须牢牢坚持改革观念，发挥中央和地方的积极性，发挥企业的主体精神，要更加注重运用市场化办法化解过剩产能。对于如何化解过剩产能，李克强总理指出，在化解过剩产能的同时，也要优化存量产能。我们在钢铁产量严重过剩的情况下，仍然进口了一些特殊品类的高质量钢材。我们还不具备生产模具钢的能力，包括圆珠笔头上的“圆珠”，目前仍然需要进口。

如果不是李克强总理的这次讲话，很多人应该不知道，我们使用频率极高的圆珠笔头上的“圆珠”要依赖进口。为了给数百亿支圆珠笔安上“中国笔头”，我国早在2011年就开启了这一重点项目的攻关，太钢集团当时就已经参与其中。经过5年数不清的失败，在电子显微镜下，太钢集团终于看到了“添加剂”分布均匀的笔尖钢，试验在2016年9月取得成功。大规模炼钢十多次后，第一批切削性好的钢材终于在太钢集团出炉。李克强总理提出的这一问题，也得到了解决。现在，一些笔头企业开始向太钢集团批量购买笔尖钢产品。“2016 中国 500 强企业高峰论坛”发布的 2016 中国企业 500 强、中国制造业企业 500 强等系列榜单中，太钢集团均榜上有名。可见，一个企业的竞争力靠的是先进的技术，先进的技术离不开优秀的人才，而优秀的人才必须具有精益求精的工匠精神。

三、工匠精神的内容

2020 年 11 月 24 日，习近平总书记在全国劳动模范和先进工作者表彰大会上发表重要讲话，第一次全面阐述了工匠精神的主要内容，即执着专注、精益求精、一丝不苟、追求卓越。执着专注是工匠的本分，精益求精是工匠的追求，一丝不苟是工匠的作风，追求卓越是工匠的使命。

（一）执着专注

执着专注是指工匠坚定不移、集中全部精力完成一项工作时的态度，是工匠专心致志做事情的工作状态。工匠以工艺专长造物，在专业的不断精进与突破中演绎着“能人所不能”的精湛技艺。实际上，得心应手的技能、巧夺天工的技术和出神入化的技艺，正是来源于专注。工匠始于学徒、技工，应学会干实事、细事、小事。选择了某个行当，就应沉潜下来，不能心猿意马。要在一个领域精雕细琢、精耕细作，必须不忘初心、坚守理想，坐得了冷板凳，耐得住寂寞。

（二）精益求精

精益求精成为工匠精神的另一种表述方式，反映了工匠成为更好的自己的最高追求。精益求精的字面意思是，已经做得很好了还要追求更好。精了还要更精，好了还要更好。工匠们练就了炉火纯青之技，成为行业“绝活”的创始人、传承者。在技术创新的各领域，有那么一群“隐形冠军”企业，他们瞄准细分市场，集中力量进入并成为领先者。中铁二局二公司隧道爆破高级技师彭祥华在软若豆腐般的岩层间精准爆破，误差控制远小于规定的最小误差；沪东中华造船公司焊工张冬伟手工焊缝长 14 公里厚 0.7 毫米的内胆，先修“心境”而后达“技境”。古人说“熟能生巧”，正是因为不断精益求精，才能不断自我超越。

（三）一丝不苟

一丝不苟是一种做事的境界，表示一个人做事的思想觉悟和做事认真细致的态度。一丝不苟的工匠精神可以概括为严谨、严格、严苛、严肃等以“严”为核心的精神状态。工匠必须具有严谨的态度，必不能造伪器。每一项具体技术的研究开发与应用扩散，往往都具有严格的规程和标准，来不得半点马虎和将就，走捷径搞变通是行不通的。就像拧螺丝这种简单技术，拧几圈回几圈以及施加多大扭矩都要遵守严格规定，否则就可能造成严重误差。“炮制虽繁必不敢省人工，品味虽贵必不敢减物力。”不放过任何一个细节，不忽视任何一个细微之处，一丝不苟、倾注匠心，才能创造出巧夺天工的精品。

（四）追求卓越

卓越是杰出、优秀的意思，追求卓越就是追求杰出的、优秀的目标。这一目标既可以是成为杰出的、优秀的人，又可以是取得杰出的、优秀的成就。工匠精神中的追求卓越是指不断让自身更加优秀的工作状态和人生信念。这种状态和信念一般源于工匠的崇高使命感、自我超越的人生追求以及关注细节的工作态度。在数字经济时代，技术的更新换代加快，技术生命周期呈现出新旧共性技术演绎创造性破坏的特征。正因此，弘扬工匠精神就要追求卓越、敢于创新，永不满足于现有水平，永不停滞于当前状态，而要向更高、更好、更精的方向努力。

四、工匠精神的特征

工匠精神是当今中国热门的词汇之一，这反映了工匠精神具有重大的时代价值和鲜明的时代特征。也就是说，工匠精神是时代的产物。我国历史上有很多非常杰出的工匠。他们的作品及名声之所以能流传百世，就取决于他们身上体现的精益求精的工匠精神。纵观当今很多发达国家的一些品牌企业及其产品，之所以有着强大的全球竞争力，其根源也是因为他们展现的精益求精的工匠精神。从这个意义上讲，工匠精神不仅具有时代性，而且具有历史传承性和国际性等特点。

（一）时代性

工匠精神是我国经济社会发展的时代产物。在我国当前大力推动制造业转型升级的时代背景下，要实现经济发展方式转型和产业结构升级，特别是实现由制造大国到制造强国的转变以及由中国制造到中国创造的跨越，需要大力弘扬和践行工匠精神。在我国实施“一带一路”建设过程中，中国制造要走向世界，必须大力提高产品质量，而拥有精益求精的工匠精神的大国工匠是实现高品质的重要保障。

（二）历史传承性

作为一种先进的精神文化追求，我国历史上有很多关于工匠精神的丰富素材。在马王堆汉墓出土的丝绸距今 2200 年，其薄如蝉翼，用料仅重 49 克。自丝绸之路开通以来，中国古代能工巧匠们所生产的匠品，一直都在影响着世界。古代中国是名副其实的“匠人之国”“匠品之国”。尽管我们已经进入了工业化、信息化、智能化时代，但是历史上的工匠身上体现出的工匠精神，仍为我们弘扬和践行工匠精神指明着方向。

（三）国际性

工匠精神不仅具有历史传承性的特点，而且具有国际性特点，因为工匠精神是几乎所有发达国家能够拥有全球竞争力产品和技术的关键。工匠精神，在德国被称为“劳动精神”，在美国被称为“职业精神”，在日本被称为“匠人精神”，在韩国被称为“达人精神”，等等。

（四）创新性

工匠精神的核心在于创新，创新是在不断重复、精益求精中产生的。烦琐复杂的工作是培育创新的土壤，追求完美是助推创新的动力。工匠精神既需要简单的重复与坚守，更需要持续的改进与创新。在当前我国大力鼓励“大众创新，万众创业”的社会背景下，工匠精神必须基于思维的创新、对品质的追求和对工作的坚守。因此，创新是工匠精神的灵魂。

（五）引领性

近年来，党和国家以及全社会大力倡导工匠精神，充分体现了工匠精神的引领性。这种引领性一方面体现在学校教育特别是劳动教育上，即将工匠精神融入学校教育特别是劳动教育的相关课程中，引导学生学习工匠精神、践行工匠精神；另一方面贯彻在职工素质工程中，即通过工匠创新工作室影响更多的职工学工匠、做工匠。

五、工匠精神的重要性

（一）衡量社会文明进步的重要尺度

实现中华民族伟大复兴的中国梦，物质财富要极大丰富，精神财富也要极大丰富，只有物质文明建设和精神文明建设都搞好，国家物质力量和精神力量都增强，全国各族人民的物质生活和精神生活都改善，中国特色社会主义事业才能顺利向前推进。也就是说，物质文明与精神文明是推动社会文明进步的“两个轮子”，是实现中华民族伟大复兴中国梦的“一双翅膀”，两者缺一不可。事实上，工匠精神的发育程度与社会的物质文明、精神文明的进步程度都直接相关。从精神文明的角度来看，工匠精神作为一种职业精神，在本质上是同社会主义核心价值观，特别是同其中的敬业、诚信要求高度契合的。从物质文明的角度来看，工匠精神在物质文明的创造过程中可以发挥强大的精神动力及智力支持作用。

（二）中国制造业前行的精神源泉

制造业是国民经济的主体，是立国之本、兴国之器、强国之基。新中国成立尤其是改革开放以来，我国制造业持续快速发展，建成了门类齐全、独立完整的产业体系，有力地推动了工业化和现代化进程，显著增强了综合国力，支撑着我国世界大国的地位。然而，与世界先进水平相比，中国制造业仍然大而不强，在自主创新能力、资源利用效率、产业结构水平、信息化程度、质量效益等方面差距明显，转型升级和跨越发展的任务紧迫而艰巨。为实现中国从全球制造大国到制造强国的跨越，2015 年 5 月 8 日，国务院正式印发《中国制造 2025》，提出了中国政府实施制造强国战略第一个十年的行动纲领。中国要迎头赶上世界制造强国，成功实现《中国制造 2025》中所提出的战略目标，就必须在全社会大力弘扬以工匠精神为核心的职业精神。只有当敬业、精益、专注、创新的工匠精神融入生产、设计、经营的每个环节，实现由“重量”到“重质”的突围，中国制造才能赢得未来。

在中国从制造大国迈向制造强国的进程中，工匠精神被赋予了新的时代内涵。它不是工匠大师特有的殊荣，每个坚守工作岗位兢兢业业的劳动者都是工匠精神的生动诠释。

（三）企业竞争发展的品牌资本

随着市场经济特别是知识经济的到来，现代经济越来越呈现为一种品牌经济。在现代市场经济视域下，作为知识资本形态的品牌形象也是一种可经营的企业资本，是一种潜在的、无形的、动态的、能够带来价值增值的价值，是传统的会计体系反映不了的无形资本。塑造良好的品牌形象，有效开发、经营品牌资本，是企业参与市场竞争、占领市场制高点的重要手段。事实上，工匠精神在企业品牌形象塑造和品牌资本创造过程中具有十分重要的作用。工匠精神是企业品牌内涵的重要体现，也是企业品牌知名度、美誉度及顾客忠诚度培育的有效途径，更是企业品牌资本价值增值的重要来源。例如，中华老字号“全聚德”烤鸭能够驰名中外，也是得益于其“食不厌精，脍不厌细”的工匠精神。

（四）劳动者实现自我价值的重要途径

当今，机器化生产提高了产品生产率，很多工作由计算机、机器来完成，很多劳动者在工作中觉得单调、机械和乏味，甚至有的劳动者觉得在智能时代自我价值已经消失了，人的劳动正在被机器取代。实则不然，对一个具有工匠精神的劳动者而言，产品是向往自由美好愿望的充分表达。劳动者在创造工作过程中具有完全的主动权，根据自己的构思、意志来完成产品，使自我想法在作品中体现，创作出来的产品是自我对世界的理解、认识和客观化的体现。以工匠精神来做创造，工作就变成了一种忘我的投入、生命的外在表达。自我的价值存在于自己双手所能控制的作品中，不受其他因素的影响，使自己在工作过程中能够获得真正的满足与成就感。

第二节　工匠精神的时代价值

一、工匠精神的强国价值

工匠精神是增强国家经济竞争力的精神资源。国家经济竞争力的提升是综合效应产生的结果，除了有形的物质资源的作用外，也包括了无形的精神资源。工匠精神就是一种无形的精神资源，在推动企业转型升级、提升产品质量、增强市场竞争中发挥着重要作用。

（一）工匠精神是制造业转型升级的助推器

中国的制造业十分发达，曾有“世界工厂”之称。经济全球化的深入发展让制造业面临的竞争更为激烈，推动着各国制造业在进行转型升级。中国在很长一段时间忽视了产业的更新换代。当前，中国的制造业总体竞争力不强，在进出口贸易中也面临着一系列的困境。在这样的背景下，重新提出培育工匠精神，能够驱动中国制造业的转型升级。《中国制造 2025》指出，我国经济发展进入新常态，制造业发展面临新挑战。形成经济增长新动力，塑造国际竞争新优势，重点在制造业，难点在制造业，出路也在制造业。在这样的时代背景下，工匠精神对制造业的转型升级有重要的价值。

首先，工匠精神推动了制造业从“制造”到“智造”的转变。自主创新能力是推动经济可持续发展的重要因素。中国的经济发展进入了效率驱动阶段向创新驱动阶段的关键期，工匠精神在这个重要时期中起着巨大的动力作用。一方面，弘扬工匠精神有利于做出高质产品，打造品牌，提高自主创新能力，为创新驱动发展培育新的经济发展动力，让我国从制造大国走向制造强国。另一方面，完成产业的升级，也需要工作态度、职业精神、从业者能力的升级。工匠精神中精益求精、至善尽美的卓越追求，使得从业者能够通过改进设备、原料和工艺来提升产品品质，实现产品从“多”到“强”的发展。其次，工匠精神推动制造业产业结构的升级。工匠精神促进制造业产业结构升级的过程是推动制造业升级快速发展的过程。工匠精神有助于激发劳动者的敬业和奉献以及创造能力，焕发企业的活力，提高全要素生产率，刺激市场功能的发挥。工匠精神适应了当前我国供给侧改革发展的要求，有利于我国克服产能过剩的困境。工匠精神是我国产业结构转型的重要突破口，是制造业产业结构升级的重要“软件”支撑。工匠精神推动了自主创新与技术进步，同时提高了劳动效率，促进了产业结构的升级。

工匠精神推动了工业 4.0 时代的到来。随着工业技术和信息技术的发展，利用物联网进行个性化的制造业将成为可能。工匠精神可以使制造业行业追求精益求精，适应未来个性化定制的需求，推动制造业的全面升级。

（二）工匠精神是企业发展的黏合剂

市场经济的主体是企业，建设市场经济的关键在于打造符合现代市场经济要求的企业。企业随着工业革命的发展而成长壮大，在特定的历史文化背景下生产发展，离不开文化的影响。在市场经济发展过程中，工匠精神对促进企业生产、提升企业管理水平以及加强企业建设等方面有重要的作用。在企业生产层面，工匠精神让企业避免被市场淘汰的风险。工匠精神能够促使企业对产品不断完善，推动品质升级。

在企业经营和管理层面，工匠精神能够促使从业者保有职业热情，并推动构建良好的企业文化。工匠精神是价值规范，也是一种价值职业观。如果企业只是一味追求产量而不顾质量，生产者就会机械重复操作，会降低对产品质量的要求，最终也会让生产者产生职业倦怠。工匠精神强调产品的质量，要求生产者有一丝不苟的工作态度，可以为生产者提供强劲的精神动力。工匠精神为企业生产者提供了职业发展的方向，让生产者更加积极地投身企业的建设和发展过程中。

工匠精神有利于构建良好的企业文化，提升企业的管理水平。企业文化是企业成员普遍认同的思想文化观念，是一种独特的文化形象，体现着企业的个性特征。企业文化是企业无形的资产，对内可以增强团队凝聚力，对外可以展示良好的企业形象。工匠精神重视人的价值和作用，有利于弘扬人本精神，建设企业忠诚文化。工匠精神要求企业重视产品的质量。这表明企业注重诚信意识，有利于培育企业契约精神，打造良好的企业形象。工匠精神对于打造企业的“硬”实力和“软”实力来说，都具有重要的价值，使企业内部的各种要素连接起来，从而在市场上保持竞争力。

（三）工匠精神是产品质量提升的核心要素

国务院总理李克强在2016年3月5日的《政府工作报告》中明确提到：“要鼓励企业开展个性化定制、柔性化生产，培育精益求精的工匠精神，增品种、提品质、创品牌。”工匠精神是提品质、创品牌的关键。就产品本身而言，一方面，对产品的精益求精能够推动产品精品化，形成自身的品质优势，在激烈的市场竞争中就有可能占领较多的市场份额。工匠精神能够让劳动者在生产过程中专注于某一个领域、某一件产品，将产品的细节做到极致，始终保持追求卓越的理想状态，改变过去产品单一、质量低劣、竞争力不足的状况。在手工业时代，从产品的构思到制作都凝结了工匠们的智慧和劳动，因此，工匠们对每一件作品都饱含情感。于工匠们而言，产品的质量就是工匠的声誉。在大数据时代，依托“互联网+”，个性化定制、柔性化生产成为可能。工匠精神的回归使产品的品质得以提升，满足着消费者们高品质生活的需要。

发扬工匠精神有利于培育产品品牌。通过产品的高品质创立知名品牌，利用品牌效应可以获得更大的利润空间。伴随国内消费需求的升级，人民群众希望获得更高品质的产品和服务，渴望品牌化的消费。我国正在推进供给侧改革，改革主要依靠去产能、去库存、去杠杆的手段。以“薄利多销”为目的追求的产品制造已经不能适应时代的发展，这就需要在整合各种先进资源的基础上，创设产品品牌并进行品牌营销，利用产品的精品化、品牌化能够获得更大的利润空间。工匠精神中一丝不苟的精神使产品本身的品质得以提高，消费者在购买、使用及售后服务等整个过程中能够感受更为满意的用户体验。

二、工匠精神的文化价值

工匠精神是坚定民族文化自信的精神纽带。民族发展的血脉和传承通过民族文化体现出来。文化自信是指对自身文化价值的充分肯定，对自身文化生命力的坚定信念，对既有文化优良传统的肯定与坚持。2016年7月1日，习近平总书记在庆祝中国共产党成立95周年大会上提出“全党要坚定道路自信、理论自信、制度自信、文化自信”。工匠精神是中华优秀传统文化的重要组成部分，弘扬工匠精神有利于推动中华优秀传统文化的传承、社会主义核心价值观的培育和践行、文化的交流和传播，有利于在推进文化的传承和发展过程中不忘本来、吸收外来、面向未来。

（一）传承中华优秀传统文化

工匠精神是中华民族的精神传统。庄子的“庖丁解牛”的故事展现了一个工匠的“心一神一身”联动的妙境；秦国李冰父子主持修建的都江堰水利工程，历经千年而不衰是工匠精神的真实体现；鲁班在中国古典家具制作中体现的工匠精神流传千年。在中国近代史上，一个个富有工匠精神的人在国家极其困难的情况下为中华民族赢得了尊严。工匠精神是中华民族生生不息、薪火相传的精神支撑，为当前改革开放和社会主义现代化建设提供了强大的动力支撑。

工匠精神传承了中华优秀传统文化的精髓，体现了天下兴亡、匹夫有责的担当意识。手工艺是我国的传统工艺文化，是劳动人民智慧的结晶，是宝贵的精神财富，体现了对中华优秀传统文化自豪感。传承手工艺文化饱含了一种历史责任。工匠们对自身产品的高度负责、执着与对产品质量的追求，蕴含着社会责任与担当。2016年在央视播出的《我在故宫修文物》中的工匠们身上所体现出来的工匠精神就是社会责任担当的最好诠释。工匠们有的是对青铜器、宫廷钟表、陶瓷、木器、漆器、百宝镶嵌、织绣等文物进行修复，有的是对书画进行修复、临摹和摹印，通过自身日常的工作，在文物修复领域努力完整地呈现国宝文物的原始状态和收藏状态，充分展现了传统中国“士、农、工、商”四大阶层中“工”的信仰、技术沿袭与变革，不断推动对自身民族文化的认同，为坚定文化自信奠定了坚实的基础。

（二）涵养社会主义核心价值观

社会主义核心价值观凝聚了全党全社会的共识，是当今中国核心价值的集中体现。在国家层面，社会主义核心价值观提出了富强、民主、文明、和谐的价值目标；在社会层面，社会主义核心价值观提出了自由、平等、公正、法治的价值取向；在个人层面看，社会主义核心价值观提出了爱国、敬业、诚信、友善的价值遵循。爱岗敬业是工匠精神的本质体现，尊重劳动是社会主义核心价值观的重要内容。社会进步和国家富强需要依靠人们具体的劳动，而在这个劳动过程中需要人们秉承和践行工匠精神才能实现。工匠精神强调崇尚劳动，尊重劳动者的价值，这与社会主义核心价值观所倡导的内容是相一致的。

工匠精神从国家层面、社会层面和个人层面涵养了社会主义核心价值观，推动着社会主义核心价值观的培育和践行。从国家层面看，工匠精神是国家富强文明的重要推进因素和精神保障。经济全球化推动了世界各国的竞争，作为国民基础的制造业成了竞争的焦点，产品的质量成为制造业竞争的关键点。当今中国生产的产品质量遭受到很多质疑，中国制造业面临着严峻的挑战。在这种情况下，以精益求精的工匠精神为驱动力，以产品质量为目标，不仅能够提高中国制造业的国际竞争力，为中国现代化建设提供物质基础，推动国家实现繁荣富强，而且能够传递正能量，让人们认识到认真严谨、精益求精的重要性，促使国家文明水平的提升。从社会层面看，工匠精神规范了企业竞争的秩序，推动了市场经济公正平等秩序的建设。工匠精神将企业之间的竞争转移到产品品质的竞争，减少了唯利是图、投机取巧等恶性竞争，实现了企业竞争的良性循环。在收获高品质产品的同时，也进一步完善了市场经济公平公正的市场秩序，推动着社会公正公平等价值观的培育和践行。从个人层面，工匠精神是爱国敬业诚信友善的重要体现。在每种职业和每个岗位，工匠精神都要求以认真严谨投入的态度，生产、完善和改进产品，提升产品的品质。

工匠们对在自身平凡岗位上所表现出来的敬业和诚信体现在对产品设计的一丝不苟，对原材料的选择挑剔，对工艺流程的精准把握，对细节的精雕细琢，对产品质量的至善尽美上。当产品远销海外时，产品的品质也代表着国家的形象，在这个层面上，强调产品品质就是培养爱国精神。

（三）推动文化的交流和传播

不同国家文化之间的交流是国际关系的“助推器”，是惠及世界人民的“幸福因子”。2014 年 3 月 27 日，习近平总书记在联合国教科文组织总部发表演讲也谈道：“文明因交流而多彩，文明因互鉴而丰富。文明交流互鉴，是推动人类文明进步和世界和平发展的重要动力。”工匠精神是中国精神和民族文化的重要内容，反映了中华儿女勤劳勇敢、自强不息的精神品质，也体现着追求卓越的文化品格。工匠精神也是人类社会的共同精神财富。弘扬和培育工匠精神有利于国家之间的文化交流和传播。在全球化浪潮下，民族国家希望在竞争中合作以谋求共同发展，而现代工匠精神正成为国家之间交流合作的精神纽带。一方面，中国以积极吸收世界优秀文明成果的大国胸怀学习借鉴日本、德国等国家的工匠精神。如日本制造业所显示的“有待完善的制造精神和设计理念，一种与‘用户’共同进行完成生命体验的过程”。德国工业 4.0 计划中提出的“生产可调节、产品可识别、需求可变通、过程可监测”等要求，为中国现代工匠精神的培育提供了宝贵的经验。另一方面，中国也在积极传播当代中国的优秀文化，让国外民众感受中华文化的魅力，展示良好的中国形象。例如，中国通过《大国工匠》和《我在故宫修文物》等纪录片让世界人民也感受到中国现代的工匠精神。工匠精神中“精益求精”的精神实质将成为人类社会文明发展的共同财产，推动国家间文化的交流和传播，为国家间文化融合和再生产提供强大的精神动力。

三、工匠精神的个体价值

工匠精神是促进个体发展的精神力量。社会发展的同时也要求个人的发展。社会个体中，特别是青年一代有理想、有本领、有担当，国家就有前途，民族就有希望。个体的发展离不开正确的方向指引、自身综合素质的提升以及实践力量的支撑。工匠精神作为一种精神力量，在促进个体发展的过程中起着价值引领、方法目标、实践动力的作用，推动着个体成为有理想、有本领、有担当的时代新人。

（一）引领个体树立理想信念

理想信念是个体对未来的向往和追求，是对某种思想或精神坚信不疑并身体力行。理想信念指引人生的奋斗目标，提供人生的前进动力，提升人生的精神境界。理想信念在个体发展中起着价值引领的作用，是个体发展的实践起点。对于个人而言，工匠精神如精神火炬般引领个体树立自身的理想信念。一方面，工匠精神是一种职业精神，其中的爱岗敬业包含着职业理想和职业信念。职业理想和职业信念的形成有利于增强个体的职业认同感，让个体的发展有精神的归依。有了职业理想和职业信念的支撑，个体就会将自身工作当作一份事业。工匠精神让个体增强自身的职业信念和职业动力。在具体的生产实践中，工匠精神中所蕴含的精益求精、勇于创造不仅对劳动者的生产实践具有指导作用，而且成为劳动者的一种职业追求。劳动者们希望通过自身的认真踏实、勇于创新和追求卓越实现自我职业理想。工匠精神将劳动者们的目标、方法、勤奋等融为一体，体现了人们对工作与生活的热爱，激励着劳动者不断地突破自我。另一方面，工匠精神在职业态度层面表现出来的持续专注、精益求精的坚守也推动着个体信仰型人格的形成。个体在长久坚持中将生活态度、艺术涵养、文化养分融于技艺中，最终升华成坚守之美的精神境界，让工匠对技艺形成精益求精的工作追求。

（二）推动个体成长成才

个体的全面发展不仅要有方向的指引，更重要的是自身能力的提高，从而成为有本领的时代新人。个体“硬实力”和“软实力”是自身本领的两个重要方面。这两个方面的增强意味着个体自身能力的提高，实现了个体成长成才。个体的成长成才离不开具体现实的社会实践活动。工匠精神是社会物质生产实践活动的成果，对个体的能力和品格的提升有着实践指导作用。

工匠精神能够增强劳动者物质生产能力。传统的工匠的制作活动是一种持续性的创造活动，工匠们需要对技艺和产品不断地进行完善。现代工匠精神要求劳动者对自身的工作有一种投入的状态，让产品具有生命力和创造力，这会促使劳动者不断地提升自身的知识和技能。

工匠精神促使个体自我反思能力的提升。工匠精神此时就如同一面“镜子”，让个体不断地将自己行为和工匠精神所体现的爱岗敬业、精益求精、持续专注、责任担当等进行对照，形成自身的内驱力，驱使自身不断完善自我，最终拥有自身核心的竞争力。工匠精神所起到的作用就如同一尺标杆，驱动个体自身“硬实力”和“软实力”的增强，最终实现成长成才。

（三）实现个体自我价值和社会价值的统一

人的价值体现在人类社会与个体之间、个体与个体之间、群体与群体之间的相互需要和相互满足的关系。人的价值是自我价值和社会价值的统一，人在劳动中实现个人价值的同时也创造社会价值。在这个过程中，工匠精神是个体的自我价值和社会价值实现的精神力量，是一种实践动力。个体在自然和社会中生活，是以实践的主体而存在的。劳动是人类生存和发展的基础。作为一种劳动精神，工匠精神倡导人们要爱岗敬业、诚信友善，引导着个体兢兢业业地做好本职工作，提倡人们通过认真的劳动去实现自我价值。在实现个体自我价值的基础上，工匠精神还有利于帮助个体实现社会价值。《大国工匠》中讲述的中国现代的工匠们，有为国家航天实力提升而奋斗的工匠，也有为塑造国家文化形象的大国工匠，他们都在为实现中华民族的伟大复兴贡献自己的力量，实现着自身的社会价值。可以说，实现自我价值和社会价值是个体发展的最终落脚点。

第三节　新时代大学生如何弘扬工匠精神

一、弘扬工匠精神的必要性

古语云："凡事宜内求，不宜外求。"大学生是国家当下与未来发展的主要储备力量，泱泱大国需要大批具备敬业精神、实践能力和实用技术的社会精英与有志青年。中国智造需要基石和跨越的跳板，各行各业也需要铺垫和腾飞的翅膀。如今的中国需要的不仅是制造业中的工匠，更需要在各行各业培养"能工巧匠""行家里手"。工匠精神培育对大学生实现自身价值、提升职业素养、践行社会主义核心价值观和实现创业创新都有不可估量的重要作用。

（一）实现人生价值的现实要求

大学生虽然在全球产业竞争中占据重要地位，但是如今的大学生多为独生子女，缺少社会实践经验，没有真正地走出"象牙塔"，表现在思想上是存有好高骛远、一劳永逸的想法，表现在行动上则是眼高手低、好吃懒做。因此，工匠精神作为一种精神激励、指导力量，鼓励学生忍住寂寞、收起浮躁，用耐心和细心打磨自己，从一个初入社会的弱者变为强者，在平淡枯燥的工作中创造价值。

依据马斯洛需求层次理论，自我实现是人类需求的最高层次，也是人类毕生的追求。大学生在创造价值的过程中，必然要具备与之相配匹的信仰、品质和技能，工匠精神在无形中有助于大学生树立精益求精、追求极致、专业专注的精神信仰。鼓励大学生发挥创造性思维，练就吃苦耐劳的品质，打开新局面，进一步提升个人就业竞争资本。大学生在走向社会的同时实现了个人价值，立足社会的同时也实现了社会价值，真正意义上地实现个人价值与社会价值的统一。

（二）培育职业素养的实践需求

大学生职业素养的形成离不开职业精神的养成。职业精神是内在的精神动力，而不仅仅是专业知识和技能。职业无高低贵贱之分，但精神需要积极向上，职业精神与敬业精神与工匠精神有着千丝万缕的联系，因此，大学生培养职业精神和敬业精神都能够促进工匠精神的深化和升华，进而促进大学生职业素养的形成。大学生在校期间进行工匠精神培育，应专注于内外兼修的综合素养，外在表现于谦和的态度，好学的气质，谦虚的举止；内在表现于诚实守信的工作方式，团结合作的工作策略，敬业钻研的职业品行等。随着科学技术的发展，社会对人才的聘用要求提升，大学生面临着越来越大的就业压力和生存压力，提高大学生的职业素养有利于解决紧张的就业窘境，提高就业创业机遇，提升个人社会竞争力。

（三）践行社会主义核心价值观的内在需要

党的十九大报告要求培育和践行社会主义核心价值观，并且要求将这种价值观念转化为一种情感认同和行为习惯。个人层面的“爱国、敬业、诚信、友善”是公民的价值标准参考，也是公民应该遵守的道德规范。大学生需要以爱国情感为依托，加强自身职业素养，遵守职业道德规范，为实现中华民族伟大复兴的中国梦贡献微薄之力。大学生作为国家的储备人才，其素质高低、能力强弱关乎国家未来的发展前途，也关乎未来整体公民素质的高低，大学生工匠精神培育是践行社会主义核心价值观的力量之源、精神之“钙”。在校期间做好职业生涯规划的同时还需接受敬业精神、职业精神教育，不仅要纯熟地掌握专业知识，更要具备健康的道德品质和正确的价值观。

（四）实现“大众创业、万众创新”的当代诉求

“大众创业、万众创新”成为发展新趋势，创新成为经济发展新引擎，推动经济发展。在“双创”背景下，工匠精神培育更凸显其重要作用。大学生创业实践需要工匠精神。创业是一个艰苦的过程，绝非一朝一夕就能成功，需要创业者具备坚韧不拔、自强不息的毅力，诚实守信、团结协作的品质，善于学习、不断创新的精神等，大学生只有具备与之相适应的能力才能在残酷的竞争中赢得一席之地。工匠精神的内涵要求大学生需具备一定的韧性、恒性和专性，为大学生形成创业意识和创业技能提供思想保障。大学生实现创新需要工匠精神。创新是工匠精神的核心，即精益求精、追求极致。工匠精神的内涵要求大学生要有危机意识，摒弃故步自封、因循守旧、抱残守缺的落后思想，主张破旧立新、标新立异、与时俱进。工匠精神对国家经济、科技发展适用，对于想创业的大学生来说同样适用。古语有云，“苟日新，日日新，又日新”，创新已成为时代发展新引擎，唯求变才能精进，否则会导致国家经济衰退、民族衰微。进行创业活动，需要弘扬工匠精神，进行创新活动同样需要弘扬工匠精神，工匠精神对于引领思想潮流、时代进步和经济发展都具有十分深远的意义。

二、培育工匠精神

我们学习和弘扬工匠精神的主要目的，就是通过践行工匠精神，成为更好的自己，最终成为专业领域内或行业内的工匠人才。每个劳动者都应该践行工匠精神，打造自己的绝技、绝活儿。践行工匠精神不是一件容易的事情，关键在于认识自己。要全面认识自己，需要从兴趣、理想、信念、责任、态度、习惯等几个方面着手，做到兴趣浓厚、理想远大、信念坚定、勇担重任、态度积极、习惯优良。

（一）兴趣浓厚

兴趣是最好的老师，工匠精神的践行必须建立在兴趣浓厚的基础之上。有人给比尔·盖茨出过一个题目：有五把带锁的抽屉，里面分别装着财富、兴趣、幸福、荣誉、成功，但只能带一把钥匙，而把其他的四把锁在抽屉里，问他想带的是哪一把钥匙，比尔·盖茨的

选择是兴趣。因为，最感兴趣的事物中隐藏着人生的目标和方向。当一个人从事他喜欢的工作时，那么他的潜能将会得到最大限度的发挥。如果一个人始终在做自己感兴趣的事情，即使一开始不那么顺利，但只要肯花时间去学习，愿意全身心地投入其中，持续努力，自然会把事情越做越好。

（二）理想远大

工匠精神的践行需要有浓厚的职业兴趣，更需要远大理想的引领。理想是生活的动力源。人生因追逐理想而向前奔波，在理想的指引下走向完美、走向辉煌。一个人追求的目标越高，他自身的潜能才能发挥得越充分。人之伟大或渺小都决定于志向和理想。伟大的毅力只为伟大的目标而产生，只有那些怀抱理想、志存高远、奋斗不息的人，才能完美地冲刺到终点。

哈佛大学有一个关于目标对人生影响程度的跟踪调查，被调查对象是一群智力、学历、所处环境等都差不多的人。调查结果发现，27% 的人没有目标，60% 的人有较模糊的目标，10% 的人有清晰而短期的目标，只有 3% 的人有清晰而长期的目标。25 年的跟踪结果显示：3% 的人 25 年来都不曾更改过目标，朝着目标不懈努力，25 年后几乎都成了社会各界的顶尖人士。10% 的人生活在社会的中上层，短期的目标不断地被达成，生活状态稳步上升。60% 的人生活在社会的中下层，能够安稳地生活与工作，但似乎都没什么特别的成就。27% 的人生活在社会的最底层，25 年来生活过得不如意，靠社会救济度日，并常常抱怨他人、抱怨社会。目标对人生有着巨大的导向性作用。成功在一开始仅仅就是个选择，你选择什么样的目标，就会有什么样的人生。

（三）信念坚定

工匠精神的践行还需要有坚定的信念作为支撑。信念就是对自己职业或事业乃至人生有坚定的信心。有什么样的信念，就有什么样的人生。信念是锤炼人们钢铁意志的熔炉，也能造就人们不断前进的意志，更是一种不屈不挠的坚持。

人生从坚定的信念出发，生活从选定的方向开始。信念是黑暗中的光亮，让我们在踌躇迷惘中找到自我；信念是一种心胸的豁达，因为锁定目标而不计较细枝末节。坚定的信念比成功本身更重要，人生只有难免的挫折，没有绝对的失败，很多成就来自决不妥协的信念。只要信念在，希望就在。信念是一种无坚不摧的力量，当人坚信自己能成功时，往往就能取得成功。

（四）勇担重任

工匠精神的践行需要勇于承担重任。很多工匠几十年如一日，坚守某一种技艺技能，就是为了做出精品和极品。托尔斯泰曾说过，责任是一种意识、一种精神、一种态度、一种超越能力的素质。责任更多地不是体现一个人的学识、水平和能力，而是体现一个人的品格，体现一个人的价值观和思想境界。所有伟大的或者成功的人物，一定具有强烈的责任感。一个没有责任感的人，即使是天才也绝对成就不了事业。

一个真正有责任感的人会努力地、不断地学习和全面提高自身的素质和能力；会客观地审视自我，不断改变自我、超越自我，从而更好地履行职责。工作意味着责任，无论你处于什么岗位。责任感会让你的潜力得到充分发挥，会使你克制一时的意气用事，会引导你改变不良嗜好、减少惰性，会让你分秒必争、放弃暂时的私利，会让你更加顾全大局，更具包容心、耐心甚至自我牺牲精神。

想要在工作中得到领导的重视和肯定，首先要具备的就是强烈的责任心。如果在工作中缺乏责任心，就有可能产生无法预料的后果。有些人因为缺乏责任心导致工作结果“差之毫厘，失之千里”。只有每个人都尽职尽责，各项工作才能顺利进行。承担的责任往往与能力相关，多一分责任感，就多一分回报；多一分责任感，就多一分竞争力。

（五）态度积极

态度是个人对他人、个人对事物、个人对现象等较持久的肯定或否定的内在价值倾向，比如喜爱某个人、反对某件事等。好的态度是成就大事的必备条件，一个人的态度决定了他能做到什么程度。在历史和现实中，由于对生活、学习、工作、事业抱消极态度而最后碌碌无为者不计其数，而抱积极态度不懈奋斗的最终成功者比比皆是。这都是由每个人的态度决定的。因此，可以说，态度决定着一个人的前途和命运。

成功者倾向于用积极的态度思考，用乐观的精神和丰富的经验掌控自己的人生。而失败者恰恰相反，他们的人生是受过去的种种失败与疑虑所引导和支配的。心理学家威廉·倍姆斯曾经说过，我们这一代人最伟大的发现就是，人类可以借改变心中的态度来改变人生。生活中那些成功者的最大特点，就是无论何时何地对于何事都能持有正确的态度，即使有时候态度不正确也能及时加以调整。

（六）习惯优良

工匠精神体现的是工匠的优良习惯。因此，工匠精神的践行必须建立在优良习惯的基础之上。有人说过，播下一种心态，收获一种思想；播下一种思想，收获一种行为；播下一种行为，收获一种习惯。好的习惯不仅能促使人成功，而且能改变人的命运。好的习惯可以使人受用一生。好习惯养成得越多，驾驭自己的能力就越强。

一个人最大的敌人是自己，改变坏习惯也是战胜自己和征服自己的过程。生活总是属于能战胜自己的强者，只有强者才能改变命运，是赢是输完全取决于你自己。形成一个习惯的重要方式是重复，为了养成好习惯，好行为必须重复。

一旦形成好习惯，我们就更容易实施计划和行动。只要习惯与目标一致，做习惯的主人，不做习惯的仆人，就可以彻底改变坏习惯，形成好习惯。

三、弘扬工匠精神

党的十八大以来，习近平总书记多次强调要弘扬工匠精神。党的十九大报告提出“弘扬劳模精神和工匠精神”，党的十九届四中全会也提出“弘扬科学精神和工匠精神”。在新时代大力弘扬工匠精神，对于推动经济高质量发展、实现“两个一百年”奋斗目标具有重要意义。

青年兴则国家兴，青年强则国家强，青年一代有理想、有本领、有担当，国家就有前途，民族就有希望。青年有工匠精神，我们的民族才能更好地发展。作为实现中华民族伟大复兴中国梦的主力军和有生力量的新时代大学生，在大学的学习生活中更应该正确体认、理解工匠精神，积极培育内化工匠精神，大力弘扬工匠精神。

弘扬工匠精神，可以培养新时代大学生崇尚劳动、勤于钻研的精神，增强其勇于创新、团结协作的本领，养成吃苦耐劳、精益求精、勤恳踏实的优秀品质，从而提高个人的职业能力和职业素养，提升自身的综合能力，达到全面发展。

（一）参加创新创业活动

伴随着我国“大众创业、万众创新”等一系列利好政策的出台，我们可积极响应国家号召，走上创新创业之路。我们在夯实理论知识基础、加强实训技能之余，应提高对实践环节的重视程度，在现有课堂学习的基础上，充分利用现有的实践环节，让自己走出课堂，多参加创新创业实践活动。只有通过实践亲身去体验，才能不断提升自身的创新创业能力。

（二）参与社团的活动

现今，很多学校会基于专业特长、兴趣爱好组建相关社团，旨在利用课余时间凝聚学生团队，建设学习型、创新型、研究型、大赛型科技社团。我们可根据自身特长和优势，深挖内在潜能和发展潜力，规划自己在学校中成为工匠型技术人才的发展路径，使自己成为“有兴趣、有潜质、有动力、有特长”的技能大赛参赛预选手。

（三）参加校企合作与企业顶岗实习

用好校外资源，积极促进工匠精神养成。积极参加学校组织的企业实习，主动体验职场环境，接受职场压力，按照正式企业员工的标准来要求、规范自己，感受企业文化，这是提高我们职业素养、培养工匠精神的重要方式。

（四）向企业导师学习

现代学徒制也称为新型学徒制，是融入传统学徒制的一种职业教育。它的培养方法强调教师亲身传授，师徒双方共同参与培养过程，企业师父承担传授和指导的责任，师徒共同学习技艺，并在学习过程中，与企业师父彼此之间通过心灵的交流、情感的传递，加深对企业文化的了解，感悟企业技术工匠的内在品质。

课后作业

1. 作为新时代的大学生，你认为应该通过哪些方式弘扬并践行工匠精神？
2. 根据本次课程所学习的工匠精神的内容，制作 PPT 介绍一名你敬佩的工匠。

劳动实践任务

一、劳动主题

工匠“养成记”

二、劳动目的

从身边的工匠、行业名师身上学习工匠精神，将工匠精神融入专业实训任务，践行并弘扬工匠精神。

三、劳动任务

1. 积极参加劳模精神、劳动精神、工匠精神进校园专题讲座，向榜样学习。

2. 探寻专业特长或兴趣点所在，设置专业实训计划，坚持打卡至少 21 天。

3. 制作短视频展示专业特长或兴趣点，通过短视频平台进行传播，影响更多人。

4. 教师通过“实践啦·劳动在线”特色应用程序发布劳动任务，学生可至程序中接受劳动任务、提交劳动成果，并完成师生互评。

四、考核评价标准

1. 参与劳模精神、劳动精神、工匠精神进校园专题讲座并撰写心得，占 30%。

2. 完成专业特长或兴趣点 21 天打卡，占 30%。

3. 完成短视频制作，并获得 200 人次以上的浏览、转发或点赞量，占 40%。

五、劳动设计

1. 参与专题讲座的记录（含时间、地点主题）

____

____

2. 专业特长或兴趣点

____

____

3. 专业实训计划

____

____

____

六、劳动成果

1. 劳动成果展示

（1）将劳模精神、劳动精神、工匠精神进校园专题讲座的内容、心得记录如下：

（2）将专业实训任务 21 天打卡记录如下：

（3）专业技能（特长）短视频主题及链接记录如下：

2. 劳动心得

结合本次劳动体验，谈谈对工匠精神的理解。

第三篇

懂得劳动

懂得如何劳动，体会社会主义社会平等、和谐的新型劳动关系。

第六章　劳动心理

学习导航

目标分类	具体内容
知识	1.了解劳动心理学的概念 2.了解劳动心理学中的重要历史事件及相关基础理论
能力	1.掌握基本劳动心理学知识 2.学会判断自身相关心理现象
素养	1.学习并掌握压力管理方法 2.拥有阳光、健康的劳动心理素养
课程思政	了解中国特色新型和谐劳动关系，引导学生树立科学、积极的就业观

案例导读

一个上海白领的工作日志

每天清晨，当地铁 2 号线穿过黄浦江，在车厢里便随处可见这样一群男青年：背着黑色电脑包，穿着不知品牌的深色夹克，头发有些乱，眼睛有些肿……有人把这时的地铁称为“张江专列”。

张江高科技园区集中了大量软件、半导体、医药公司，有超过 6 万多名年轻人每天在这里上下班，男性占了绝大多数。早上 7 点半，小凡准时站在五角场大桥五线站牌下。从他的住处到张江，大桥五线是唯一的公交车。不少外地同事在离公司只有 10 分钟车程的张江镇租房子住，可他不愿意，因为他觉得公司那一带已经什么都没有了，再住在那里，完全不觉得自己是在上海。他宁可住在五角场，与两个同学一起合租一套三室一厅，离他毕业的大学不远。但大桥五线是那样一辆令人胸闷的公交车！半小时一班，好不容易挤上去，大家前胸贴后背，一车张江的男男女女，有人睡觉，有人化妆，五角场蛋饼的香气混着人气弥漫开来。不是不可以拼车，张江的论坛上也热火朝天讨论过一阵，但小凡出一趟“短差”就要半个月，拼车“搭子”总也固定不下来，只得作罢。小凡在一家著名IT软件公司任职，同事大都名校毕业。薪水不错，应届生进门就拿5500元月薪。但公司好，业绩高，压力自然也大。作为软件工程师，小凡的一大部分工作就是飞去外地帮客户现场调试安装软件。短则三五天，长则半年。出差补贴是每天120元，出租车票另报。3年做下来，存折上的数字逐渐增长，他也不爱乱花钱，总是说趁年轻多攒点，不然怎么买得起上海的房子。如果交了女朋友，也可以向领导要求少出差。不过前提是“有人愿意协调”。好在大家都是男人，到了这时，总有单身男挺身而出，小凡就是这样的模范。那些结了婚的人，出差可免，加班就难逃了，有一个同事至今过着“周末夫妻”的生活：自己租房住在张江，老婆住在闸北，等到周末才能回家团聚。

一个人的圣诞节：这一天，小凡的工作结束得比较早，6点钟下了班，被同事拉着去新天地泡吧。这是他第一次泡吧，所以小凡显得相当活泼、兴奋。“我起码比我的同学好，他毕业后进了医院，周围全是漂亮的小护士，起先还有热心大姐张罗着牵线搭桥，可每次都很快被女孩打回票。时间一长，大姐看见他当作不认识。为什么？因为他根本不知道该带女孩子去哪里！”小凡跟他建议说去环艺看电影，他问环艺在哪里？告诉他在梅龙镇，他又问，梅龙镇在哪里？南京西路陕西路，那又是在哪里？他只认得两个地方，一个叫家，一个叫医院，天天骑自行车上下班，连地铁都不知道怎么坐。也许是酒精上头，回到家，小凡觉得有点累。“上班时一直对着计算机，即使准时下班也经常觉得很累，就想回家去，更不要说还要经常加班了”。至于健身，那得趁三五个同学都不出差，聚在一起才能回学校打场篮球。他晚上的娱乐通常是上网、看书、泡论坛。其实，小凡天文、地理、历史样样精通，但是在这城市里，小凡仍然找不到方向。

资料来源：张杉杉．劳动心理学[M]．北京：中国劳动社会保障出版社，2011.

案例分析

近年来，随着全球化竞争时代的到来，经济、科技飞速发展，知识经济勃兴，高技术企业迅猛发展，人们的工作、生活节奏越来越快。数字时代海量信息的冲击、人口爆炸带来的严峻就业形势、生态环境的恶化、纷繁复杂的诱惑和选择、对职业发展和企业前景的疑惑及未来社会政治经济发展预期的不确定性，都使劳动者的心理健康问题越来越突出，心理亚健康、不健康等现象越来越普遍。

案例思考

从上述文字中，你能看到哪些心理现象？它们对员工的工作和生活产生了什么影响？或者将会产生什么影响？

第一节　劳动者个体心理健康与压力管理

一、心理健康概述

古今中外，人们一直在用不同的语言表达着对健康共同的向往：健康是人生第一财富，健康与智慧是人生的两大幸福，健康就是美，等等。拥有健康是人们最大的愿望。但什么是健康呢？在这个问题上，长期以来，人们一直存在着许多认识上的误区。关于什么是健康，很多人也许脱口而出："没伤没病，能吃能睡，就是健康"。健康就是没有疾病或仅限于躯体健康是人们普遍的看法。

（一）健康的含义

1948 年，联合国世界卫生组织（WHO）成立时，在其宪章中开宗明义地指出健康不仅仅是没有疾病，而且是身体上、心理上和社会上的完好状态或完全安宁。1989 年又把健康定义为"生理、心理、社会适应和道德品质的良好状态"。在此，我们可以看出，健康不仅仅是"没有疾病和虚弱感"，而应该是"身体、心智和人际关系三者都处于最佳状态"。

（二）心理健康的含义

心理健康（mental health）与心理卫生（mental hygiene）两者并无明确的界限，两词可以通用，是一门促进心理健康与防治心理疾病之原理与技术的科学。心理健康的概念是由心理卫生的概念延伸过来的，就词义来讲，"卫生"一词（英文为"hygiene"）是从古希腊神话中健康女神"hygeia"的名字演化而来的，其原意就含有"健康"之意。现在，心理健康和心理卫生在英文里都是"mental health"。在含义上，心理健康通常指一种积极健康的心理状态，而心理卫生则指一切维护心理健康的活动及研究心理健康的学问，具体包括以下三方面：

（1）心理健康或心理卫生是一门学科或理论体系。

（2）心理健康或心理卫生泛指身心健康状态。以往说起心理卫生，会立刻联想到心理不健康甚至心理疾病，这是不正确的观念，心理卫生工作也不是以已经有病或已有不良适应行为的人为对象，而是以一般人、每一个健康的人为对象的。

（3）心理健康或心理卫生是一种服务工作，心理卫生的理论知识必须从日常生活中去实践，才能达到心理疾病预防与增进健康的效果。心理健康的服务体系，就广义而言，是指社会大众心理保健及精神治疗的服务体系；狭义而言，是指未达医疗程度的预防性质的服务工作。以上三方面互为一体、相辅相成。

（三）心理健康的标准

1946 年第三届国际心理卫生大会曾为心理健康下过这样的定义："所谓心理健康是指在身体、智能以及在感情上与他人的心理健康不相矛盾的范围内，将个人心境发展成最佳状态。"大会还具体指明心理健康的标准是："身体、情绪十分调和；适应环境，在人际关系中能彼此谦让；有幸福感；在工作和职业中，能充分发挥自己的能力，过有效的生活。”

二、劳动者心理问题产生的原因

概括起来，劳动者心理问题主要源于以下五方面。

（一）职业压力

职业压力是劳动者在职业生涯中受到令个体紧张、感受到威胁性的刺激情境或事件，由此而产生持续性紧张的情绪、状态。现代企业为取得和保持竞争优势，对员工的要求越来越高，员工常常面临着巨大的工作负荷、同事间的激烈竞争、紧张的工作气氛、不进则退的不敢懈怠乃至非人性的工作环境、高危险性的工作岗位，以及对时间分配的失控、对知识飞速更新的惶恐、对信息爆炸的应接不暇、对社会快速变迁的不适应。移动通信、个人计算机、互联网的出现正使人们的工作方式发生着巨变，手机、笔记本电脑、电子邮件、无线上网等现代 IT 技术和设备使专业人士的心理承受着全天候的工作压力。

（二）人际关系焦虑

在组织内，有些劳动者往往由于无法处理好与客户、上下级和同事的人际关系，或者由于遭到性骚扰、打击报复等，或者不善于在工作和生活中建立起良好的人际关系网络而产生心理焦虑。这表现为恐惧、无助；对人冷漠麻木，冷嘲热讽，缺乏同情心；不信任他人，动辄责备迁怒，反应过度；与他人刻意保持距离等。

（三）工作倦怠

工作倦怠又称职业枯竭，表现为心理疲劳、情绪冷漠、玩世不恭、丧失成就感和工作动力。原因主要在于劳动者个人感到职业生涯前景黯淡，工作单调重复，缺乏创造性；或对组织文化、发展理念、工作环境、管理机制及个人待遇不认同。出差太多、工作枯燥、工作量过大、工作责任不明确、工作缺乏自主性、不能参与决策、分配机制不合理、奖惩失当、升迁机会少、管理者方法偏颇等因素都容易导致劳动者工作倦怠。

（四）突发事件的心理冲击

企业裁员、丑闻、兼并、重组、濒临破产、自然灾害、恐怖事件、流行疾病、社会变动、安全事故等，都会给劳动者带来心理冲击，特别是同事在突发事件中的伤亡会造成其他员工极大的心理震动。例如，美国“9·11”事件、东南亚海啸等，使许多劳动者的情绪陷入低潮，感到恐慌、迷茫。

（五）个人生活的心理危机

个人生活中的一些困难，如身体健康欠佳，恋爱失败，法律纠纷，家庭暴力，夫妻关系紧张，分居或离婚，家属疾病或伤亡，子女成长挫折，经济负担过重，家庭财务窘迫，对失业和收入下降的恐惧，对多样化选择的不知所措，来自家庭的过高期望，自我评价的标准及与人比较的方式有欠客观，由于工作占用精力、时间过多而对家庭和朋友产生的愧疚等，都会影响劳动者的心境。

三、劳动者个体的身心疾病与治疗方法

近年来大量调查资料证实身心疾病已成为危害人们健康的主要疾病。知识分子思维比较活跃，长期从事脑力工作，更容易受身心疾病的影响。身心疾病对人类的危害巨大，许多专家与学者近 50 年来的临床观察与研究发现，身心疾病已成为严重危害人类健康和导致人类死亡的重要原因。据卫计委统计，我国慢性病（身心疾病）死亡占全部死亡的 80% 以上。

（一）情绪人格与身心疾病的关系

临床上把久治不愈、长期影响人们身心健康的疾病都归于身心疾病的范畴，诸如高血压、冠心病、心肌梗死、糖尿病、甲亢、哮喘、癌症等。劳动者由于心理问题导致的心理疾病现象主要有以下几种。

（1）心理疾病：抑郁症、焦虑症、心理疲劳、心力衰竭等认知和情绪病态，主要表现为失眠、心悸、易怒、健忘、沮丧、烦躁、自卑、悲观、逆反、自闭、神经质、怨天尤人、注意力分散、高挫折感和不安全感、人际障碍、与社会隔绝等。

（2）身体疾病：疲惫、偏头痛、食欲下降、消化不良、背部痉挛、恶心呕吐、月经失调、内脏器官病变、免疫系统紊乱等。

（3）行为扭曲：吸毒、酗酒、暴食、开快车、婚外情、不修边幅、沉溺网络和电子游戏、攻击行为、自杀倾向等。

情绪对人类的健康影响重大，为了减轻身心疾病对人类的危害，我们可以做如下预防工作：一是加强对不良情绪危害性的认识，学会自我调控，减少不良情绪出现的概率；二是加强心理卫生知识的教育和宣传，提高心理素质。

（二）心理治疗的方法介绍

（1）精神分析疗法。精神分析理论由弗洛伊德所创立，其内容庞杂，包括潜意识理论、人格理论、性欲理论及精神防御理论等方面，精神分析疗法由此而来。

（2）来访者中心疗法。来访者中心疗法由罗杰斯创立于 20 世纪 50 年代。这一疗法特别强调建立具有治疗作用的咨询关系，以真诚、尊重和理解为其基本条件。罗杰斯认为，当这种关系存在时，个人对自我的治疗就会发生作用，而其在行为和人格上的积极变化也会随之出现。所以，心理咨询人员应该与来访者建立相互平等、相互尊重的关系，这样可以使来访者处主动地位，学会独立决策。

（3）理性情绪疗法。理性情绪疗法由美国心理咨询专家埃利斯创立于 20 世纪 50 年代。理性情绪疗法的目的在于帮助来访者认清其思想中的不合理信念，建立合乎逻辑、理性的信念，以减少个人的自我失败感，对个人和他人都不再苛求，学会容忍他人。

（4）行为疗法。行为疗法源于行为主义理论，它强调通过对环境的控制来改变人的行为表现。其理论基础包括俄罗斯著名生理学家巴甫洛夫的条件反射理论以及美国著名心理学家桑代克和美国著名心理学家斯金纳等人的操作性条件反射学习理论等。行为疗法的常见疗法包括系统脱敏疗法、松弛疗法、模仿学习、自勇训练、厌恶疗法、强化疗法、放松疗法等。其核心均在于控制环境和实施强化，使来访者习得良好行为，矫正不良行为，重塑个人形象。

（5）现实疗法。现实疗法由格拉瑟创立于20世纪60年代。现实疗法重视现在超过重视过去，强调过去的事实无法改变，因而应将眼光放在现在与将来的发展之上。它主张咨询者在协助来访者面对个人的痛苦、失败历时，要帮助他看到个人的潜能及以往的成功经历，从而认识到生活中还有许多美好的东西存在，可供自己选择和享用。

（6）格式塔疗法。格式塔疗法由佩尔斯创立于20世60年代。在咨询手法上，格式塔疗法特别强调帮助来访者由“环境支持”转向“自我支持”，以使来访者从一开始就不依赖他人，尽量挖掘个人的潜能。

（7）认知领悟疗法。认知领悟疗法源于霍姆关于人的内隐行为是人心理学的操作者的观点。认知领悟疗法很强调来访者对自己的问题症结中的非理性、非逻辑观念的深刻领悟，并以此来帮助来访者重新认识、评价自我，建立合乎情理的认知模式，摆脱非理性观念对自我的干扰。

（8）交互分析疗法。交互分析疗法由伯尔尼创立于20世纪50年代。心理咨询的目的在于使来访者成为一个统合之人，使个人从“父母式自我”与“儿童式自我”的交互模式中解脱出来，增强“成人式自我”的效能，而不再受他人的支配。由此，学会与人建立亲密的人际关系，并在交往中学会自我反省，是交互分析疗法的核心任务之一。

（9）生物反馈疗法。应用现代设备，有间隔地不断提供给人特殊生理过程的信息（如肌电活动、皮电活动、皮肤温度、心率、血压、脑电等）。这些过程受神经系统的控制，这种生物加工的信息，被称为生物反馈。在临床上多用于治疗身心疾病，如用于心血管系统的生物反馈训练，对高血压病人可用血压生物反馈来训练病人自我调节血压的下降；对心律不齐的病人可用脉搏的生物反馈来改变心律不齐的症状。生物反馈还可用来消除疼痛，调节肌肉松弛。生物反馈治疗即通过电子仪器将肌肉、脑电、心律等电活动放大并译成，以视觉或听觉形式显示出来，多次训练达到松弛、调节的作用。

（10）森田疗法。森田疗法由日本东京慈惠会医科大学森田正马教授于1920年创立，是一种顺其自然、为所当为的心理治疗方法。森田疗法主要适用于治疗神经症、植物神经失调等身心疾病。几十年来，经森田的后继者的不断发展和完善，森田疗法已成为一种带有明显的东方色彩，并被国际公认的、有效实用的心理疗法。

第二节　劳动者个体的压力管理

一、压力和压力管理的含义

（一）压力

1. 压力的具体含义

压力最初是物理学的概念，是指由于外力作用而导致的物体变形。直到20世纪初，医学界才有了压力的概念，被译为应激，指个体面对刺激时，为求重新恢复正常状况所做出的反应。心理学领域除译为压力、应激外，也译为紧张。坎农（Cannon）将压力定义为使人感到紧张的事件或环境。20世纪80年代中期拉扎勒斯（Lazarus）和弗克曼（Folkman）认为压力不单指外部刺激事件，也不单指机体对其的反应，还指个体对环境认知评估的动态过程。目前，多数心理学的压力研究是在这一意义上使用“压力”概念的。在美国“国家健康学会”举行的压力研讨会上，研究者们把压力定义为“一种不和谐的状态或被威胁的动态平衡”。

我们把压力定义为一种个体感到需求与自己满足那种需求的能力之间出现不平衡时所产生的感受。如图6-1所示，压力与工作绩效的关系曲线呈倒U形，在压力曲线上有个最佳点，即处于一定压力下，工作绩效最佳。如果个体的压力达不到这个最佳点，就难以取得较高的工作绩效。

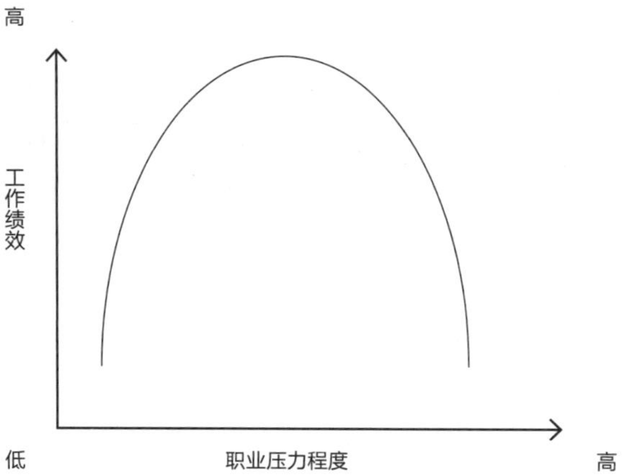

图6-1　压力与工作绩效的关系

压力包括压力事件，个体对压力事件的认知、评估，由压力事件引起的个体生理和心理反应。那些来自内部和外部的引起压力的各种事件被称为压力源。压力源通常分为急性压力源和慢性压力源，按性质又可分为生物性压力源、心理性压力源和社会性压力源。生活中任何会让我们担心、难过、紧张的事件都可能成为压力。这些事可以是身体方面的或情绪方面的，正面的或负面的，突然发生的或长期有在的，能控制的或无法控制的任何变动、琐事或要求。

2. 压力的来源

身体：身体生病或身体衰老，功能退化等。

家庭：不同的需求或动机相互冲突（独立与依赖、亲密与疏离的对立，如争吵、批评、拒绝、过度保护），重大生活事件（如生病、死亡、出生、失业、结婚），经济困难等。

工作：任务方面（资源条件不佳、任务过重、任务多样化），角色方面（角色负担过重、角色混淆），人际关系（与主管及同事的关系相处不好），组织结构（呆板、晋升通道不畅），对工作不满意，失业等。

社会环境：经济不景气、社会变迁、噪声、空气污染、交通阻塞、拥挤、治安差、政治经济不稳定等。

个人能力与期待：解决问题能力、人际关系技巧、理想、需求、期待、爱竞争、急性子、完美主义、思想缺乏弹性、孤僻等。

生活方式：生活形态不平衡，如作息混乱、饮食不均衡、睡眠不足、抽烟、喝酒、不运动等。

3. 压力引起的身心反应

如果压力未适当回应或者身心反应未适当调节，久而久之将伤害神经、内分泌、消化、呼吸、心脑血管、免疫等系统，导致患病。一般与压力有关的疾病包括：①神经系统疾病，如偏头痛、风湿性关节炎、紧张性头痛、背痛、焦虑症、忧郁症；②内分泌系统疾病，如月经不调；③消化系统疾病，如溃疡、肠道发炎；④呼吸系统疾病，如气喘病、花粉热；⑤心脑血管疾病，如高血压、中风、冠状动脉心脏病；⑥免疫系统疾病，如癌症、湿疹、荨麻疹、干癣、过敏症。有些人因为患有上述疾病四处求医，如果仍找不出身体的病因，其病因则可能出现在心理或精神方面。所谓“心病需要心药医”，要在治病的同时进行心理上的调适。

（二）压力管理

压力管理就是将人的压力程度调到最佳点，以达到最佳绩效，同时避免受到与过度压力有关的心理与身体伤害的过程。

压力本身并没有绝对的好与坏，人们对压力的正负面评价会因为需求、价值观、性格而有所不同。有些人喜欢刺激，而些人则安于现状。喜欢刺激的人追求变动，如果生活当中压力指数太低，就会感到无聊；安于现状的人追求稳固，对于生活压力指数的变动比较敏感。心理压力的强度，受到下列因素的影响：事件的可预测性、事件的可控制性、事件的重要性、事件受欢迎或厌恶的程度、应对技巧好坏、外在资源与可利用度。如果事件不太重要，可预测性高，容易控制与处理，一般人都会喜欢，个人的应对技巧好，外在可运用的资源足够，则压力会比较小。

压力有积极的一面，适当的压力往往是一种动力，可提高机体的反应、挖掘个体潜能、提高活动效率和工作满意度等。但研究表明压力的消极作用大于积极作用，对个体施加过大的压力或长期处于压力下，就会导致工作绩效的迅速降低，出现倦怠和缺乏责任心以及引发各类身心疾病等。

1. 消极方面的作用

第一，生理方面：过度压力可导致下腰部肥胖、新陈代谢紊乱等；压力可引发忧郁症、心脏疾病、癌症、头痛、肌肉疼痛、疲倦、失眠、肠胃失调等；工作压力对工作者的健康造成很大的损害，50%~80% 的疾病与心理疾病或压力有关。

第二，心理方面：过度压力可引发焦虑症。焦虑是个体对当前或预计到对自尊心有潜在威胁的任何情景所具有的一种类似于担忧的反应倾向。紧张也是压力所导致的消极后果之一，往往因对压力无效应付而产生，它会引发自我评价降低、挫折感、肌肉紧张、心不在焉等。更为严重的是，紧张状态还会导致工作倦怠等。

第三，行为方面：过度压力可导致行为上的改变，主要表现为注意力低、生产力下降、工作安全出现问题等。最终会导致员工旷工、滥用病假、离职、士气低落等。工作方面的压力导致美国每年花费 3000 亿美元投到健康保护、失业人员救护、降低压力等项目上。跳槽现象导致我国香港商界损失高达 39 亿港元，直接削弱了企业与其他地区企业的竞争力。员工的工作表现不仅直接影响公司的生产力及利润，而且间接影响国民生产总值。

2. 积极方面的作用

当人或组织感觉到压力时，会有意识地调整自己，以适应这种变化，无形中这种压力变成了发展的动力。压力能激发创新，在美国的一项调查中，74% 的人认为，在压力下他们会有更好的绩效。

第一，压力可以促使组织成员寻求得到最佳绩效的调试方法。①能快速地评估情境、提出相应策略；②专注于亟待解决的任务，稍后再做不太急的任务；③坚持规章制度，把精力放在可以影响结果的情境中；④从同事处得到资源支持；⑤会把任务交付给组织中更胜任的成员。

第二，压力可以催化成熟。有了压力，人就会思考如何应对变化，这是一个过程。在这个过程中，人要比较、学习、反思，从而得出结论，这就使得人们对问题的看法由不成熟到成熟。组织也是如此。一个组织要面对各种变化，在应对这些变化的过程中，组织要不断总结经验，不断解决难题，从而不断走向成熟。

第三，压力是完善的管理制度的催化剂。由于管理制度的不完善，会造成管理疏漏、懈怠，从而影响组织的运行效率。若高层管理人员目光敏锐，洞察到这些不足，就会感到压力。因此，他会积极地做出调整，以改善现状。

第四，适度的压力水平可以使人集中注意力，提高忍受力，增强机体活力，减少错误的发生。

二、EPA服务

20 世纪 80 年代以后，压力管理有了更为系统和科学的方法，并得到了很多大企业的认可。职业压力管理不仅是针对企业员工的身心健康和绩效进行预防和干预的系列措施，而且是企业职业压力的管理体系和方法。通常这种管理体系以企业为核心，同时十分注重企业员工的个体性。一个完整的职业压力管理办法包括压力评估、组织改变、宣传推广、教育培训和压力咨询等几项内容，是一个完整的科学系统。

EAP 是英文“Employee Asistance Program”的缩写，直译为“员工帮助计划”，是由组织为其成员设置的一项系统的、长期的援助和福利计划（见图 6–2）。通过专业人员对组织的诊断、建议和对组织成员及其家属的专业指导、培训和咨询，帮助组织成员及其家属解决心理和行为问题，以维护组织成员的心理健康，提高其工作绩效，并改善组织管理。

图6–2　EPA图标

日本政府每隔五年的压力普查表明，20 世纪 80 年代以来，日本国民的压力持续上升。由于日本经济滑坡，企业大量裁员，对员工心理造成很大的压力和影响，由此出现了自杀和抑郁症等严重问题。这使得 EAP 在日本成为非常重要的服务，在日本一些企业中出现的爱抚管理模式就是其中之一。一些企业设有放松室、发泄室、茶室等，以缓解员工的紧张情绪。另外，积极制订员工健康研修计划，也是日本企业帮助员工克服身心方面疾病的举措。

现在，EAP 已经发展成为一种综合性的服务，其内容包括压力管理、职业心理健康、裁员心理危机、灾难性事件、职业生涯发展、健康生活方式、法律纠纷、理财问题、饮食习惯、减肥等多个方面，全面帮助员工解决个人问题。解决这些问题的目的在于使员工纷繁复杂的个人问题得到解决，减轻压力，维护其心理健康。研究表明，EAP 的实施可以大幅度降低员工的医疗费用，减少由健康原因造成的一系列影响工作的问题，从而降低组织的人力资源成本，实现组织效益的最大化。

第一，事先的调在和诊断。目前，中国科学院心理研究所已经有了专门的压力管理咨询服务。该项服务多采用“工作生活平衡及压力管理”咨询方法，包括深度访谈、团体焦点访谈和问卷调查，以及与工作主题专家（SMES）进行访谈和团体焦点访谈等，以了解个体的职业压力状态和工作、生活平衡状态。

第二，咨询服务工作的推动。主要通过维持生活平衡来管理压力。首先，要找出员工的心理需要，之后制定出相应的政策，通过宣传使大家了解管理措施，扩大计划的实施范围，提醒人们了解压力管理方法的重要性，并应用于工作和生活的实践中。其中，组织管理层的态度至关重要，他们应不断地支持和鼓励员工去主动适应环境，通过不断评估自己的工作生活现状，找出应对、调试的方法。此外，还应向管理层提供相应的培训，使他们掌握正确的工具、技巧和方法，推动组织压力管理有效措施的落实。

第三，设计出量身定做的咨询服务。具体的内容包括工作压力现状诊断、工作压力管理训练，并根据学员情况提出改进措施，这些措施主要在组织内部进行。目前，中国科学院心理研究所时勘博士课题组与香港岭南大学箫爱玲教授已经在压力管理咨询方面开展了全面合作，在香港、北京、上海、沈阳等地成功展开了企业高层管理者和员工、科研管理单位的压力管理与合作性学习模式的咨询，取得了很好的效果。

三、劳动者心理健康需要投资

人力资本投资虽然是针对个体的投资，但投资主体却分为三类：政府和社会投资、企业投资、个人和家庭投资。政府和社会组织对公众的心理健康投资，目的是提高一个国家或一个地区劳动者的心理素质以及维护公共福利，其收益是总体的经济增长、社会财富的增加和社会公平的实现；个人和家庭投资主要是劳动者参加心理培训、心理保健和心理治疗，以此提高就业能力和收入水平。

拓展阅读

生活中调节压力的方法与技巧

1. 识别你的压力源

（1）注意到你的忧伤，不要忽视它，不要掩饰你的问题。

（2）找到是什么事情使你忧伤，并问自己这些事的意义是什么。

（3）弄清你的身体对这些压力的反应是什么，你变得神经紧张和生理紊乱了吗？如果是这样的话，是怎么紊乱的？

2. 看看你能改变什么

（1）你能完全避免或消除你的压力源吗？

（2）你能减少压力的频率吗（比如过段时间再去理会它们，而不是一天或一周理会一次）？

（3）你能减少面对压力的时间吗（休假等）？

（4）你能拿出必要的时间来做一下改变吗（设定目标、时间管理技术、延迟满足策略在这里也许有用）？

3. 减少你对压力的情绪反应强度

（1）对压力的反应是由你对潜在危机的预计所引发的，如身体的危机或情绪的危机。你是否把你的压力源可能带来的负面影响夸大了？如果是，你是否处于一个困难的处境中并把它看成灾难？

（2）你是否希望取悦每一个人？

（3）你是否会反应过度或把事情看得绝对重要或紧急？你是否觉得你在任何情况下都必须成功？

（4）试着用一种缓和的视角看问题，试着将压力看成是你能处理好的东西，而不是控制你的东西。

（5）试着调和你多余的情绪，用长远的眼光来看待你目前的处境。不要聚焦于事情不好的一面或一直后悔，心想："如果……就好了"。

4. 学会调节面对压力时的身体反应

（1）缓慢而深深地呼吸能使你的心率和呼吸回到正常水平。

（2）放松技术可以减少肌肉的紧张度。电子生物反馈可以帮助你获得对肌肉紧张度、心率和血压等的自主控制。

（3）单靠药物调节你的身体反应是不够的，学会自己调节才是最好的解决方法。

5. 构筑你的身体储备

（1）为了你心血管的健康，每周锻炼 3~4 次（适度的、长时间而有节奏的练习是最好的，如步行、游泳、骑自行车或慢跑）。

（2）均衡的、有营养的饮食习惯。

（3）保持你的理想体重。

（4）避免尼古丁、过量咖啡因或其他刺激物。

（5）休闲和工作并重，适时休假。

（6）保持睡眠充足，尽量和你的睡眠规律保持一致。

6. 构筑你的情感储备

（1）发展一些可以相互支持的朋友关系。

（2）追寻一些对你有意义的现实的目标，而不是那些别人为你设置而你并不喜欢的目标。

（3）像一个绅士一样对自己好一点——成为自己的朋友。

其中，每个人内在的自我强度与外在的支持资源和抗压度相比较，个人应对技巧越好、自我强度越高、可运用的外在资源越多，则抗压性越高。适中的压力会激发人们的最佳潜能。适中的压力指的是压力指数比抗压力稍微高一点，也就是胜任的任务要求比自己现有的能力稍微高或者困难一点。因此，要预防并减轻压力对身心所造成的影响，就有必要对压力进行适当的管理。进行压力管理有两个原则：一是防患于未然；二是及早发现，及早处理。

课后作业

1. 简述劳动压力的积极与消极两方面的含义。结合实际谈谈区分它们有什么现实意义？

2. 什么是 EAP？它的应用前景如何？

3. 有效进行压力管理的方法与策略有哪些？

劳动实践任务

一、劳动主题

正念训练

二、劳动日的

懂得调节并保持良好劳动情绪，学会做充满正能量的情绪劳动者。

三、劳动任务

1. 学生参照下述 5 个正念训练项目，完成正念训练体验。

2. 学生撰写正念训练后感想 300 字左右，并通过“实践啦·劳动在线”特色应用程序上传劳动成果、训练感想。

四、考核评价标准

1. 认真完成正念训练，完成度高，占 40%。

2. 提交正念训练感想，反思深刻，占 60%。

五、劳动设计

正念训练

“正念”最初源于佛教禅修，是从坐禅、冥想、参悟等发展而来的一种自我调节的方法。卡巴金将其定义为一种精神训练的方法。在这种精神训练中，强调的是有意识地觉察、将注意力集中于当下，以及对当下的一切观念都不做评判。因此，正念就是有目的地、有意识地关注、觉察当下的一切，而对当下的一切又都不做任何判断、任何分析、任何反应，只是单纯地觉察它、注意它。

正念因为对于人们的心理问题具有很好的疏通作用，因此，在现代心理学中，正念被发展成了一种系统的心理疗法，即正念疗法。在所有的练习中，你都需要找到一个安静、温度适宜的空间，确保自己不受打扰，然后找到一个优雅、舒适、警醒的姿势坐好。

练习一：正念呼吸，进入当下

请找到哪个身体部位的呼吸是最明显的。如果是鼻端，感受气息流进流出的感受；如果是胸部，感受气流进出时胸部的起伏变化；如果是腹部，感受腹部随着气息进出的胀缩感……当你确定这个部位之后，你需要做的就是去觉察呼吸给这个部位带来的感觉，不要变换其他部位。不要去数气息，也不要去控制它，不要去调节它。

你会发现，坚持不到几秒钟，注意力就会从呼吸上离开。别急，不要做好坏评判，接受你很难集中注意力这个现状，平静地将它重新带回到呼吸上。下次如果继续走神，继续带回来即可。

练习二：身体扫描，聆听身体

这个练习，你需要做的只有一个，感受你的身体每一个部位。这个练习可以躺着，如果躺着容易睡着，睁开眼睛也行。

想象你的觉知就像一道柔和的光束，从头顶开始，慢慢向下移动，从头顶到额头、眉毛、眼睛、双侧的太阳穴、耳朵、面颊、鼻子、嘴、下巴、脖子、胸腔、腹部、背部、双臂、手指、肌肉、骨骼、腹腔、臀部、小腿、脚掌、脚趾等。

总之，让这束觉知之光照进你身体的每一个地方，从上到下，从下到上，从外到里。身体的感觉有很多种，冷、热、痒、麻、痛、干、湿、紧绷、放松等，如果你觉得没有感觉，这也是一种感觉。

练习三：观念头

念头并非事实念头本身，如同呼吸和身体感觉一样，可以成为正念的联系目标。

首先，请留意一下你的呼吸，可以做三次深长的呼吸，深深地吸气、缓缓地呼气。接着，将注意力带到念头上。我们一天会产生6万多个念头。需要做什么？观察念头的出现、变化和消失。当一个念头出现的时候，有意识地将注意力带向它，并对它进行具体的命名，比如“早晨在河边天微微亮一个人跑步”，或者按照念头的类型来命名也行，如“计划”“回忆”“幻想”等。

练习一下你就会发现，念头一旦被命名，就会松动、瓦解、消失。留意你的命名和念头消失的过程，然后把注意力重新带回到呼吸或者身体感受上来。

练习四：观情绪、与情绪共舞

深呼吸，并回到放松的状态。带着好奇心和耐心去觉察你的情绪变化。有时候你会觉察到一种情绪，有时候可能会有很多种情绪一起涌出，如喜悦、满足。或者有时候基本没有什么情绪，如无聊、麻木等。你需要给你的情绪去命名，如果你能给每一个觉察到的情绪进行清晰的命名，就能驾驭你的情绪。当你觉察到强烈的坏情绪和消极情绪时，请不要评判，接纳它的存在就好了。在情绪出现的时候，通常会带来相应的身体反应，如愤怒时候脸会发烫、心跳加快，恐惧时身体紧缩。你需要觉察情绪以及情绪带来的身体状态。

练习五：三步呼吸空间：忙碌中的回归

这是一个非常经典而又相对简洁的正念冥想练习，是牛津正念中心的Mark Williams教授及其同事制订的一个练习，也是正念疗法中最重要的练习。这个练习，也被叫作三分钟呼吸空间练习。只需要在你一整天的忙碌生活和工作中，花上三五分钟的时间来练习。然后带着这份拓展的觉知，与更大的世界相连。

首先，进入放松的状态，并深呼吸。第一步：问自己，我现在体验到了什么？尽可能地留意你头脑中的念头。此刻有什么样的情绪升起？对这些情绪开放客观地对待，不管它是愉悦、中性还是消极的。你的身体感受又是怎样的？

其次，保持5秒钟静默。第二步：请集中所有的觉知，将注意力放在腹部，放在呼吸给腹部带来的感觉上。

最后，保持25秒钟静默。第三步：将你对呼吸的觉知拓展开来。除了感受呼吸给腹部带来的感觉之外，也感受身体的整体感，如你的姿势、你的面部表情、你的胸部、你的腹部、你的臀部、你的双手，从内心去感受这些。

现在，尽可能地将这份宽广、浩瀚、接纳的觉知带到一天里的每一个时刻，无论你在何处，无论接下来你要做什么，让这样的觉知自然地展开。

六、劳动成果

1. 劳动成果展示

将正念训练的过程和照片记录如下：

2. 劳动心得

结合本次正念训练体验，谈谈对劳动心理的理解。

第七章　劳动安全

学习导航

目标分类	具体内容
知识	1.认识劳动安全的重要性 2.了解劳动风险及事故种类、职业病与职业病防治法
能力	1.能够意识到劳动安全的重要性 2.能够列举劳动风险及事故种类 3.具备安全事故的防范及应急处理能力
素养	具有良好的劳动安全素养、安全生产、规范意识
课程思政	将劳动安全与实习实训、职业发展相结合，强化学生规范意识、质量意识、品质意识，凝聚青春力量，鼓励大学生从事高质量劳动，践行工匠精神，建功新时代

案例导读

湖南：切实把劳动者身体健康和生命安全放在首位

高温天气防暑降温和劳动保护工作直接关系到劳动者的身体健康和生命安全，近日，湖南省人社厅发布《关于做好暑期高温天气劳动者权益维护工作的通知》（以下简称《通知》），明确要求各地扎实做好高温天气防暑降温和劳动保护工作，切实保障劳动者权益。

《通知》明确，用人单位安排劳动者在35℃以上高温天气从事室外露天作业以及不能采取有效措施将工作场所温度降低到33℃以下的，应当向劳动者发放高温津贴。高温津贴纳入工资总额，不包括在最低工资标准范围内。用人单位为劳动者提供的防暑降温饮料和必需药品不得充抵高温津贴，不得因高温天气停止工作、缩短工作时间而扣除或降低劳动者工资。加强女职工和未成年工保护。用人单位不得安排怀孕女职工和未成年工在35℃以上的高温天气期间从事室外露天作业及温度在33℃以上的工作场所作业。用人单位签订集体合同或者高温作业和高温天气劳动保护专项集体合同时，应当明确高温作业和高温天气劳动保护相关内容，切实把劳动者身体健康和生命安全放在首位。

《通知》强调，各级人社部门要提高政治站位，将高温天气防暑降温和劳动保护工作纳入安全隐患大排查大整治行动范围，认真抓实抓细劳动者权益维护工作。

重点要指导企业与劳动者协商通过合理安排或调整工作时间、加大班次轮换、适当增加高温作业环境下劳动者休息时间、减轻劳动强度等方式，最大限度地减少劳动者高温时段的户外工作时间。配合指导平台企业视情况采取延长配送时限等措施，保障网约配送员等新就业形态劳动者职业安全。指导用人单位与劳动者协商采取错时上下班、弹性上下班等方式灵活安排工作时间。用人单位因受高温天气影响合理调整工作时间或者工作任务的，劳动者应当配合并遵守相关制度规定。要督促企业切实履行劳动保护主体责任，加强对高温天气作业劳动者的关心爱护，落实防暑降温相关劳动保护措施，积极改善工作条件，增配降温设备，为高温天气作业劳动者提供必要的劳动防护用品，并加强高温防护等职业健康知识培训。对患有高温作业职业禁忌证的劳动者，企业应与劳动者协商，合理调整其工作岗位任务。

根据有关规定，用人单位安排劳动者从事高温作业的，应当在 7 月、8 月、9 月三个月向劳动者发放高温津贴，原则上每人每月不低于 150 元。湖南省将进一步畅通举报投诉渠道，加强劳动保障监察执法，加大对建筑工地、露天作业场所、高温作业岗位和高温天气期间企业遵守劳动保障法律法规情况的监督检查力度，重点检查劳动者工作时间、休息时间、高温津贴支付等情况，对不按规定发放劳动者高温津贴或其他违反劳动保障法律法规的行为，及时依法查处并责令改正。

资料来源：https://article.xuexi.cn/articles/index.html?art_id=11214983323295113372&item_id=11214983323295113372&study_style_id=feeds_opaque&t=1659085057300&showmenu=false&ref_read_id=887faad9-0c2c-450f-b011-d405c7b0f193&pid=&ptype=-1&source=share&share_to=wx_single.

案例分析

7 月起，伴随各地的高温天气，“高温预警”“热射病”“中暑”等名词登上热搜，各用人单位要严格落实高温天气的劳动保护措施，确保劳动者的身体健康和生命安全，要组织高温天气作业劳动者进行职业健康检查，对有心、肺、脑血管病症及其身体状况不适合高温作业环境的劳动者，应当及时调整作业岗位，要建立健全防暑降温工作制度，严格落实防暑降温有关规定，尽可能避开高温天气的酷热时段，科学合理安排一线劳动者工作休息，确保劳动者的生命健康安全，并严格执行高温天气室外露天作业时间规定。

案例思考

你对案例中所提到的劳动安全保护措施有哪些了解？什么是劳动安全？劳动安全有什么重要意义？

第一节　认识劳动安全的重要性

一、劳动安全概述

（一）安全的内涵

安全是指没有受到威胁、没有危险、危害、损失。安全永远是相对的，没有绝对的安全。

人有各种各样的需求，根据马斯洛需求层次理论，人类的需求有五种，分别是生理需求、安全需求、社交需求、尊重需求和自我实现需求。高职院校学生是技术技能人才和高素质劳动者的后备军，毕业后在为职业生涯发展拼搏努力的过程中，只有认真落实各项防护措施，才可能在保证自身安全的情况下，通过自己的奋斗去争取成功的职业生涯。只有活着，才会有衣、食、住、行等方面的生理需要，才会有对收入、工作环境等工作条件的追求，才会对社会关系、个人成长有需求。生命安全既是人最基本的需要，也是职业生涯可持续发展的基础。

（二）劳动安全的内涵

根据世界卫生组织的定义，劳动安全是劳动者在劳动场所的安全和健康所有相关事务，其首要目的是防止劳动者在劳动活动中意外事故的发生。劳动安全的首要任务是保护劳动者在生产劳动过程中的健康和生命安全，同时兼顾保护生产资料和劳动对象的安全，促进生产力的发展。

广义上看，劳动安全既包括劳动者的人身安全，又包括劳动者的身体和精神健康。对于大学生来说，劳动安全是大学生在科研试验、创业竞赛、社会实践、志愿者服务等生产劳动和服务性劳动中所涉及的各种潜在危险和事故风险。

二、增强劳动安全意识

（一）安全意识的含义

所谓安全意识，就是人们头脑中建立起来的生产必须安全的观念。人们在生产活动中，对各种各样可能对自己或他人造成伤害的外在环境条件的一种戒备警觉的心理状态。

“预防为主”是实现安全第一的前提条件，也是重要手段和方法。虽然人类还不可能完全杜绝事故的发生，实现绝对安全，但只要积极探索规律，采取有效的事前预防和控制措施，做到防患于未然，将事故消灭在萌芽状态，有些事故是可以大大减少甚至可以避免的。

（二）树立学生的劳动安全意识

当前大学生劳动安全问题频频发生，与其自身劳动安全意识薄弱有着极大的关系。由于受到年龄、文化程度以及家庭背景等多重因素的影响，大学生劳动安全意识薄弱的主要表现为自控能力弱、缺乏责任意识等多个方面。想要有效减少院校劳动安全事故的发生，就需要学生通过感知、思维及想象等对劳动安全建立准确的认识，对外在安全形势进行科学判断，同时对自己的行为进行控制，避免自己受到伤害。如果发生劳动安全事故，也要学会冷静，及时寻找有效的解决对策或寻求帮助，尽量将事故损失降到最低。

（三）保证劳动安全是所有参与者的重要责任

劳动教育课对于学生来讲，虽然只有很短的学习实践时间，但是这期间的劳动安全教育也很重要。

1. 学校是学生劳动安全的责任人

教育部《学生伤害事故处理办法》第十一条规定：“学校安排学生参加活动，因提供场地、设备、交通工具、食品及其他消费与服务的经营者，或者学校以外的活动组织者的过错造成的学生伤害事故，有过错的当事人应当依法承担相应的责任。”劳动安全课是学校安排的一项教学活动，学校是场地及设备提供者，学校应对实习学生承担一定的管理和保护义务，如果学校没有尽到相应的义务而导致学生出现安全事故，造成学生的人身损害，学校应在其过错范围内承担相应的责任。

2. 学生也是劳动期间的责任人

学生在劳动期间也要对自己的劳动安全负有一定责任，要特别重视劳动技术知识的学习。学生在劳动中要学得一定的技术、技巧，发现各种劳动活动中的独特规律，从而长知识、增本领。要严格遵守学校的劳动纪律及操作规范，尽量规避各种风险。

（四）在日常生活和实习实训中养成安全习惯

1. 变“要我安全”为“我要安全”

要真正理解职业安全和安全习惯的重要性。符合操作规程的好习惯，可以有效预防事故发生；不合要求、有违规范的坏习惯，则是潜在隐患。自觉养成好的安全习惯，防微杜渐，就可以避免事故。

安全生产对于从业者来说意味着生命安全，注重安全是对自己和他人的生命负责任的表现。高职学生要在实习实训中养成安全习惯，变被动为主动，变“要我安全”为“我要安全”。

安全习惯是养成的。习惯是经过重复或练习而巩固下来的思维模式和行为方式，是一种常态，一种“下意识”，一种无须思考即可做出的动作。正所谓习惯成自然。通过训练，把安全要求变成为自己的习惯，意味着将动作程序植入大脑和肌肉之中，使言行举止自然而然地符合安全要求，成为稳定的行为和动作。

2. 在日常生活中养成服从命令听指挥和遵守规章制度的习惯

高职学生在日常生活中如果能养成服从命令听指挥和遵守规章制度的好习惯，纠正自由放任、自行其是、自作主张的坏习惯，就能在职业生涯中顺理成章地服从职业安全对自己的约束和要求，自然而然地遵守企业的规章制度。

3. 在实训中强化安全习惯

实训是在真实或模拟仿真的职业活动中进行的训练，往往与即将从事的职业直接挂钩。由于实训与真正的职业活动的安全要求一致或十分相似，因此在实训中强化安全习惯，往往效果十分明显。

大部分参加实习实训的学生是“新手”，为此更应该做好接受严格管理，甚至做好受到严厉训斥的思想准备。这种严格和严厉，是对学生生命的珍爱、呵护，绝对不能对此产生反感情绪。

第二节　劳动安全事故概述

一、劳动风险的定义

劳动风险无处不在，上班路途中过往的车辆；工作过程中运转的机械，昏暗的工作环境、湿滑的地面，打盹的管理人员；下班后遛弯时遇到路边摇摇欲坠的广告牌……这些都有可能造成不可挽回的人身伤害。劳动过程中存在的这些风险可以分为人的不安全行为、物的不安全状态、环境不良、管理缺失四个方面。

人的不安全行为指人由于心理或生理因素导致行为、操作等不符合企业规章制度或安全操作规程的要求，可能导致未遂事件或事故的发生。如违章指挥，违章作业，不正确佩戴安全防护用品，擅自脱岗等行为。

物的不安全状态指由物理性、化学性或生物性造成的设备、设施、工具或物品的缺陷，如防护设施缺失，带电部位裸露，机械性或电磁性噪声，飞溅物或坠落物、高温物质或有毒易爆物质等。

环境不良指由于空间、湿度、照明、气候条件等不利于作业，有可能造成意外发生。如作业场所狭小杂乱、空气流通不畅，照明不足，地面湿滑，大风或雨雪天气等。

管理缺失指安全组织机构不健全、安全制度不完善、经费投入不足、安全责任制未落实等。如未指定安全操作规程，未对员工进行三级培训，未按规定发放劳动防护用品等。

根据事故因果连锁理论，要想避免事故的发生，有效保护人身财产安全，应从人的不安全行为和物的不安全状态着手进行管理。而人的不安全行为是引发事故的主要原因，这就要求我们在劳动过程中做到“四不伤害”，即“不伤害自己”“不伤害他人”“不被他人伤害”和“保护他人不受伤害”。

二、事故的定义与分类

（一）事故的定义

对于事故，人们从不同的角度出发会有不同的理解。例如，会计师算错账是工作事故，产品出现质量问题是质量事故等。《辞海》中给事故下的定义是“意外的变故或灾祸”。对于生产中的事故，常见的定义有：事故是可能涉及伤害的、非预谋性的事件；事故是造成伤亡、职业病、设备损坏、财产损失或环境危害的一个或一系列事件；事故是违背人的意志而发生的意外事件；事故是人（个人或集体）在为实现某种意图而进行的活动过程中，突然发生的、违反人的意志的、迫使活动暂时或永久停止的事件等。

总之，事故是人们不想看见的结果。但是反过来说，人们长期同事故作斗争，也在一定程度上促进了科技进步和生产力的发展。因此，我们应当认识事故，预防和控制事故，研究控制事故的方法和措施。

（二）事故的分类

《企业职工伤亡事故分类标准》（GB 6441—1986）中将企业工伤事故分为 20 类。分别为物体打击、车辆伤害、机械伤害、起重伤害、触电、淹溺、灼烫、火灾、高处坠落、坍塌、冒顶片帮、透水、放炮、火药爆炸、瓦斯爆炸、锅炉爆炸、容器爆炸、其他爆炸、中毒和窒息、其他伤害等。

1. 按伤害程度分类

（1）轻伤，指损失工作日低于 105 日的失能伤害。

（2）重伤，指相当于表定损失作日等于和超过 105 日的失能伤害。

（3）死亡。

2. 按事故严重程度分类

（1）轻伤事故，指只有轻伤的事故。。

（2）重伤事故，指有重伤无死亡的事故。

（3）死亡事故，具体可分为重大伤亡事故，指一次事故死亡 1~2 人的事故；特大伤亡事故，指一次事故死亡 3 人以上的事故（含 3 人）。

3. 按受伤性质分类

受伤性质是指人体受伤的类型，常见的有：电伤、挫伤、轧伤、压伤、倒塌压埋伤、辐射损伤、割伤、擦伤、刺伤等。

4. 分类方法原则

安全生产事故分类的一般方法有两种：经验式的实用主义的上行分类方法，由基本事件归类到事件的方法。演绎的逻辑下行分类方法，由事件按规则逻辑演绎到基本事件的方法。对安全生产事故分类采用何种方法，要视表述和研究对象的情况而定，一般遵守以下原则：最大表征事故信息原则；类别互斥原则；有序化原则；表征清晰原则。

第三节 安全事故的防范及应急处理

一、安全事故的防范

事故具有偶然性和突发性，但事故一旦发生，就会对我们造成人员伤害和财产损失，而且这种损失往往是不可逆的。我们在劳动过程中要千方百计地去预防事故，把事故发生的这种风险降低在我们可承受的范围内。

海因里希法则常用于分析事故的发生概率。什么是海因里希法则？海因里希法则是美国高校学生著名安全工程师海因里希提出的 300 ∶ 29 ∶ 1 法则，即 330 起隐患或违章，必然要发生 29 起轻伤或故障，另外还有一起重伤死亡或重大事故。所以，运用海因里希法则控制事故，应当从金字塔的底部去控制，从根本上消除隐患。因为劳动安全强调源头管理、过程控制，只有从金字塔的底部根源去全员、全过程、全方位地控制不安全行为，才能最大限度地消除轻伤、重伤甚至死亡等各种事故。

二、安全应急逃生

凡事预则立，不预则废。有效的应急系统和应急预案，可以减少事故的发生。因此，劳动者掌握必要的安全应急管理知识和逃生手段，对于事故发生后最大限度地减少人员伤亡和财产损失，具有非常重要的意义。

（一）应急逃生

火灾是常见的事故类型，火灾发生后，很多人不是被烧死，而是因吸入大量浓烟窒息而亡。因此，配备防毒面具和防毒口罩十分必要。火灾发生的初期，要在最短的时间内利用一切有效的手段灭火，劳动者应学会正确使用灭火器、消火栓和喷淋装置等消防器材，积极参与火灾事故应急培训和演练，提高应急能力。

高层建筑发生的火灾尤为常见，当劳动者处于起火位置以下的楼层，应当向低楼层疏散；当劳动者处于起火位置以上的楼层，不要盲目往低楼层跑，更不可跳楼逃生。应当关紧门窗，堵死进烟孔洞，向窗外悬挂醒目标志或用手电筒向窗外照射，以表示室内有人，等待救援。如果有被大火围困的危险情况，应当根据火情往高层逃生；如果门窗、通道、楼梯已被烟火封住，确实难以向外逃生时，可向头部、身上浇些冷水或用湿毛巾把头部包好，用湿棉被、湿毯子、湿被单将身体裹好，再次尝试逃离险区。如果浓烟太大，有窒息的危险应戴上防毒面具或防毒口罩；如果没有防毒面具或防毒口罩，可用湿毛巾捂住口鼻，身体尽量贴近墙边、地面，匍匐前进，穿过险区。

（二）事故应急管理

事故应急管理包括四个阶段，即预防、准备、响应和恢复。

1. 预防

在应急管理中预防有两层含义，一是事故的预防工作，即通过安全管理和安全技术等手段。尽可能地防止事故的发生，实现本质安全。二是在假定事故发生的前提下，通过采取的预防措施，降低事故的影响或减轻事故后果的严重程度，如加大建筑物的安全距离、减少危险物品的存量、设置防护墙以及开展公众教育等。从长远来看，低成本高效率的预防措施是减少事故损失的关键。

2. 准备

应急准备是应急管理过程中一个极其关键的阶段，它是针对可能发生的事故，为迅速有效地开展应急行动而预先所做的各种准备，包括应急机构的设立和职责的落实、预案的编制、应急队伍的建设、应急设备（施）及物资的准备和维护、预案的演习、与外部应急能力的衔接等，其目的是保持重大事故应急救援所需的应急能力。对劳动者来说，开展应急培训教育和演练，提升应急技能，正确使用应急救援器材，都是应急准备工作需要关注的重点。

3. 响应

应急响应是在事故发生后立即采取的应急与救援行动。包括事故的报警与通报、人员的紧急疏散、急救与医疗、消防和工程抢险措施、信息收集与应急决策和外部救援等，其目标是尽可能地抢救受害人员、保护可能受威胁的人群，并尽可能控制或消除事故的影响。劳动者应能够正确开展自救和互救，知道如何正确报警。比如，火警电话是 119；维护治安、服务群众的报警电话是 110；安全生产举报投诉特服电话是 12350；医疗救助电话是 120。正确的逃生和疏散也是应急响应中应具备的能力，如发生液氯、液氨或者煤气泄漏事故时，劳动者应切断电源，关闭阀门，戴上防毒面具或防毒口罩，站到上风向，进行堵漏。如果堵漏失败，要沿主导风向的上风向逃生。

4. 恢复

恢复工作应在事故发生后立即进行，它首先使事故影响区域恢复到相对安全的基本状态，然后逐步恢复到正常状态。要求立即进行的恢复工作包括事故损失评估、原因调查、清理废墟等。恢复分为短期恢复和长期恢复。短期恢复工作包括向受灾人员提供食品、避难所、安全保障和医疗卫生等基本服务，在短期恢复中应注意避免出现新的紧急情况。长期恢复包括厂区重建和受影响区域的重新规划和发展，在长期恢复工作中，应汲取事故和应急救援的经验教训，开展进一步的预防工作和减灾行动。

对劳动者来说，只有具备专业的应急处置能力和素养才能进行恢复工作。因为部分劳动过程中发生的突发事故是在事故恢复阶段出现的二次衍生事故，因此，应急管理的恢复阶段极其关键，应请专业机构和专业部门进行，劳动者盲目恢复，很有可能导致非常严重的二次事故。

及时有效的应急救援和逃生行动是抵御事故或控制灾害蔓延、降低危害的关键，甚至是唯一手段。劳动者掌握必要的安全应急管理知识和逃生手段，是正确开展自救和互救的安全应急必备能力。

拓展阅读

灭火器是常见的防火设施之一，是我们在灭火时经常使用到的灭火设备。使用手提式干粉灭火器，应在距燃烧物3~5米处进行，操作者应先将灭火器上下摇晃后将开启压把上的保险销拔掉，然后一只手握住喷射软管前喷嘴根部，另一只手将开启把下压，迅速对准火焰根部喷出干粉灭火。灭火时要迅速彻底，不要遗留残火，以防复燃。

第四节　职业病与职业病防治法

一、职业病和职业危害因素

（一）什么是职业病

任何职业，都有特定的工作环境，有些职业环境中存在危害人体健康的因素。职业病有广义和狭义之分，医学上所称的职业病泛指因职业性有害因素而引起的疾病，是广义的职业病；而法律意义上的职业病则是狭义职业病，指有关法律法规中明确列出的职业病。

由于职业病具有群体性，致死、致残率高，难以治愈等特点，是重大的公共卫生问题和社会问题，造成了许多家庭、地区的不稳定，甚至引发诸多社会矛盾。如果不把职业病防治工作做好、不充分保护劳动力人群的健康，国家的劳动力资源就难以可持续发展，这将严重影响经济社会的持续发展。

（二）危害从业者健康的因素

在生产、劳动过程和生产环境中，存在的各种损害从业者健康的因素都是职业危害因素，它们对从业者健康的影响，统称为职业危害。职业危害因素的作用条件与接触机会、方式、时间和强度（浓度）有关。职业危害因素按其来源可分为下列三类：

1. 生产工艺过程中产生的有害因素

（1）化学因素。主要有两种：一是有毒物质，如铅、汞、苯、氯、一氧化碳、有机磷农药等；二是生产性粉尘，如矽尘、石棉尘、煤尘、有机粉尘等。

（2）物理因素。大致可分为五种：一是异常环境条件，如高温、高湿、低温；二是异常气压，如高气压、低气压；三是噪声、振动；四是非电离辐射，如可见光、紫外线、红外线、射频辐射、激光等；五是电离辐射，如 X 射线、Y 射线等。

（3）生物因素。主要指附着在动物皮毛上的病毒、细菌以及医护工作者可能接触到的生物传染性病原物等。

2. 劳动过程中的有害因素

劳动过程中有一些危害健康的因素，如劳动组织制度不合理，劳动作息制度不合理；精神性职业紧张，劳动强度过大或生产定额不当，安排的作业与劳动者生理状况不适应；个别器官或神经系统过度紧张，长时间处于不良体位或使用不合适的工具等。

3. 生产环境中的有害因素

有些职业的生产环境存在危害从业者健康的因素，如炎热季节的太阳辐射，厂房结构或布局不合理，有毒工段与无毒工段安排在一个车间，由不合理生产过程所致的环境污染等。

（三）职业病发病的特点

第一，病因明确，控制病因或作用条件后，可消除或减少发病。

第二，所接触的病因大多是可检测和识别的，且其强度或浓度需达到一定的程度，才能使劳动者致病，一般接触强度（浓度）越大，机体反应越明显。

第三，接触同一有害因素的人群中，常有一定数量的发病，很少只出现个别病人。

第四，如能早期诊断、及时治疗、妥善处理，一般预后较好，比较容易康复。

（四）三类职业病的预防

1. 预防计算机对人体的危害

计算机会对人体健康造成一定的危害，一般表现为以下四个方面。

（1）微波危害及预防。计算机的低能量 X 射线和低频电磁辐射，长时间使用可引起人的中枢神经失调，会导致流涕、眼睛痒、颈背痛、短暂失忆、暴躁、抑郁，甚至癌症。对女性来说，还会出现痛经、经期延长等症状，乳腺癌的发病率比一般人要高出 30% 左右，少数孕妇还可能早产或流产。

长期从事计算机操作、程序编制的人员，常会因中枢神经失调引起头痛、失眠、心悸、厌食、恶心以及情绪低落、思维迟钝、易怒、常感疲乏等。

减轻计算机微波辐射的最好方法就是与它保持距离，最安全的摆放方式就是将计算机背面靠墙放，每台计算机之间的距离在 1 米以上。实在没有空间的，人与计算机背面的距离也要保持在 1 米以上。如上机时间过长，每过 1~2 小时要离开 15~30 分钟，站起来休息一下。望望窗外，呼吸新鲜空气。多喝茶，茶叶中的茶多酚等活性物质有助于抵抗放射性物质。

（2）视力危害及预防。使用计算机，眼睛最容易受到侵害，尤易引起青少年近视和睫状肌痉挛。眼睛长时间盯着一个地方，眨眼次数仅及平时的 1/3，会减少眼内润滑剂的分泌。长期如此，除了会引起眼睛疲劳、重影、视力模糊外，还会引起其他不适反应。

预防方法是在荧屏前应多眨眼、以增加泪腺分泌，滋润眼睛。最有效的方法是适当休息，多吃含维生素 A 的食物，补充视网膜上的视紫红质，如胡萝卜、白菜、豆芽、豆腐、红枣、橘子、牛奶、鸡蛋、动物肝脏、瘦肉等。

（3）组织伤害及预防。操作计算机时重复、紧张的动作会损伤某些部位的肌肉、神经、关节、肌腱等组织。除了腰背酸痛外，患上腕管综合征者，还会手腕疼痛、麻痹，甚至延伸至手掌和手指。

多运动是克服这种计算机职业病的最有效的方法。运动量不需要太大，散步、举哑铃等轻微的运动皆可，经常改变体位，避免长时间一种姿势工作。把桌椅调整到适合自己的高度，都能收到良好的效果，重要的是持之以恒。合适的高度应是坐在椅子上时，肘部和键盘的连线与地面平行，计算机显示屏在距视线略低一点的地方，保证看显示屏时，脖子微微向上倾斜，切忌仰视。坐下后，双脚应平放地面，椅子应平稳，背部应感觉舒适。

（4）呼吸系统危害及预防。现代办公设备会释放有害人体健康的臭氧气体，其主要元凶是计算机、打印机等。这些臭氧气体不仅有毒，而且可能造成某些人呼吸困难。对于那些哮喘病患者和过敏症患者来说，情况就更为严重了。另外，较长时间待在臭氧气体浓度较高的地方，还会导致肺部发生病变。

预防方法是经常打开门窗通风，放置小型空气净化器或绿色植物，改善室内空气质量。打印机也会产生刺激性气体，刺激鼻子和气管，应尽量避免长时间接触。

拓展阅读

计算机惹出的祸

小陈毕业后，应聘到一家软件公司做程序员，这个极富挑战性的职位不仅让他尽显才华，而且使他获得了极为丰厚的经济回报。小陈年复一年地坐在屏幕前敲打键盘，捣弄出一套又一套含金量颇高的数据库，但也为此付出了健康的代价，眼睛的度数越来越高，脾气也变得有些古怪了，满脑子全是程序和术语。妻子与他吵架，他惊呼“内部程序错误”，儿子要他买的书忘带了，他给儿子一个莫名其妙的解释“程序乱了”。下班回家第一件事就是鼓捣计算机，对妻子和儿子视而不见，妻儿对他很不满意，夫妻间的摩擦逐渐增加了许多。

其实小陈内心也苦恼不已，多年的程序设计工作使他染上了职业病，腰弯得像大虾，眼睛眯成了一条缝，工作时间一长就感到脖子酸痛，医生说是颈肌劳损，要注意劳逸结合，可工作太忙哪顾得上这些“小毛病”。近年来，他开始失眠头痛，夜里睡不好觉，白天工作就打不起精神来。特别是最近，小陈被提升为开发部经理，部门里有十几个程序员，他的烦恼就更多了。小陈虽然是一个优秀的程序员，却不善协调人际关系，习惯于用“是与否”来解释问题，不懂得如何与下属沟通，只会发布命令、强迫工作，因此与下属关系搞得很紧张。

2. 预防空调环境中的疾病

现代化企业的许多厂房，为了防止灰尘等物质对精密仪器、设备和加工过程的影响，往往十分重视车间的密闭，并采取空调来控制恒温，写字楼、大型商场更是普遍采用中央空调。在这些使用空调的环境里工作，空调通风管线内的细菌、复印机飘出的粉尘、人体呼出的二氧化碳和墙面油漆逸散的甲醛，都可能是侵害工作人员健康的元凶。此类疾病危害因素主要有以下三种：

（1）污浊空气对人体健康的危害。在污染的空气中长期生活，甚至会引起呼吸功能下降、呼吸道症状加重，有的还会导致慢性支气管炎、支气管哮喘、肺气肿等疾病，肺癌、鼻咽癌患病率也会有所增加。

（2）汗腺关闭。长期在空调房间中会导致汗腺关闭，不出汗，影响正常的代谢和分泌，使人的抵抗力下降。

（3）病原体。污浊空气会加重病原体对人体的侵害，特别是通过空气传播的病原体，在密闭空间容易形成一定密度，人的抵抗力一弱，就容易致病。如开窗通风是预防新冠病毒的重要手段，其原因就在于空气流通能减少新冠病毒的密度。

为了防止上述危害，除了采用控制污染源、改善通风、使用空气净化器补充新鲜空气和经常清洗空调过滤罩以外，工作人员还应安排适当的室外活动，但要注意，不要满头大汗地直接进入有空调的工作环境。

3. 预防颈椎病

（1）引发颈椎疾病的原因。长期从事财会、写作、编校、打字、文秘等职业的工作人员，由于长期低头伏案工作，颈椎长时间处于屈曲位或某些特定体位，不仅使颈椎间盘内的压力增高，而且也使颈部肌肉长期处于非协调受力状态，颈后部肌肉和韧带易受牵拉劳损，椎体前缘相互磨损、增生，再加上扭转、侧屈过度，更进一步导致损伤、容易发生颈椎病。

（2）怎样预防颈椎病。办公室工作人员首先应尽可能保持自然的端坐位，头部略微前倾，保持头、颈、胸的正常生理曲线；还可升高或降低桌面与椅子的高度差以避免头颈部过度后仰或前屈；此外，采用与桌面成 10°~30° 的斜面工作板，更有利于坐姿的调整。

对于长期伏案工作者，应在工作 1~2 小时后，有规律地让头颈部向左右转动数次，转动时应轻柔、缓慢，以达到该方向的最大运动范围为限；或行夹肩运动，两肩慢慢紧缩 3~5 秒，而后双肩向上坚持 3~5 秒，重复 6~8 次。

当长时间近距离看物，尤其是处于低头状态者，既影响颈椎，又易引起视力疲劳，甚至诱发屈光不正。因此，每当伏案过久后，应抬头向远方眺望半分钟左右。这样既可消除疲劳感，又有利于颈椎的保健。

从上述三类现代职业病可知，在舒适的办公室里也有危害人体健康的因素，更何况在其他职业环境中呢？因此，劳动者要增强自我防护意识。大学生要结合自己所学专业，认真学习职业病的有关常识，学会自我保护的方法，以健康的体魄迎接职业生涯。

二、《职业病防治法》有关规定

（一）国家对劳动者提供防治职业病的法律保护

《职业病防治法》对职业病的前期预防、诊断，职业病人的保障，劳动过程中的防护与管理和监督检查等内容都做了明确规定。颁布《职业病防治法》，是为了预防、控制和消除职业病危害，保护劳动者的健康权益，用法律手段来规范、监督用人单位重视维护职工健康生命权。

2018 年 12 月 29 日颁布第四次修正的《职业病防治法》，明确了我国职业病防治工作坚持预防为主、防治结合的方针，建立用人单位负责、行政机关监管、行业自律、职工参与和社会监督的机制，实行分类管理、综合治理。

第十四条规定，用人单位应当依照法律、法规要求，严格遵守国家职业卫生标准，落实职业病预防措施，从源头上控制和消除职业病危害，明确了用人单位职业病防治的责任。

第三十九条明确了劳动者享有的职业卫生保护权利：①获得职业卫生教育、培训；②获得职业健康检查、职业病诊疗、康复等职业病防治服务；③了解工作场所产生或者可能产生的职业病危害因素、危害后果和应当采取的职业病防护措施；④要求用人单位提供符合防治职业病要求的职业病防护设施和个人使用的职业病防护用品，改善工作条件；⑤对违反职业病防治法律、法规以及危及生命健康的行为提出批评、检举和控告；⑥拒绝违章指挥和强令进行没有职业病防护措施的作业；⑦参与用人单位职业卫生工作的民主管理，对职业病防治工作提出意见和建议。

《职业病防治法》还有多条保护职业病病人的规定。例如，第五十七条明确“职业病病人的诊疗、康复费用，伤残以及丧失劳动能力的职业病病人的社会保障，按照国家有关工伤保险的规定执行”；第五十八条规定“职业病病人除依法享有工伤保险外，依照有关民事法律，尚有获得赔偿的权利的，有权向用人单位提出赔偿要求”；第五十九条规定“劳动者被诊断患有职业病，但用人单位没有依法参加工伤保险的，其医疗和生活保障由该用人单位承担”；第六十条规定“职业病病人变动工作单位，其依法享有的待遇不变”。

用人单位与劳动者在签订劳动合同时，将职业病危害告知劳动者，是劳动者享有的一项非常重要的权利。告知内容包括工作过程中可能产生的职业病危害及其后果，职业病防护措施和享有的待遇，用人单位应当将这些内容如实地告知劳动者，并在所签订的合同中写明，不得隐瞒或欺骗。

当劳动者在劳动合同有效期间变动工作岗位或工作内容发生变化时，特别是所从事的工作是原劳动合同中没有告知的且存在有职业病危害的类别时，劳动者可要求用人单位履行职业病危害告知的义务，并与用人单位进行协商，变更原劳动合同中相关的条款。

（二）职业健康检查是劳动者享有的权利

《职业病防治法》第三十五条规定：“对从事接触职业病危害的作业的劳动者，用人单位应当按照国务院卫生行政部门的规定组织上岗前、在岗期间和离岗时的职业健康检查，并将检查结果书面告知劳动者。职业健康检查费用由用人单位承担。”职业健康检查分以下三种：

1. 岗前的职业健康检查

这是指对从事存在职业病危害因素作业的劳动者进行上岗前健康检查。目的是断定劳动者的健康状况是否适合从事该项作业、是否有职业禁忌，是否有危及他人的疾患如传染病、精神病等从而为用人单位决定是否安排劳动者从事有职业病危害的作业提供客观证据。

2. 在岗期间的定期健康体检

这是指按一定时间间隔对从事有害作业的劳动者进行常规、必要的健康检查。目的是及时发现职业病危害因素对劳动者健康的早期影响，以及时诊断和处理，对疑似患者可进行观察，对发现有职业禁忌的劳动者或有与职业相关的健康损害者及时调离，安排适当的工作。

3. 离岗时的健康检查

这是指劳动者在离岗前对其进行全面的健康检查。体检的内容与项目根据劳动者所从事的岗位、工种中所存在的职业有害因素情况，有针对性地选择，目的是了解和判断该劳动者从事该有害作业若干时间后，目前的健康状况和变化是否与职业病危害因素有关。

（三）职业病的诊断

劳动者如果怀疑自己患了职业病，应当及时到当地卫生部门批准的职业病诊断机构进行职业病诊断。职业病诊断和鉴定按照《职业病诊断与鉴定管理办法》执行。诊断职业病的主要依据有职业接触史、体检和化验结果、卫生部门的生产环境调查资料和平时健康检查、疾病资料等。

劳动者对具有职业病诊断资质的医疗卫生机构出具的职业病诊断报告存在异议的，可将个人职业相关资料准备齐全，在 30 日内向卫生行政部门申请鉴定。当事人如对该鉴定不服，可以在 15 日内到省级卫生行政部门申请再鉴定。

诊断为职业病的，可到当地劳动保障部门申请伤残等级，并与所在单位联系，依法享有职业病治疗、康复以及赔偿等权利。用人单位不履行赔偿义务的，劳动者可以到当地劳动保障部门投诉，也可以向人民法院起诉。

课后作业

1. 找出在日常生活中训练自己服从命令听指挥和遵守规章制度的好习惯的机会，和同学结对互助，练习其中一项，坚持一个月。

2. 关心你周围的人，试着分析一下你周围的人是否有职业病，哪些属于广义的职业病，哪些属于狭义的职业病，可能是什么因素引起了这些病？能对这些人提出些防护意见吗？

劳动实践任务

一、劳动主题

火灾消防应急演练

二、劳动目的

通过消防安全应急演练，使学生掌握应急火灾发生时的正确方法，熟悉火灾发生时紧急疏散的程序和路线，确保在火灾发生时，能够快速、高效、有序地进行应急工作，从而最大限度地保护学生的生命安全，减少不必要的伤害。同时，通过演练活动培养学生听从指挥、团结互助的品德，提高突发公共事件下的应急反应能力和自救互救能力。

三、劳动任务

1. 学生以小组为单位，6~12 人一组，自行设计所在教学楼火灾消防应急演练方案，更好地理解劳动安全应急逃生知识，对劳动安全有初步的认知。

2. 通过课堂模拟演练，检验学生对应急演练知识的掌握程度。

四、考核评价标准

1. 火灾消防应急演练方案的合理性，占 40%。

2. 课堂模拟演练过程熟练、操作正确，占 60%。

五、演练要求

1. 不要惊慌，听从指挥，服从安排。

2. 保持安静，动作敏捷、规范，严禁推拉、冲撞、拥挤。

3. 按规定路线疏散，不得串线。

4. 各组同学严密组织，认真对待，以免不安全事故发生。

六、材料的准备

1. 灭火器 2 具。

2. 每位学生一条手帕。

七、劳动设计

1. 演练时间及地点

2. 演练实施方案

八、劳动心得

经过火灾消防应急演练，将你对劳动安全及应急逃生方面的所思、所想记录如下：

第八章　劳动法规

学习导航

目标分类	具体内容
知识	1.理解大学生学习劳动法规的必要性 2.了解各类劳动法规及其中与大学生密切相关的法律规定 3.了解和掌握维护自身劳动权益的途径和方法
能力	1.学会查询劳动法规及其他相关规定 2.初步了解发生侵害劳动权益情形时的处理方法 3.初步了解如何通过诉讼和仲裁方式解决劳动纠纷
素养	1.学习和认识合法参与社会劳动和获得报酬应具备的素质 2.学习并了解如何通过法律手段维护自身权益
课程思政	1.通过劳动法规的学习，增强学生的规则意识和法治意识，增进大学生法治文化自信 2.让学生明确在劳动实践活动中所需要拥有的权利保障和义务，鼓励彼此间的合作和支持，通过团结协作凝聚起更强大的力量，彰显使命担当

案例导读

校招维权：大学生能否成为劳动法上的适格主体

原告小张是某高校的应届大学毕业生，在北京某公司到该校进行校招时，与小张达成入职协议。双方约定试用期为一个月，入职后薪资为每月 6000 元，试用期按照标准工资的 80% 支付。小张于当年 1 月 8 日进入该公司工作，职务为投资顾问。2 月 10 日该公司以工资条形式发放小张工资 3600 元，远低于当初约定的工资金额。3 月 11 日因为该公司拖欠工资，小张离开了该公司。

后小张向劳动争议仲裁委员会提起了仲裁申请，仲裁委员会认为，小张属于未取得毕业证的在校生，未完成学业并取得学历证明，在校期间到投资公司从事工作，仅作为参与社会实践的活动，不属于《劳动合同法》中规定的劳动者，不是与用人单位订立劳动合同并建立劳动关系的适格主体，最终裁决驳回了他的仲裁申请。

小张诉至法院，要求该公司支付工资并向他赔礼道歉。该投资公司认为作为尚未毕业的小张进入公司只能是实习，而非就业。因此无权索要工资。

案例来源：https://mp.weixin.qq.com/s/73dOUdnFcyzHRUnBQc5rBg.

案例分析

法院经过审理认为，劳动者与单位建立劳动关系，付出劳动，应当从单位取得相应的劳动报酬。本案中，该投资公司承认小张于1月8日至3月11日在该公司工作，法院予以确认。小张在进入该公司处工作时已年满16周岁，符合《劳动法》规定的就业年龄，其在校大学生的身份也非劳动法规定排除适用的对象，法律并没有禁止临毕业大学生就业的规定。被告明知小张尚未正式毕业，小张并未隐瞒和欺诈，因此，法院有理由确认小张为适格的劳动合同主体，并据此判决用人单位给付小张自2月1日至3月11日的全部薪资。

案例思考

你觉得大学生有必要学习劳动法规吗？为什么？

第一节　大学生学习劳动法规的必要性

一、大学生学习《劳动法》的重要意义

随着社会经济形态的不断变化，大学生参与社会兼职劳动的状况越来越普遍，对于兼职劳动的法治保障也就随之成了一个需要特别关注的社会性问题。正如北京青年压力管理服务中心主任熊汉忠所言，受高等教育的大学生应该把《劳动法》作为基础性的知识，大学生对于《劳动法》的忽视就是等于缺乏一般的常识。北京青年压力管理服务中心同新浪网教育频道合作共同的《2010中国大学生就业压力调查报告》指出，仅有14%的大学生群体能够自信地表示自己完全熟悉或者能够运用《劳动法》，而大多数的大学生仍然对于《劳动法》处于缺乏了解甚至完全不了解的状态，因此对于《劳动法》的宣传教育亟待进行。

（一）学习劳动法，保护大学生合法权益

从客观的劳动力市场和社会整体就业状况而言，用人单位和劳动者的实际地位并不平等，单位处于更加强势的地位，而劳动者则地位较弱，而大学生则更加缺乏与用人单位进

行协商谈判的能力。再加上社会经验欠缺、自我保护意识差、缺乏对《劳动法》各项规定的认识，求职过程中遭遇的陷阱层出不穷。例如，部分用人单位以职前培训、延迟签约等方式，将某些“霸王条款”强加给求职心切的大学生，以达到实际上不需要支付或者少支付劳动报酬的效果。另外，大学生从事兼职工作已经成为高校中的普遍现象，大学生兼职本身不同于勤工助学和实习，权益遭受侵害的现象也时有发生，集中表现为超时用工、拖欠或克扣工资、扣取证件、收取押金以及人身权利遭受侵害等。

《劳动法》对用人单位应当在用工条件、工资薪酬等各方面进行了较为完善的规定，如果用人单位存在违法情形应受到相应的监管处罚，但是大学生群体对于《劳动法》的了解程度较低，导致存在有法可依但不知如何运用法律武器保护自己合法权益的情况。一方面自身利益受损，另一方面也纵容了部分用人单位的违法行为。对大学生进行劳动法普法教育固然不能从根本上杜绝利益受损的情况发生，但是大学生“知法懂法”可以在一定程度上减少其利益受损程度。

（二）遵守《劳动法》，促进劳动者和用人单位双赢

当然，虽然大学生是就业中的弱势群体，但是也不免存在一些由于大学生的不当行为引起的纠纷，如部分大学生自我意识较重，不注重劳动合同的效力，违约离职的情形较为多见，损害了用人单位的正常秩序和利益。在已就业的大学生人群中，三年内发生过离职的情况普遍存在，更值得注意的是，在离职的大学生中，有相当一部分是学生主动辞职，而非用人单位提出解聘。员工离职会影响用人单位正常运转，尤其是不遵循常规离职程序擅自离职更是给用人单位造成困扰。对于《劳动法》的教育和学习，不仅有益于保障大学生劳动者的合法权益，而且有利于在提高大学生法律观念的同时提高其遵守劳动法律的意识，从而保护用人单位的合法权益，获得更多社会效益。

（三）大学生知法懂法，推进法治社会建设进程

大学生是社会主义法治国家建设的重要力量，法治社会建设需要营造办事依法、遇事找法、解决问题用法、化解矛盾靠法的法治氛围。大学生群体数量庞大，是人力资源市场的重要组成部分，提高大学生的法律意识，有助于维护人力资源市场的有序运转，规范劳动力市场，推进法治社会建设进程。

二、新形势下劳动法规知识在促进大学生就业过程中具有指导性作用

（一）高校开创毕业生就业工作新模式的要求

高等教育特别是职业型高等教育的目的就是能够培养出在大学期间就拥有符合某项职业需求的专业人才，这种需求既包括劳动技能又包括劳动相关的理论知识。随着时代不断发展变化，社会需求呈现出多样化和全面化的新样态，人才需求也随之发生了巨大变化。当前大学毕业生的“就业难”问题，就是基于这种形势下的困境。高校并不直接承担毕业生就业的职责，但通过就业工作的模式创新，可以改善并提高大学生的就业竞争力，可以

满足社会对人才的需要。大学生就业竞争力的提高，对于普遍提高我国高校的教育教学水平，改善高校就业工作僵局，都是一种“双赢”格局。对于每一所高校，特别是职业高校，提高毕业生就业竞争力，实现更高的就业率，是自身教育质量的重要标志。这类高校的很多学生因为并非“出身名门”，在求职心态上有着“低人一等”的自卑心理，不敢对自己所求职的用人单位提出各种要求，即使发现劳动合同中有不合理甚至不合法的内容和条款，也根本不敢据理力争，更不用说有些缺乏基本法律常识的大学毕业生，对劳动合同的基本内容、形式、法定标准和最低要求一无所知，被一些非法用人单位轻易设置的陷阱所累。而当发生与劳动法权益相关的争议时，即使是受过高等教育的学生们依然不懂得如何运用劳动法规的相关规定来维护自己的合法权益。因此，大学有责任将劳动法规教授给即将步入社会参加社会就业劳动的大学生们，使他们了解和掌握劳动法规的相关规定，提高他们知法守法用法的意识和能力，使得他们在今后就业过程中能够在法律的框架内行使自己的劳动权利、履行自己的劳动义务。

（二）高校学生提高自身竞争力的要求

随着我国的经济发展进入新阶段，以及每年新毕业大学生数量的不断增加，就业难已经是一个不可回避的现实问题。面对复杂的社会环境，大学生需要及时调整自身的职业素质，科学规划自己的职业生涯。比如从进入大学开始专业学习的时候，不仅需要扎实掌握本专业的基本理论知识和基础技能，而且需要有计划地走出校园步入社会，提前了解相关领域的工作内容、强度和能力素质的要求。所谓“未雨绸缪”，在就业领域指的就是这种通过提升自己竞争优势来减少未来就业方面的消极影响。因此，劳动法律知识方面的储备是必不可少的基础。大学生如果能够熟练掌握劳动法律法规的相关知识，就能够更加合理地对自己的职能进行规划，少走弯路，获得更多更好的就业机会。

第二节　劳动法规的类型与内容

一、劳动基准法

劳动基准法是指与劳动条件、劳动报酬等相关的最低标准的劳动法律规范的总称，它的具体内容由多项具体制度构成，包含了《劳动法》当中有关工作时间和休息休假、工资、劳动安全卫生、女职工和未成年工特殊保护等内容。除《劳动法》外，我国还颁布了《工资支付暂行规定》《最低工资规定》《未成年工特殊保护规定》《职业病防治法》《职工带薪年休假条例》《女职工劳动保护特别规定》《安全生产法》《国务院关于职工工作时间的规定》等一系列相关法律文件，对劳动基准中的相关问题进行规定。劳动基准法属于劳动法范畴，它对保护劳动者的合法权益起到了重要作用。

（一）工作时间

工作时间又称劳动时间，是指在法律规定的限度之内劳动者从事劳动生产的时间。工作时间的长度由法律直接规定或者由集体合同、劳动合同约定而成。劳动者或用人单位不遵守工作时间的规定或约定，要承担相应的法律责任。我国的工时制度可以划分为以下几类：标准工时制、综合计算工时制和不定时工时制。

标准工时制，也称为标准工作制度，是由立法确定一昼夜中工作时间长度，一周中工作日天数，并要求各用人单位和一般职工普遍实行的基本工时制度。我国实行的标准工时是每日工作时间不超过八小时、平均每周工作时间不超过四十四小时。

综合计算工时制是指因工作性质特殊或者受季节及自然条件限制，如建筑、旅游等岗位，需在一段时间内连续作业，以周、月、季、年等为周期，综合计算工作时间的工时制度。但其平均工作时间和平均周工作时间应与法定标准工作时间基本相同。用人单位实行综合计算工时工作制的岗位需报经当地区县劳动保障行政部门批准，未经批准，不能任意扩大范围。

不定时工时制是一种因工作性质和工作职责的限制，劳动者的工作时间不能受固定时数限制，而直接确定职工劳动量的工作制度。不定时工时制需要报经劳动保障行政部门批准方能适用。对于实行不定时工作制的职工，用人单位应按《劳动法》的规定，参照标准工时制核定工作量并采用弹性工作时间等适当方式，确保职工的休息休假权利和生产、工作任务的完成。

延长工作时间，是指用人单位由于生产经营需要，经与工会和劳动者协商后，延长劳动者的工作时间。它包括加班、加点两种形式，加班指职工在法定节假日或公休日进行工作；加点指职工在标准工作日延长时间进行工作。《劳动法》第四十一条规定，用人单位由于生产经营需要，经与工会和劳动者协商后可以延长工作时间，一般每日不得超过一小时；因特殊原因需要延长工作时间的，在保障劳动者身体健康的条件下延长工作时间每日不得超过三小时，但是每月不得超过三十六小时。

（二）工资

工资即员工的薪资，是劳动者所得的具有发放上的时间规则的薪酬，是雇主或者法定用人单位依据法律规定或行业规定或根据与员工之间的约定，以货币形式对员工的劳动所支付的报酬。工资分配应当遵循按劳分配原则，实行同工同酬。同时我国《劳动法》第五十条规定，工资应当以货币形式按月支付给劳动者本人。不得克扣或者无故拖欠劳动者的工资。我国实行最低工资保障制度，用人单位支付劳动者的工资不得低于当地最低工资标准。

基本工资指用人单位结合职工所在岗位或所任职务，在劳动前为职工预先确定的报酬标准，它综合了工资等级、工资标准、定级升级、工资调整、支付形式等一系列制度。基本工资制度一般有岗位技能工资制、基数等级工资制、岗位工资制、岗位等级工资制、职务等级工资制、多元结构工资制和薪点工资制等几种形式。

根据《劳动法》和国家的有关规定，用人单位在延长劳动者工作时间的情况下应当支付高于劳动者正常工作时间工资的工资报酬，即加班费。用人单位依法安排劳动者在法定标准工作时间以外延长工作时间的，按照不低于劳动合同约定的工资标准的百分之一百五十支付劳动者工资；在休息日安排工作，而又不能安排补休的，按照不低于劳动合同约定的工资标准的百分之二百支付劳动者工资；在法定休假节日工作的，按照不低于劳动合同约定的工资标准的百分之三百支付劳动者工资。

（三）休息休假

我国规定劳动者每周休息二日，用人单位应当保证劳动者每周至少休息一日。休假是指劳动者带薪休息，是法定的劳动者免于上班劳动并且有工资保障的休息时间。我国法律规定的休假主要包括：

（1）法定节假日。法定节假日是根据国家、民族的传统习俗由法律规定的可以休假的日期。我国的法定节假日主要包括：元旦、春节、清明节、劳动节、端午节、中秋节、国庆节等。

（2）年休假。年休假是指劳动者每年享有的保留原职和工资的连续休假。机关、团体、企业、事业单位、民办非企业单位、有雇工的个体工商户等单位的职工连续工作 1 年以上的，享受带薪年休假。职工累计工作已满 1 年不满 10 年的，年休假 5 天；已满 10 年不满 20 年的，年休假 10 天；已满 20 年的，年休假 15 天。国家法定休假日、休息日不计入年休假的假期。

除此之外，休假还包括探亲假、女职工产假、职工婚丧假等。

（四）劳动安全卫生

根据我国《劳动法》第六章的规定，用人单位需要建构的劳动安全卫生制度体系包括以下几点：

（1）用人单位必须建立、健全劳动卫生制度，严格执行国家劳动安全卫生规程和标准，对劳动者进行劳动安全卫生教育，防止劳动过程中的事故，减少职业危害。

（2）劳动安全卫生设施必须符合国家规定的标准。新建、改建、扩建工程的劳动安全卫生设施必须与主体同时设计、同时施工、同时投入生产和使用。

（3）用人单位必须为劳动者提供符合国家规定的劳动安全卫生条件和必要的劳动防护用品，对从事有职业危害作业的劳动者应当定期进行健康检查。

（4）从事特种作业的劳动者必须经过专门培训并取得特种作业资格。

（5）劳动者在劳动过程中必须严格遵守安全操作规程。劳动者对用人单位管理人员违章指挥、强令冒险作业，有权拒绝执行；对危害生命安全和身体健康的行为，有权提出批评、检举和控告。

（五）女职工和未成年工特殊保护

由于女性和未成年人在身体结构和生理机能上处于弱势，故而需要对女职工和未成年工的相关劳动权益进行特殊保护，涉及《劳动法》《女职工劳动保护特别规定》《未成年工特殊保护规定》等。其中包括：

（1）禁止安排女职工从事矿山井下、国家规定的第四级体力劳动强度的劳动和其他禁忌从事的劳动。

（2）不得安排女职工在经期从事高处、低温、冷水作业和国家规定的第三级体力劳动强度的劳动。

（3）不得安排女职工在怀孕期间从事国家规定的第三级体力劳动强度的劳动和孕期禁忌从事的劳动。对怀孕七个月以上的女职工，不得安排其延长工作时间和夜班劳动。女职工在孕期禁忌从事的劳动范围：作业场所空气中铅及其化合物、汞及其化合物、苯、镉、铍、砷、氰化物、氮氧化物、一氧化碳、二硫化碳、氯、己内酰胺、氯丁二烯、氯乙烯、环氧乙烷、苯胺、甲醛等有毒物质浓度超过国家职业卫生标准的作业；从事抗癌药物、己烯雌酚生产，接触麻醉剂气体等的作业；非密封源放射性物质的操作，核事故与放射事故的应急处置；高处作业分级标准中规定的高处作业；冷水作业分级标准中规定的冷水作业；低温作业分级标准中规定的低温作业；高温作业分级标准中规定的第三级、第四级的作业；噪声作业分级标准中规定的第三级、第四级的作业；体力劳动强度分级标准中规定的第三级、第四级体力劳动强度的作业；在密闭空间、高压室作业或者潜水作业，伴有强烈振动的作业，或者需要频繁弯腰、攀高、下蹲的作业。

（4）女职工生育享受不少于九十天的产假。

（5）不得安排女职工在哺乳未满一周岁的婴儿期间从事国家规定的第三级体力劳动强度的劳动和哺乳期禁忌从事的其他劳动，不得安排其延长工作时间和夜班劳动。

（6）不得安排未成年工从事矿山井下、有毒有害、国家规定的第四级体力劳动强度的劳动和其他禁忌从事的劳动。

（7）用人单位应当对未成年工定期进行健康检查。

二、劳动合同法

（一）劳动合同的概念

劳动合同，是用人单位和劳动者确定劳动关系，明确相互权利义务的协议。签订劳动合同时，必须遵守国家政策和法规的规定，坚持平等自愿和协商一致的原则，劳动合同的内容必须完备、准确。

（二）劳动合同的形式和内容

根据我国《劳动法》第十九条的规定，劳动合同应当以书面形式订立，并具备以下条款：劳动合同期限；工作内容；劳动保护和劳动条件；劳动报酬；劳动纪律；劳动合同终止的条件；违反劳动合同的责任。

劳动合同除前款规定的必备条款外，当事人可以协商约定其他内容。

用人单位自用工之日起超过一个月但不满一年未与劳动者订立书面劳动合同的，应当向劳动者每月支付二倍的工资。

（三）劳动合同期限

劳动合同分为固定期限劳动合同、无固定期限劳动合同和以完成一定工作任务为期限的劳动合同。

固定期限劳动合同，是指用人单位与劳动者约定合同终止时间的劳动合同。用人单位与劳动者协商一致，可以订立固定期限劳动合同。

无固定期限劳动合同，是指用人单位与劳动者约定无确定终止时间的劳动合同。用人单位与劳动者协商一致，可以订立无固定期限劳动合同。有下列情形之一，劳动者提出或者同意续订、订立劳动合同的，除劳动者提出订立固定期限劳动合同外，应当订立无固定期限劳动合同：

（1）劳动者在该用人单位连续工作满十年的。

（2）用人单位初次实行劳动合同制度或者国有企业改制重新订立劳动合同时，劳动者在该用人单位连续工作满十年且距法定退休年龄不足十年的。

（3）连续订立二次固定期限劳动合同，且劳动者没有《劳动合同法》第三十九条和第四十条第一项、第二项规定的情形，续订劳动合同的。

用人单位自用工之日起满一年不与劳动者订立书面劳动合同的，视为用人单位与劳动者已订立无固定期限劳动合同。

以完成一定工作任务为期限的劳动合同，是指用人单位与劳动者约定以某项工作的完成为合同期限的劳动合同。用人单位与劳动者协商一致，可以订立以完成一定工作任务为期限的劳动合同。

（四）劳动合同的试用期

试用期是指包括在劳动合同期限内，用人单位对劳动者是否合格进行考核，劳动者对用人单位是否符合自己要求也进行考核的期限，这是一种双方双向选择、适应的方式。实践中存在滥用试用期侵犯劳动者权益的现象比较普遍，故而试用期长度需符合法定要求：

劳动合同期限三个月以上不满一年的，试用期不得超过一个月；劳动合同期限一年以上不满三年的，试用期不得超过二个月；三年以上固定期限和无固定期限的劳动合同，试用期不得超过六个月。

同一用人单位与同一劳动者只能约定一次试用期。

以完成一定工作任务为期限的劳动合同或者劳动合同期限不满三个月的，不得约定试用期。

试用期包含在劳动合同期限内。劳动合同仅约定试用期的，试用期不成立，该期限为劳动合同期限。劳动者在试用期的工资不得低于本单位相同岗位最低档工资或者劳动合同约定工资的百分之八十，并不得低于用人单位所在地的最低工资标准。

在试用期中，除劳动者有《劳动合同法》第三十九条和第四十条第一项、第二项规定的情形外，用人单位不得解除劳动合同。用人单位在试用期解除劳动合同的，应当向劳动者说明理由。

（五）劳动合同无效

根据我国法律规定，以下几种情形会导致劳动合同无效：

（1）违反法律、行政法规的劳动合同。

（2）采取欺诈、威胁等手段订立的劳动合同。

无效的劳动合同，从订立的时候起，就没有法律约束力。确认劳动合同部分无效的，如果不影响其余部分的效力，其余部分仍然有效。劳动合同的无效，由劳动争议仲裁委员会或者人民法院确认。

（六）劳动合同解除与终止

劳动合同的解除包括双方协商一致解除、劳动者单方解除和用人单位单方解除。劳动者单方解除劳动合同又可分为预告解除、即时解除和立即解除三种情况。预告解除是指劳动者提前三十日以书面形式通知用人单位，可以解除劳动合同。劳动者在试用期内提前三日通知用人单位，可以解除劳动合同。在用人单位有未及时足额支付劳动报酬等情形时，劳动者可以即时或立即解除劳动合同。而用人单位单方解除劳动合同又可分为过失性辞退、无过失辞退和经济性裁员三种。不同的解除情形均产生解除劳动合同的效果，但在用人单位是否应向劳动者支付经济补偿金的问题上存在差异。劳动合同的终止包括以下几种情形：

（1）劳动合同期满的。

（2）劳动者开始依法享受基本养老保险待遇的。

（3）劳动者死亡，或者被人民法院宣告死亡或者宣告失踪的。

（4）用人单位被依法宣告破产的。

（5）用人单位被吊销营业执照责令关闭、撤销或者用人单位决定提前解散的。

（6）法律、行政法规规定的其他情形。

（七）经济补偿与经济赔偿

经济补偿是指在劳动者无过失的情况下，劳动合同解除或终止时，用人单位依法一次性支付给劳动者的经济补助。需要用人单位支付经济补偿的情形包括：

（1）劳动者依照《劳动合同法》第三十八条规定解除劳动合同的。

（2）用人单位依照《劳动合同法》第三十六条规定向劳动者提出解除劳动合同并与劳动者协商一致解除劳动合同的。

（3）用人单位依照《劳动合同法》第四十条规定解除劳动合同的。

（4）用人单位依照《劳动合同法》第四十一条第一款规定解除劳动合同的。

（5）除用人单位维持或者提高劳动合同约定条件续订劳动合同，劳动者不同意续订的情形外，依照《劳动合同法》第四十四条第一项规定终止固定期限劳动合同的。

（6）依照《劳动合同法》第四十四条第四项、第五项规定终止劳动合同的。

（7）法律、行政法规规定的其他情形。

经济补偿按劳动者在本单位工作的年限，每满一年支付一个月工资的标准向劳动者支付。六个月以上不满一年的，按一年计算；不满六个月的，向劳动者支付半个月工资的经济补偿。劳动者月工资高于用人单位所在直辖市、设区的市级人民政府公布的本地区上年度职工月平均工资三倍的，向其支付经济补偿的标准按职工月平均工资三倍的数额支付，向其支付经济补偿的年限最高不超过十二年。月工资是指劳动者在劳动合同解除或者终止前十二个月的平均工资。

用人单位违法解除或者终止劳动合同，劳动者要求继续履行劳动合同的，用人单位应当继续履行；劳动者不要求继续履行劳动合同或者劳动合同已经不能继续履行的，用人单位应当依照《劳动合同法》第八十七条规定支付赔偿金。

第三节　劳动争议处理制度

随着我国经济体制改革不断深入和劳动力市场的结构性变化，大学生在就业过程中难免遭遇许多未知的阻碍，其中劳动争议屡见不鲜，当发生劳动争议的时候，学生需要冷静理性地进行处理，拿起法律武器维护自身的合法权益，这就要求学生应当具备一定的法律素养。

一、劳动争议处理概述

我国对于劳动争议处理主要依据的相关法律法规有《劳动法》《劳动合同法》《劳动争议调解仲裁法》《民事诉讼法》等法律文件。其中《劳动法》《劳动合同法》为主要的实体法依据，其内容也是解决实体问题的标准。《民事诉讼法》《劳动争议调解仲裁法》等文件是程序法依据，为不同劳动争议处理方式的具体程序和步骤提供了依据，保障各程序的顺利进行。

劳动争议这一概念的内涵尚没有达成共识，本书使用这一概念主要是指劳动者与用人单位形成劳动关系之后在劳动权利和义务方面产生的纠纷。劳动争议主要包括以下几类：因确认劳动关系发生的争议；因订立、履行、变更、解除和终止劳动合同发生的争议；因除名、辞退和辞职、离职发生的争议；因工作时间、休息休假、社会保险、福利、培训以及劳动保护发生的争议；因劳动报酬、工伤医疗费、经济补偿或者赔偿金等发生的争议；

法律、法规规定的其他劳动争议。

在产生了劳动争议以后，劳动者既可以直接与用人单位协商，又可以请求工会组织等参与组织协商；当事人不愿协商、协商不成或者达成和解协议后不履行的，可以向调解组织申请调解；不愿调解、调解不成或者达成调解协议后不履行的，可以向劳动争议仲裁委员会申请仲裁；对仲裁裁决不服的，除法律另有规定的外，可以向人民法院提起诉讼。因此，解决劳动争议有协商、调解、仲裁、诉讼四种途径，在实践中这四种方式均发挥了重要作用。当然，四种劳动争议的处理方式并不是都需要经过，如协商和调解两种方式都是可以自由选择甚至不选择的。特殊的是如果劳动者想要提起劳动诉讼的话，则需要先经过劳动仲裁的程序。换句话说，劳动仲裁是法定前置程序。

除了以上劳动者主动对保护自身权益的方式外，劳动保障体制中还有劳动监察制度，即通过行政管理的手段对用人单位履行劳动法律的情况进行监督、检查和处理。具体内容为：用人单位违反国家规定，拖欠或者未足额支付劳动报酬，或者拖欠工伤医疗费、经济补偿或者赔偿金的，劳动者可以向劳动行政部门投诉，劳动行政部门应当依法处理。

二、劳动争议的调解

劳动争议的调解，是指劳动争议调解组织对当事人双方自愿申请调解的劳动争议，依据法律规定及当事人间的约定，在查明事实、证据充分的前提下，通过劝解等相对温和的手段，促使双方当事人达成调解协议的方法。调解是重要的争议解决方式之一，并且具有高效性、自愿性等突出的特征。《劳动争议调解仲裁法》第三条中将着重调解作为该法的基本原则之一，凸显了劳动争议调解在处理劳动争议体系中的重要性。

（一）调解组织

调解组织是进行劳动争议调解的专门机构，有些是常设的而有些是非常设的，调解组织的设立是推动调解事业的重要一环。我国的劳动争议调解组织包括以下几种：

（1）企业劳动争议调解委员会：企业劳动争议调解委员会由职工代表和企业代表组成。职工代表由工会成员担任或者由全体职工推举产生，企业代表由企业负责人指定。企业劳动争议调解委员会主任由工会成员或者双方推举的人员担任。

（2）依法设立的基层人民调解组织。

（3）在乡镇、街道设立的具有劳动争议调解职能的组织。

劳动争议调解组织的调解员应当由心怀公平正义、有良好群众基础、热心调解工作，并具有一定法律素养、熟悉当地相关政策的成年公民担任。

（二）调解程序

当事人申请劳动争议调解既可以通过书面的方式申请，也可以仅用口头申请。口头申请的，调解组织应当当场记录申请人基本情况、申请调解的争议事项、理由和时间。调解劳动争议，应当充分听取双方当事人对事实和理由的陈述，耐心劝导双方缩小争议差距，以帮助其达成协议。

经过调解组织主持调解达成双方一致同意的，应当制作调解协议书进行确认。调解协议书由双方当事人签名或者盖章，经调解员签名并加盖调解组织印章后生效，对双方当事人具有约束力，当事人应当履行。自劳动争议调解组织收到调解申请之日起十五日内未达成调解协议的，当事人可以依法申请仲裁。

（三）调解效力

达成调解协议后，一方当事人在协议约定期限内不履行调解协议的，另一方当事人可以依法申请仲裁。因拖欠劳动报酬、工伤医疗费、经济补偿或者赔偿金事项达成调解协议，用人单位在协议约定期限内不履行的，劳动者可以持调解协议书依法向人民法院申请支付令。人民法院应当依法发出支付令。

三、劳动争议的仲裁

劳动争议仲裁，是指劳动争议仲裁机构对当事人请求仲裁的劳动争议依法居中进行裁决的活动。劳动者想要提起劳动诉讼之前必须先进行劳动仲裁。当然，如果对劳动仲裁的结果满意就无须重新提起劳动诉讼了，劳动仲裁的结果具有同样的法律效力。

（一）仲裁组织

劳动争议仲裁委员会是依法设立的，经国家授权独立仲裁处理劳动争议案件的专门机构。劳动争议仲裁委员会的设立原则是：统筹规划、合理布局、适应实际需要且不按行政区划层层设立。具体操作规则是：省、自治区人民政府可以决定在市、县设立；直辖市人民政府可以决定在区、县设立。直辖市、设区的市也可以设立一个或者若干个劳动争议仲裁委员会。

劳动争议仲裁委员会裁决劳动争议案件实行仲裁庭制。仲裁庭由三名仲裁员组成，设首席仲裁员。简单劳动争议案件可以由一名仲裁员独任仲裁。

（二）仲裁程序

劳动争议仲裁委员会是按区域划分的，只对本辖区内的劳动争议具有管辖权。劳动争议仲裁一般应当公开进行，但当事人协议约定或者涉及国家秘密、商业秘密和个人隐私的也可以或者应当不公开进行。劳动争议申请仲裁的时效期间为一年。仲裁时效期间从当事人知道或者应当知道其权利被侵害之日起计算。申请人申请仲裁应当提交书面仲裁申请，书写仲裁申请确有困难的，可以口头申请，由劳动争议仲裁委员会记入笔录，并告知对方当事人。劳动争议仲裁委员会收到仲裁申请之日起五日内，认为符合受理条件的，应当受理，并通知申请人；认为不符合受理条件的，应当书面通知申请人不予受理，并说明理由。当然，如果劳动争议仲裁委员会怠于履行职责，如不予受理或者逾期未作出决定的，则前置程序视为经过，申请人可以就该劳动争议事项直接向人民法院提起劳动诉讼。

当事人在仲裁过程中有权进行质证和辩论。当事人提供的证据经查证属实的，仲裁庭应当将其作为认定事实的根据。劳动者无法提供由用人单位掌握管理的与仲裁请求有关的证据，仲裁庭可以要求用人单位在指定期限内提供。用人单位在指定期限内不提供的，应当承担不利后果。仲裁庭裁决劳动争议案件，应当自劳动争议仲裁委员会受理仲裁申请之日起四十五日内结束。案情复杂需要延期的，经劳动争议仲裁委员会主任批准，可以延期并书面通知当事人，但是延长期限不得超过十五日。逾期未作出仲裁裁决的当事人可以就该劳动争议事项向人民法院提起诉讼。仲裁庭裁决劳动争议案件时，不需要对所有事项次全部裁决，也可以就其中一部分事实清楚、证据确实充分的事项先行裁决。

仲裁庭对追索劳动报酬、工伤医疗费、经济补偿或者赔偿金的案件，根据当事人的申请，可以裁决先予执行，移送人民法院执行。仲裁庭裁决先予执行的，应当符合以下条件：当事人之间权利义务关系明确；不先予执行将严重影响申请人的生活。劳动者申请先予执行的，可以不提供担保。裁决应当按照多数仲裁员的意见作出，少数仲裁员的不同意见应当记入笔录。仲裁庭不能形成多数意见时，裁决应当按照首席仲裁员的意见作出。

（三）劳动仲裁的效力

劳动争议仲裁裁决的效力分为终局与非终局效力两种。终局效力，即仲裁裁决书自作出之日起发生法律效力。仲裁裁决具有终局效力的情况主要包括：

（1）追索劳动报酬、工伤医疗费、经济补偿或者赔偿金，不超过当地月最低工资标准十二个月金额的争议。

（2）因执行国家的劳动标准在工作时间、休息休假、社会保险等方面发生的争议。

值得注意的是上述两种仲裁裁决仅对于用人单位具有一定的终局效力，而不对劳动者产生终局效力。劳动者对前述仲裁裁决不服的，可以自收到仲裁裁决书之日起十五日内向人民法院提起诉讼。除此之外，用人单位对于有终局效力的仲裁裁决还可以自收到仲裁裁决书之日起三十日内向劳动争议仲裁委员会所在地的中级人民法院申请撤销裁决。适用的主要情形包括：适用法律、法规确有错误的；劳动争议仲裁委员会无管辖权的；违反法定程序的；裁决所根据的证据是伪造的；对方当事人隐瞒了足以影响公正裁决的证据的；仲裁员在仲裁该案时有索贿受贿、徇私舞弊、枉法裁决行为的。

人民法院经组成合议庭审查核实裁决有前述情形之一的，应当裁定撤销。仲裁裁决被人民法院裁定撤销的，当事人可以自收到裁定书之日起十五日内就该劳动争议事项向人民法院提起诉讼。

非终局性裁决就是除了前述仲裁裁决以外的其他仲裁裁决。当事人对前述终局性裁决以外的其他劳动争议案件的仲裁裁决不服的，可以自收到仲裁裁决书之日起十五日内向人民法院提起诉讼；期满不起诉的，裁决书发生法律效力。

当事人对发生法律效力的调解书、裁决书，应当依照规定的期限履行。一方当事人超过法定或者约定期限不履行的，另一方当事人可以依照民诉法的有关规定向人民法院申请强制执行。受理申请的人民法院应当依法执行。劳动争议仲裁不向申请者收费，经费由财政予以专门保障。

四、劳动争议诉讼

诉讼是解决劳动纠纷的最后的法律途径，劳动争议诉讼是指人民法院对当事人不服劳动争议仲裁机构的裁决或决定而起诉的劳动争议案件，依照法定程序进行审理和判决，并对当事人具有强制执行力的一种劳动争议处理方式。劳动争议的诉讼，还包括当事人一方不履行仲裁委员会已发生法律效力的裁决书或调解书，另一方当事人申请人民法院强制执行的活动。当事人在收到一审判决书之日起十五日内或收到一审裁定书之日起十日内可提出上诉请求，当事人一旦上诉即提起二审程序，二审法院的判决、裁定是终审的判决、裁定，具有终局性。

（一）仲裁与起诉

劳动争议仲裁是法定的前置程序，因此，劳动者要提起诉讼则必须经过仲裁程序。劳动争议当事人对仲裁裁决不服的，可以自收到仲裁裁决书之日起十五日内向人民法院提起诉讼。超过十五日不起诉的，则裁决书发生法律效力。一方当事人在法定期限内不起诉又不履行仲裁裁决的，另一方当事人可以申请人民法院强制执行。仲裁以当事人撤回申诉或达成调解协议而结案的，当事人无权起诉。

当事人对仲裁委员会仲裁裁决的其中部分事项不服向法院提起诉讼的，仲裁裁决整体不发生法律效力，也就是说法院将对全部事项进行审理和判决。如果仲裁裁决是针对多个劳动者的劳动争议作出的，但只有部分劳动者对仲裁裁决不服提起了诉讼，则仲裁裁决对提起诉讼的劳动者不发生法律效力，对未提起诉讼的劳动者发生法律效力。

（二）诉讼

诉讼作为仲裁的后一阶段程序，原则上一旦当事人对仲裁裁决不服向法院提起诉讼，则仲裁裁决处于未生效状态，此处注意并非直接作废。但最终的结果以诉讼程序的进展情况不同而分为以下几种：以当事人申请撤诉结案，则仲裁裁决在法定期限届满后生效；以调解或者判决结案，法院最终的调解书或判决书产生效力，仲裁裁决不再生效。

课后作业

1. 劳动争议可通过哪几种途径进行处理？这几种途径之间有什么关系？
2. 登录中国裁判文书网，通读一则劳动纠纷案件裁判书，并谈谈感想。

劳动实践任务

一、劳动目的

通过模拟劳动纠纷谈判，让学生亲身感受谈判桌上的激烈对抗，能够灵活地适用法律武器来维护自身的合法权益，并且掌握一定的谈判技巧。

二、劳动任务

1. 设置劳动纠纷谈判的案例背景。

2. 学生自行组队，2~4 人为一组，每一轮谈判共需两组。一组模拟劳动者角色，一组模拟用人单位角色。

3. 自设劳动纠纷场景，双方进行谈判。

三、考核评价标准

1. 教师根据现场谈判情况（包括但不限于谈判结果、学生谈判时展现的谈判技巧与气场、风度等），占 60%。

2. 小组之间互评，占 40%。

四、劳动设计

1. 谈判时间及地点

2. 谈判预案设计

3. 谈判过程记录

4. 谈判结果

五、劳动心得

将本次模拟劳动纠纷谈判的感悟及对劳动法规的学习心得记录如下：

第四篇

践行劳动

爱岗敬业、勤奋工作，锐意进取、勇于创造，不断谱写新时代的劳动者之歌。

第九章　校园劳动

学习导航

目标分类	具体内容
知识	1.理解参与美丽校园的意义 2.了解参与志愿劳动与实现劳动育人功能的关系 3.了解垃圾分类的知识
能力	1.掌握基本劳动技能 2.掌握劳动工具使用技巧
素养	1.学习和掌握基本劳动技能 2.树立热爱劳动、崇尚劳动的良好品质
课程思政	.激发学生的劳动热情，厚植爱家之责、爱校之行、爱国之情

案例导读

浙旅院：让劳动教育成为学校育人的“金名片”

从 2017 年起，浙江旅游职业学院持续开展“最洁净校园行动”。行动的一大特色是通过理论与实践相结合，形成思想政治理论实践课程，并将其纳入学生综合素质学分必修项目考核。

三年来，先后有数万名学生参加，参与学生覆盖率达到 100%，学生爱校意识、感恩意识、诚信意识、团队意识得到极大提升。

一方面，开设“最洁净校园”思想政治理论课，每周针对全校学生开设 8 课时课程，每次课程通过学生线上预约报名，全校约 150 名学生参与，通过教师理论讲解、劳动实践、劳动感受分享等环节构建扎实、完整的知识体系。另一方面，把督查行动、社团活动、社会实践、志愿服务等“第二课堂活动”与课堂教育相结合，扎实推进劳动教育与思想政治教育、文化校园建设相结合，使学生在劳动实践训练中得到全面发展。

周芳如同学对“最洁净校园行动”很有感触。谈起曾经被分配到校园扫落叶工作，她说：“原本我以为扫落叶是一项很简单的工作，自从亲身打扫后，才意识到很有挑战性。下雨天，落叶贴着地表，像一颗口香糖，难以去除；大风天，刚把树叶扫成一堆，风一刮，漫天飞扬；草坪上的落叶也非常难扫，散落了一地的落叶与草坪融合在一起，扫起来非常费力。我意识到劳动非常需要耐心和技术，让我更了解劳动的意义和价值。”

资料来源：https://baijiahao.baidu.com/s?id=1667375905735780986&wfr=spider&for=pc.

案例分析

我们常说“一屋不扫，何以扫天下”。“最洁净校园”思想政治理论课是美丽校园建设的重要组成部分，对于保护校园环境，提升学生爱校意识、感恩意识、诚信意识、团队意识有着重要作用。“纸上得来终觉浅，绝知此事要躬行。”美丽的校园环境需要你我共同参与建设。只有真真正正参与到美丽校园活动当中，将自己作为美丽校园建设的一分子，明白劳动的不易与艰辛，才能更好地养成保护校园环境的习惯，做合格的美丽校园践行者。

案例思考

美丽校园创建的内容是什么？我们该如何参与呢？

第一节　美丽校园建设

一、美丽校园建设概述

马克思曾说，人创造环境。同样，环境也创造人。每个人的成长都会受到环境的影响。大学生的成长成才总是在一定的环境中实现，校园环境每时每刻都在影响和约束着大学生的思想和行为。高校校园环境犹如一个润物细无声的独特课堂，承载着思想政治教育功能。它不仅全面保障大学生的日常物质需求，而且是学校开展育人工作的重要媒介、培养全面发展人的主要阵地。洁净美丽的校园环境具有一定的调节功能，可以帮助学生调节情绪、舒缓心情，毫无保留地传送自然赋予的正能量，感受学习生活的美好和愉悦，获得心理上的安全感和归属感；洁净美丽的校园环境具有一定的引导功能，身处这样的环境中，可以无形中给学生传递信号，促使他们在思想层面产生对洁净、美丽校园的喜爱，帮助他们养成保护校园环境的行为。

习近平总书记在十九大报告中对新时代的新征程作出总体部署，“美丽”一词首次出现在建设社会主义现代化强国的奋斗目标之中，生态文明建设被提到新的战略高度。大学生作为高文化素质和高思想觉悟的群体，是国家未来的建设者和接班人，也是环境保护运动的主力军，应从美丽校园实践者开始做起，培养劳动意识，增强劳动素养。

校园环境与同学们的成长成才息息相关，同学们既是校园环境的使用者，更是校园环境的受益者：崭新的教室、整洁的寝室、洁净的食堂、井井有条的公共区域，这一切共同构成了我们美丽的校园环境。身处景区校园，如诗如画的环境带给旅院学子美的享受，同时同学们也积极为美丽校园环境的构建添砖加瓦，用实际行动守护美丽的校园环境。

为进一步丰富劳动教育课程体系内涵，培养同学们的劳动精神，珍惜劳动成果，在同学中形成尊重劳动、热爱劳动、崇尚劳动的良好风尚，全面提升劳动育人工作成效，浙江旅游职业学院自 2021 年 9 月起正式开展美丽校园建设工作。

（一）创建目标

1. 营造美丽校园环境

美丽的校园环境，带给广大同学们美的享受。优美的校园环境作为一所高校的名片，既是学校形象的代表，又奠定了校园文化的基调。浙江旅游职业学院拥有 4A 级旅游景区的萧山校区和毗邻 5A 级旅游景区的千岛湖校区，春时，这里繁花似锦；秋时，这里金风玉露；夜时，这里流光溢彩；雪时，这里白霜铺地。旅院美丽需要大家共同的守护，需要付出许多劳动才能够维持这样如诗如画的美景。这里的劳动，来自勤勤恳恳的后勤工作者，同样也来自全体旅院师生们。

将校园环境打造成营造干净、整洁、优美、绿色环保、可持续发展的教书育人环境校园，符合全体师生诉求。通过美丽校园建设，积极维护全校每一处场所的环境卫生。每天一次的轻度保洁以及每周一次的深度保洁，从教学楼到实训楼，从寝室到图书馆，从体育馆到大会堂，广大师生勠力同心，确保了室内空间窗明几净，各处楼道干净整洁，全校范围内生态环境优美、绿色高效可持续发展的教书育人氛围蔚然成风。

2. 培养美丽校园践行者

美丽校园的建设离不开每一位美丽校园的践行者，在建设过程中让每一位同学热爱劳动，使每一位同学崇尚劳动、尊重劳动，懂得劳动最光荣、劳动最崇高、劳动最伟大、劳动最美丽的道理，养成懂得劳动、热衷劳动、善于劳动的能力。

美丽校园的建设是一个长期的过程，除了制度保障和物质保障之外，更需要人员保障。每一位校园内的人，既是美丽环境的使用者又是美丽环境的维护者，这就要求我们培养既会劳动又爱劳动的美丽校园践行者：每一位即将走入社会的学生通过美丽校园建设树立正确的劳动观念，掌握基本的劳动技能；广大教职工通过美丽校园建设增加劳动积极性和创造性，形成一道亮丽的风景线。

3. 丰富劳动育人活动载体

劳动教育是中国特色社会主义教育制度的重要内容，是影响社会主义建设者和接班人的劳动精神面貌、劳动价值取向和劳动技能水平的因素之一。美丽校园建设不断丰富劳动育人活动载体，把现有的“最洁净校园”“文明寝室建设”“绿色校园创建”“专业实践锻炼”等各项活动融入劳动教育课程设计当中，实现劳动教育理论与实践相结合，课堂内与课堂外相结合，全面提高学生参与劳动实践的积极性，培养学生劳动精神，树立良好的劳动观、价值观，积极探索具有学校特色的劳动育人模式。

整合劳动教育资源，通过“实践啦·劳动在线”，可发布美丽校园建设活动、家务劳动、校园义工、劳动讲座等劳动任务，同学们在任课老师发布劳动任务之后完成相应任务，上传佐证材料，完成审批之后即可获得相应综合素质学分，实现了劳动教育的“线上+线下”全覆盖，真正实现了劳动任务可把控、劳动过程可监控、劳动结果可量化，提高了劳动教育的科学性，改变了劳动教育被窄化和弱化、实施途径的单一的现状，补齐了当前劳动教育缺内容、缺渠道、缺载体、缺路径的短板，改变了“以教代劳、以说代劳”的现象，避免了“没有劳动的教育”和“没有教育的劳动”的误区，极大地丰富了劳动育人活动的载体。

（二）建设内容

1. 以校园保洁为基础，培养学生爱校意识

校园保洁分为三个部分，第一部分是教室日常维护。按照“谁使用谁负责”原则，任课教师下课提醒学生保持卫生整洁，提醒学生带走随身物品和座位垃圾。学习委员负责课前擦黑板，生活委员负责课后关灯、关窗，班长检查整个教室卫生情况。第二部分是包干区深度保洁。各班安排值周学生，每周三定期开展包干区卫生的深度保洁，带班辅导员负责保洁检查，检查结果纳入劳动教育课程成绩。第三部分是实训室、公寓楼道保洁。实训

室保洁遵循“谁使用谁负责”原则，场地使用后及时复原并做好卫生保洁，具体由实验员负责统筹。公寓楼道保洁由劳动教育、洁净校园课程任课老师负责统筹。

通过参加日常校园保洁活动，同学们更能体会到劳动的艰辛和美丽校园环境建设的不易。爱校绝不仅仅只是口头上的表述，更要有实际的行动。像爱护自己的双手一样爱护我们的校园，不带早餐进入教室，不在校园内乱扔垃圾，不在寝室走廊乱扔纸屑，从细节处、从长远处共同爱护校园环境，以守护美丽校园环境为荣。

2. 以部门协同为抓手，提升校园管理水平

美丽校园建设需要多部门共同齐抓共管。美丽校园在硬件设施和软件设置等各个方面都体现着以人为本、以生为本的理念：教务部门制定合理的包干区划分标准作为劳动教育实践责任区；学工部门合理评价学生参与效果，作为各二级学院德育考核的重要组成纳入年度考核，同时负责设计劳动教育课程体系，将美丽校园建设活动融入劳动教育实践教学；各二级学院按照工作标准要求，做好劳动实践工作，落实好每日 1 次轻度清洁，每周 1 次全面清洁工作；组建教务处、学工部（学生处）、后勤服务处、各二级学院多部门联动的联合检查机制。

贯彻以大学生为本的教学理念，围绕学校的实际情况创新人才培养模式，多途径提高学生各方面素质，极大提升了校园管理水平，为美丽校园的建设提供人才与智力的支持。

3. 以学生成长为核心，培养合格时代新人

新时代需要新人，新人助力时代发展与进步。美丽校园建设有助于培养心灵美的新人。心灵美是教师和学生内在美的首要形象，外在美、语言美和行为美都直接来源于心灵美。通过参加美丽校园建设，能够最大限度地发挥激发学生的心灵美、责任心及爱心。美丽校园建设有助于培养道德美的新人。在当今的社会中，道德是对全体社会成员的基本行为准则和要求，在校期间经过美丽校园建设的洗礼以后，学生会成长为爱护环境、珍惜资源的素质高、道德高、修养高的优良青年。新时代不读书不行，只读书不参加一定的劳动也不行，时代赋予青年学生的使命要求青年学生一面要努力学习专业知识，另一面要积极参与体力劳动。通过理论和实践的互通，从而真正实现人的全面发展。

（三）建设标准

学校对于美丽校园建设制定了严格细致的建设标准，不同场所、不同时间有不同的保洁要求。各二级学院有专人对接美丽校园建设，坚持每天基本保洁与每周三深度保洁相结合（见表 9-1）。

表9-1　浙江旅游职业学院美丽校园建设环境保洁与维护检查表（部分）

场所	保洁内容	保洁要求
教室	地面	每天清扫，无垃圾、无毛发、无污渍
教室	桌椅	每天随时清理、擦拭，无垃圾、无污渍
	环保节能	没课的教室要关闭各种电器的电源

场所	保洁内容	保洁要求
公共区域	楼梯扶手	每天擦拭，干净、无灰尘、无污迹
	开关盒、表箱盖	每天擦拭，无灰尘、无污迹
	玻璃	无积灰、无手印

二、美丽校园创建的作用

（一）有利于促进学生全面发展，使师生具有获得感

“美丽校园”建设，能使学生在尊重自然与保护环境中获得全面发展，学校除了提供给大学生身心发展的基础设施与物质条件以外，还会通过各种方式来教育和培养大学生的生态伦理意识和品格，共同促进大学生身心全方位的健康和发展。高校的自然、人文景观建设，能充分发挥学生的主动性和积极性，使大学生正确把握自然与社会经济发展相适应的规律，恪守生态正义的伦理行为准则。

大学生在与自然和谐相处的良好品格形成中，实际上已经从正确处理人与自然的伦理关系推及正确处理人与人、人与社会的关系，能正确处理自己与自然、他人和社会关系的人，必是获得全面发展的人。美丽校园美在师生的心和行，美丽师生是校园永恒的风景。优美、环保、整洁的校园环境是传道授业解惑的理想场所，使师生内心具有一定幸福感和获得感。师生是美丽校园建设受益者的同时也是建设者，大学生在校园学习知识的同时也要参加社会实践来丰富自己的生活，进而增强自己的实践能力；教师除了传授知识，还要参加各种丰富的实践活动，所以师生努力投身于美丽校园的建设就显得格外重要。只有让师生参与到美丽校园的建设中去，才能让师生潜移默化地受到良好校园氛围的影响，从而更加深刻地体会校园特有的“大学精神”，进而使师生养成并保持良好的学习和行为习惯，最终促使师生努力学习、积极工作、乐观生活，全方位地提升师生的综合素质和道德修养。

（二）有利于提高高校发展的软硬设施条件水平，促进高校发展

高校作为大学生成长成才的重要一环，也是走向社会的关键渠道，其硬件条件和软件实力直接代表着一个高校的基本实力，简而言之，高校软硬件和设施的质量代表着一个学校对待教育的态度，更关乎着学校里各个专业、各个年级的大学生日常学习和工作以及未来的生活和发展。高校硬件设施包括桌椅板凳、多媒体设施、体育设施、住宿环境、校园环境等，这些都是大学生学习生活、工作日常接触的硬件设施，其质量直接会影响到学生的学习质量。例如，缺少质量过关的体育设施，高校大学生的身体素质无法在体育中得到有效的提高和保障；缺少高质量的多媒体设施，更会影响到学生的学习效率；恶劣的住宿和校园环境会直接引起大学生们的不满，进而引起对学校的不满，会直接影响大学生的在校就读体验。除此之外，高校也要提升校园软实力，除了新建校园设施、改善硬件设备、美化校园环境以外，更重要的是塑造校园精神、凝聚校园文化、提升校园品质，只有“内

外兼修”，才能真正成为美丽校园。因此，美丽校园建设正是高校整体硬件建设和软件建设的总体要求，符合高校自身发展的需求。

（三）有利于响应生态文明建设的号召，共同建设“美丽中国”

在党的十九大报告中，习近平总书记明确提出绿色生态文明理念，指出人类必须尊重自然、顺应自然、保护自然。人类只有遵循自然规律才能有效防止在开发利用自然上走弯路。在社会主义现代化建设过程中，要尊重大自然的生态文明发展规律，要始终把自然生态规律作为人们开展社会实践活动的准则和基本前提，使人和社会的发展更贴近自然发展规律。中国特色社会主义进入了新时代，我国社会主要矛盾发生了转变，从总体经济与社会特征角度来看，一般经历贫困、温饱、小康和富裕等发展阶段。在全面建成小康社会以后，我国将迈向中高收入的富裕发展型社会。在这一发展阶段，身心健康将成为人们非常重要的新社会需求，并将进一步带动健康、环境、文化和社会等一系列相关联的新需求。由此可以看出，在满足基本温饱之后，人们已经开始普遍追求文化需求等更高层次的需求，习近平总书记提出建设“美丽中国”，高校也理应跟随国家发展的脚步，将高校建设成为“美丽校园”。

三、参与美丽校园建设的方法

（一）知行并举，积极主动地参与校园清洁工作

马克思主义的基本观点告诉我们，实践出真知，实践是有目的、有计划地改造自然和社会的行动，劳动是美丽校园建设活动中，知识由理论到践行的重要环节。参与美丽校园建设，有三个层面的要求。

1. 认真完成劳动教育课程，学习劳动理论

每学期学院开设 1 个课时的劳动教育理论课程，包含 1 个课时的理论授课环节和 3 个课时的实践授课环节。理论可以指导实践，为了更好地完成美丽校园建设，每位同学理应掌握足够的知识储备。

2. 按照学校要求，完成校园清洁

各二级学院有各自的包干区，每位同学都有各自的美丽校园任务，按照学校分工和要求及时保质保量地完成校园清洁工作是美丽校园建设的最基本要求，也是每位旅院学子的必备功课。

3. 树立环保意识，自觉维护校园环境

在非保洁时间段，校园环境也会受到破坏：随手丢弃的小垃圾、教室内的食物包装等。唯有树立环保意识，自觉、主动地摒弃破坏校园环境的行为，纠正身边看到的不文明现象，人人做校园环境的自觉守护者，我们的校园才能时时美丽。

（二）践行绿色环保理念，建设低碳校园

党的十七大报告首次提出建设生态文明的目标；十八大报告把生态文明建设纳入中国

特色社会主义事业总体布局，使得生态文明建设的战略地位更加凸显；十九大报告进一步论述了要加快生态文明体制改革、推行低碳发展、建设美丽中国的战略部署。高等院校是为国家培养和输送人才的重要基地，也是我国实施“科教兴国”和“可持续发展”战略的平台，在生态文明建设中发挥着重要作用。因此，如何建设资源节约、环境友好、人与自然和谐共处的绿色大学校园，发挥高校在人才培养、技术创新、科学研究等方面的引领作用，对推动我国绿色生态文明建设具有极其重要的意义。

1. 减少能源消耗，守护绿色校园

广大同学严格遵守校园节能减排规章制度，人走灯熄，电器关闭。通过垃圾分类回收桶、废旧衣物回收箱等传递环保观念，进行日常环保行为；通过建立书籍循环利用、可回收垃圾兑换环保商品的有效机制在生活中养成节约资源、保护生态环境的行为习惯，自觉融入良好的绿色校园氛围中。

2. 开展绿色活动，扩大绿色传播影响力

以劳动教育课程、“最洁净校园”思政课程为基础，积极参加绿色实践活动和绿色发展论坛，绿色校园建设相关的征文、摄影、设计等竞赛活动，以自己影响身边人，带动身边人，一同践行绿色发展理念。

3. 将理论与实践相结合，提高社会实践参与度

我们常说“读万卷书，行万里路”。学生在课堂上获取的理论知识、课余参加的绿色讲座和论坛还远远不够，社会实践才是推动人才培养更加有效的途径。高校与社会相互依存，高校为社会提供人才，社会为人才提供实践机会。广大同学可以积极参与到各类社会实践中，提升自己的环保使命感与责任感。

（三）深入了解校园文化，厚植爱校情怀

“励志、惟实、博爱、精致”8 个字每位旅院人都牢记于心，这既是学校的校训，又是旅院人毕生的追求和行动指南。

学生的主体责任意识和主人翁精神，对于校园的热爱，不仅反映在课堂交流、图书馆学习、运动场锻炼，而且体现在对校园一草一木、一楼一舍的爱护上。通过积极参与美丽校园建设工作，同学们参与到校园环境的建设和维护当中，树立主人翁意识，做校园的主人，而非过客。同学们的吃苦耐劳能力和生活自理能力也得到了提高。

浙江旅游职业学院早在 2017 年就开展了以“爱校园、爱生活、爱劳动”为主题的“最洁净校园活动”，并作为公共基础课，每周三下午为学生劳动日，全校所有学生在校期间都需要参加至少一次的“最洁净校园活动”，用自己的劳动装扮“最美校园”，亲身体验劳动创造美的价值。从 2020 级新生开始，学校就将劳动教育纳入了全校学生的人才培养方案，作为公共基础课在全校开设。成立了劳动教育教研室，加强劳动教学作为第一课堂的规范化建设，组建了劳动育人辅导员工作室，丰富劳动育人的第二课堂。学校还依托周边是钱江农场的资源优势，与当地农场共建了 150 亩的劳动教育基地。同时每个学院还

借助校企合作、工学结合的平台，都建立了 2~3 个校外劳动教育实践基地，并把劳动教育融入专业实习、社会实践、志愿服务中。如旅行服务与管理学院与杭州西湖景区管委会以合作共建劳动教育基地为契机，组建了“西湖导管会工作坊”“生态文明志愿者工作坊”“卓越导游工作坊”，已有 500 多学生参与西湖景区的相关服务性劳动教育活动。在积极探索学院特色道路之外，也认真借鉴了其他兄弟院校的优良经验。可以说，爱劳动、爱美丽、爱校园是每个旅院人的共同价值追求。

第二节　志愿劳动

一、志愿劳动概述

志愿劳动是指在不求回报的情况下，为改善社会、促进社会进步而自愿付出个人的时间及精力所做出的服务工作。参加志愿活动的目的在于培养学生为人民服务，为公众谋利益的良好思想品德；推动学生接触社会，深入生活，参加社会实践，形成良好社会风尚。

我国鼓励和支持在校大学生参与社会实践和志愿活动，推动理论学习与志愿活动实践相结合。长期以来，我国提倡实行义务劳动、志愿劳动，在我国已经成为一种思想自愿和行动自觉。充分体现了集体主义精神、奉献精神和创造精神，产生了强大的鼓舞人心的精神力量，为国家建设做出了积极的贡献。作为培养社会主义建设者和接班人的高等学校，开展劳动教育与志愿服务、社会实践相结合，对当代大学生树立正确的劳动观念、锻炼强健体魄和养成吃苦耐劳的精神，具有重要作用。

在我国，志愿劳动的种类和内涵都相当丰富：如参加工农业生产劳动和各种服务性劳动，如校园保洁、植树造林，帮助烈士军属以及残疾人公益等。志愿活动应以不影响教学为前提，从实际情况出发，为学生力所能及，并向学生讲清意义，积极引导，以学校、班级、小组或团队为单位进行，也可以个人单独进行。

实践证明，志愿劳动对于培养学生全心全意为人民服务、为社会主义事业服务的思想具有重要作用。学校在组织安排志愿活动时，应该有目的、有计划地对学生进行思想教育，引导学生自觉自愿地参加为志愿服务的无偿劳动。充分发挥学校中中国共产主义青年团和团总支学生会的作用，使公益劳动具有广泛的群众基础。教师在组织志愿劳动中要以身作则，深入实际，进行指导和教育。

二、志愿劳动项目及组织类型

（一）项目类型

《中共中央国务院关于全面加强新时代大中小学劳动教育的意见》中明确指出，要强化服务性劳动，结合“三支一扶”、大学生志愿服务西部计划、青年红色筑梦之旅、“三下乡”等社会实践活动开展服务性劳动，强化公共服务意识和面对重大疫情、灾害等危机主动作为的奉献精神。可见志愿劳动对于国家进步和社会发展的重大作用。在我国有着种类众多的志愿劳动类型，可供全体学生抒发爱国情、开展报国志。

1.“三支一扶”

“三支一扶”是毕业生基层落实政策，指大学生在毕业后到农村基层从事支农、支教、支医和扶贫工作。2006 年 2 月 25 日，中央组织部、人事部、教育部、财政部、农业部、卫生部（现国家卫生健康委）、国务院扶贫办、共青团中央，决定联合组织“三支一扶”实施高校毕业生“三支一扶”计划，全面落实中央关于做好大学生志愿服务西部、服务基层工作的重要指示精神，引导和鼓励高校毕业生到西部去、到基层去、到祖国最需要的地方去，经受锻炼，健康成长，为促进农村基层教育、农业、卫生、扶贫等社会事业的发展、建设社会主义新农村和构建社会主义和谐社会做出贡献。“三支一扶”计划自 2006 年实施以来，已累计选派 43.1 万名高校毕业生到基层服务，投身农村、服务基层，在广袤的田野上挥洒热血和汗水。“三支一扶”计划成为向基层输送急需人才的重要渠道和高校毕业生服务基层的重要品牌。

2. 大学生志愿服务西部计划

大学生志愿服务西部计划，是团中央、教育部根据国务院常务会议、《国务院办公厅关于做好 2003 年普通高等学校毕业生就业工作通知》和 2003 年全国高校毕业生就业工作电视电话会议精神的要求而实施的，财政部、人社部给予相关政策、资金支持。该项计划从 2003 年开始实施，按照公开招募、自愿报名、组织选拔、集中派遣的方式，每年招募一定数量的普通高等学校应届毕业生或在读研究生，到西部基层开展为期 1~3 年的教育、卫生、农技、扶贫等志愿服务。西部计划实施以来，已累计选派 40 多万名大学生志愿者深入基层开展志愿服务，综合成效明显。作为实践育人工程，引导具有理想主义情怀的青年人，通过火热的西部基层实践进一步坚定理想信念，锤炼意志品格，升华志愿情怀；作为就业促进工程，引导和帮助高校毕业生树立正确的就业观，并为他们搭建到西部去、到基层去、到祖国和人民最需要的地方去干事创业的通道和平台；作为人才流动工程，鼓励和引导东、中部大学生到西部基层工作生活，促进优秀人才的区域流动；作为助力扶贫工程，以西部计划志愿者为载体推动校地共建，引导高校资源参与到当地的脱贫攻坚工作中。

西部计划是国家重大人才工程“高校毕业生基层培养计划”的子项目，是引导和鼓励高校毕业生到基层工作的 5 个专项之一。党中央、国务院高度关心西部计划志愿者，高度重视西部计划和研究生支教团工作。习近平总书记曾多次作出批示或给志愿者回信，肯定志愿者们在西部地区辛勤耕耘、默默奉献，为当地经济社会发展、民族团结进步做出了贡献，勉励越来越多的青年人以志愿者为榜样，到基层和人民中去建功立业，让青春之花绽放在祖国最需要的地方，在实现中国梦的伟大实践中书写别样精彩的人生。

3. 青年红色筑梦之旅

青年红色筑梦之旅是第三届中国“互联网 ”大学生创新创业大赛举办的同期实践活动。通过大学生创新创业项目对接革命老区经济社会发展需求，助力精准扶贫脱贫。实践团围绕“青春之歌”“红色记忆”“筑梦踏实”三个主题，通过寻访梁家河、走访“八一”敬老院、参观革命旧址、聆听专题辅导、开展青年乡村创客沙龙、举办乡村创客高峰论坛，学习和感受当地的精神财富，实地了解老红军、下乡知青们伟大而艰辛的青春“创业”史，为创业青年提供了一次继承延安精神、涵养创业精神、坚定文化自信的精神飨宴。

4. “三下乡”

“三下乡”即有关文化、科技、卫生方面的内容知识在农村普及，促进农村文化、科技、卫生的发展。大力开展文化、科技、卫生“三下乡”活动，是我们党全心全意为人民服务宗旨的具体体现。20 世纪 80 年代初，团中央首次号召全国大学生在暑期开展“三下乡”社会实践活动。1996 年 12 月，中央宣传部、国家科委、农业部、文化部等十部委联合下发《关于开展文化科技卫生“三下乡”活动的通知》。1997 年，“三下乡”活动在全国正式开展。通过“三下乡”活动，我们国家把发展经济、建设小康和扶贫攻坚结合起来，为农村中心工作服务，为农民致富服务；把集中活动与日常工作结合起来，抓好集中活动，发挥示范作用，做好日常工作，满足农民需要；把面上活动与雪中送炭结合起来，突出工作重点，着重帮助贫困地区的农民；通过“三下乡”活动，引导农民解放思想，更新观念，提高素质，增强致富能力；通过“三下乡”活动，使得各部门的业务工作结合起来，服务农民，锻炼队伍，推动部门工作，加强自身建设；培育农村文化市场，制定政策措施，多渠道、多形式，引导扶持农村文化、科技、卫生事业的繁荣发展。

（二）组织类型

1963 年 3 月 5 日，《人民日报》发表了毛泽东的“向雷锋同志学习”题词。“雷锋精神”成为融入中国人精神 DNA 的一个词语，“学习雷锋”也成了新中国成立初期最具志愿服务精神的活动，习近平总书记将雷锋精神的核心总结为：信念的能量、大爱的胸怀、忘我的精神、进取的锐气。雷锋精神的全民普及为志愿服务事业在中国的发展奠定了良好的基础。从历史发展的角度来看，中国特色志愿服务事业和学雷锋活动相伴相行，高度融合，雷锋精神也成了中国特色志愿服务的重要标志。党的十七大报告明确提出要“完善社会志愿服务体系”，我国现行志愿服务机制由中央文明委牵头，团中央、民政部配合，共同建立起来。这些现行的志愿服务活动大分类来说可以分为三类。

1. 以国家政策为导向的志愿服务

参与者需要具备一定的资格条件，带有选拔性质，时间较长，以项目为周期。包括：（1）青年志愿者“一助一”长期结对服务计划，这项计划以孤寡老人、残疾人、生活困难的离退休人员和下岗职工、特困学生、国家优抚对象等困难群众为主要服务对象，青年志愿者和服务对象之间建立起长期稳定的关系。(2)青年志愿者扶贫接力计划，这项计划从1996年开始实施，组织动员青年志愿者为贫困地区提供教育、农业科技推广、医疗卫生等方面的服务。(3)大中专学生志愿者暑期文化科技卫生“三下乡”活动。自1994年以来，每年组织动员近百万名大中专学生志愿者深入农村基层和受灾地区，开展了内容丰富、形式多样的扫盲和文化、科技、卫生服务，推广农村实用技术，倡导健康文明的生活方式，促进农村的经济社会发展。保护母亲河“中国青年志愿者绿色行动营计划”这项工作以“劳动、交流、学习”为主题，通过组建绿色行动营、建设绿色行动基地，集中组织青年在重点区域开展植树造林、沙漠治理、水污染整治、清除白色垃圾等环保志愿服务活动。

2. 政府职能机构、事业单位如学校等组织的官方志愿服务

主要以活动、会议为载体，如夏季奥运会、冬季奥运会、世博会、亚运会、G20峰会等。这类志愿服务涉及的面较为广泛，持续时间也短，志愿者多为临时招募。这类志愿活动知名度较高，需求人数较多，是广大学生参与志愿活动的重要组织形式。浙江旅游职业学院有众多志愿服务项目，如“春晖义工队”。“春晖义工队”由享受国家、学校资助政策的学生组成，自2014年成立以来，一直在学校大型活动志愿工作中发挥重要作用，一方面学校通过义工服务，培养学生健康、乐观、阳光、善意的品质，另一方面通过打造受助义工文化，培养学生感恩奉献、自立自强的精神品质，起到“育人”和“育心”的双重效果。

3. 民间志愿服务人士自行开展的志愿服务

这类志愿服务组织专业性较强，面向不同的群体，持续时间也较长，在全国范围内有广泛分布。如自然之友注册成立于1994年3月31日，是中国成立最早的全国性民间环保组织，全国累计超过20000人的会员群体，通过环境教育、家庭节能、生态社区、法律维权及政策倡导等方式，重建人与自然的联结，守护珍贵的生态环境，推动越来越多绿色公民的出现与成长。绿家园是1996年成立的民间环保机构，愿景是借助媒体的力量，推进环境信息公开化，提高公众对环境保护的关注与参与，推进环境公共决策的科学性和公平性。

三、参加志愿劳动的意义

实现中华民族伟大复兴的中国梦，离不开一代又一代青年学生的辛勤劳动。高校是学生志愿劳动观念形成的重要时期，应当主动参与到志愿活动当中去，感受志愿服务理念、劳动教育精神、劳模精神的独特魅力，不断提高各项劳动技能，提升综合素质，更好地实现自我价值。

(一)参加志愿劳动是学生对接社会的必要链接

2018年9月，习近平总书记在全国教育大会上重申了“培养德智体美劳全面发展的社会主义建设者和接班人”，这一重要讲话明确了我国对于志愿劳动的重视。2020年3月，中共中央、国务院印发《关于全面加强新时代大中小学劳动教育的意见》。高校作为国家创新体系的重要组成部分，担负着神圣的育人使命。随着时代的发展和节奏的加快，部分

高校出现了培养的毕业生社会适应能力差，缺乏实际体验和实际锻炼，不能与社会有效衔接，无法满足现代社会对于人才的迫切需求。广大学生有组织、有意识地参与志愿劳动，有助于提升自身的适用性、职业性和超前性，养成卓越的劳动品格，增强大学生的社会责任感与理论联系实际的能力，真正实现人才培养与职场精英的有效转换。

（二）志愿劳动是培育和践行社会主义核心价值观的有效途径

随着时代的变革与互联网的发展，当代大学生的意识形态存在着多元化的特点。新时代学生参加志愿活动，就是接受社会主义核心价值观的多维理念的熏陶。充分发挥志愿劳动育人的功效，实现德智体美劳彼此互相促进，协力引导学生在各种错综复杂的价值观发生碰撞而产生各种矛盾时坚定理想信念，培养良好的劳动品质。积极参加志愿活动既能让学生在敢于奋勇拼搏勇于创新的过程中实现个人梦想，又能够增强自身的学习热情和培育热爱劳动的良好品质。通过弘扬志愿劳动精神，让学生在劳动过程中感受集体的力量、集体的温暖，挥洒汗水激发创新灵感，自觉培育勤俭节约和积极向上的精神，为国家社会的发展贡献自己的力量。引导大学生热爱祖国、热爱人民、尊重各个行业的奋斗成果，将社会主义核心价值观内化成自己的价值追求和行为习惯，厚植爱国情怀。

四、参加志愿劳动的途径

志愿服务的发展状况是判断公民社会发育程度的一个标志性尺度，其服务内容的广泛性和活动形式的多样性决定了其在动员社会力量方面具有强大的号召力和影响力。因此，相关部门必须积极组织和完善各类志愿劳动的规章流程。对于志愿者来说，唯有不断拓展参与志愿服务的途径，建立健全志愿服务的长效机制，完善志愿劳动激励机制，才能调动和整合更多的社会力量，使志愿劳动充分发挥其社会功能，为实现中华民族伟大复兴的中国梦产生积极影响。

（一）坚持共青团承办，强化制度建设，为志愿者提供规范化的参与途径

2002 年，共青团中央、中国青年志愿者协会颁布了《中国青年志愿者注册管理办法（试行）》，对注册志愿者的定义、基本条件、权利、义务、注册程序、管理和培训、激励表彰等都做了明确规定，对于队伍建立、活动安排、时间登记以及反馈考核等方面都有很大的作用，有助于科学规范地调配志愿者资源。该办法的实施标志着我国志愿服务事业开始走上了制度建设的轨道，我国志愿者参与志愿服务也有了制度上的支持和保障。以杭州市为例，在抓机制建设的政策导向下，已形成了以市志愿者协会、区县青年志愿者协会、行业系统青年志愿者协会和街道社区志愿者服务站、服务基地等组成的完整的组织网络，基本形成了一整套志愿者招募、培训、管理、考核、激励等方面的管理制度，为志愿者参与志愿服务提供了广阔的平台和坚实的制度保障。

（二）以社区为依托，积极创办志愿者劳动基地，建立灵活多样的志愿者服务队伍

随着我国社会管理机制改革的不断深入，社区建设现已成为中国社会新的生长点并逐

渐发展为最基本的社会生活单位，个人的需要往往会在社区的层次上获得更大的满足。依托于街道或民政部门的社区服务中心成立的社区志愿组织就成为社区公民实现个人需要的主要载体，具备了动员和组织志愿者参与志愿服务的有利条件，为社区公民参与志愿服务提供了有效途径。

在现阶段，大学生是我国志愿劳动的重要力量，但是社会上也广泛存在着完全出于个人良知和志愿精神而进行义务奉献的个人，他们来自社会的各个领域，有着不同兴趣爱好和专业技能。基于此，可以社区为基地，建立灵活多样的、专业化的志愿者服务队伍，为有特殊需要的服务对象提供直接的专业服务，如法律咨询、青少年帮教等，从而提高志愿者人力资源的利用率，切实有效地落实志愿劳动的育人功效。

（三）加强志愿劳动观念的校园文化建设

积极健康的校园文化有利于大学生树立正确的志愿劳动观念，也可以给学生带去心灵的启迪，提高学生思想理念和心理素质，提高学生品德修养。通过设立“校园志愿劳动日”，创设与营造志愿劳动氛围，号召广大同学一起加入志愿劳动活动中，以此来形成一种和谐积极的劳动氛围，定期开展各类校内外公益活动。参加各种公益活动，是大学生参加志愿劳动实践活动的一项重要途径，不仅可以培养学生的奉献精神，而且能够培养大学生的责任心，践行吃苦耐劳的品质，逐步养成不畏挫折、努力迎接困难挑战的意志与信心。各类志愿劳动活动能够使学生体会到思想和道德水准的提升，进一步加强大学生志愿劳动教育，真正实现了志愿劳动教育的目的。

第三节　垃圾分类

一、垃圾分类概述

垃圾分类，是指按照一定标准或规定将垃圾进行分类储存、分类投放和分类搬运，从而转变成公共资源的一系列活动的总称。垃圾分类的目的是提高垃圾的资源价值和经济价值，力争实现物尽其用。我国高度重视垃圾处理问题，坚持以点带面逐步推进工作，2019年6月印发的《住房和城乡建设部等部门关于在全国地级及以上城市全面开展生活垃圾分类工作的通知》中，对全国地级及以上城市提出垃圾分类的总目标和大体规划，要求全面启动生活垃圾分类工作，到2025年，基本建成生活垃圾分类处理系统。当前，多个城市纷纷进行响应并颁布生活垃圾管理条例。高校学生作为未来社会生产的主力军，应具有自觉自主的环境保护意识和社会责任感，但在校园中，不乏随意丢弃垃圾或未遵照垃圾类别进行分类投放的现象，一定程度上体现出学生垃圾分类行为和意识的欠缺。

（一）垃圾产生原因

每个人每天都会产生许多垃圾，在垃圾管理较好的地区，大部分垃圾会得到卫生填埋、焚烧、堆肥等无害化处理，然而在部分地区依旧存在着简易堆放或者填埋等处理方式，导致臭气蔓延，污染土壤和地下水体。

垃圾无害化处理的费用根据处理方式的不同，每吨垃圾的处理费用在一百元至几百元不等。人们大量消耗资源、大规模生产、大量消费，最终又大量地产生垃圾。

从国内外多个城市对生活垃圾的分类方法来看，垃圾分类大都是根据垃圾的成分构成、产生量，结合本地的资源利用和处理方式来进行分类。例如，德国一般分为纸、玻璃、金属和塑料等；澳大利亚一般分为可堆肥垃圾、可回收垃圾、不可回收垃圾；日本一般分为塑料瓶类、可回收塑料、其他塑料、资源垃圾、大型垃圾、可燃垃圾、不可燃垃圾、有害垃圾等。

（二）垃圾分类原则

1. 分而用之

分类的目的是将废弃物分流处理，利用现有生产制造能力，回收利用废弃品，包括物质利用和能量利用，填埋处置暂时无法利用的无用垃圾。

2. 因地制宜

各地区的地理环境、经济发展水平，企业回收利用废弃物的能力，居民生活习惯、经济与心理承担能力各不相同。因而，进行垃圾分类时要进行更多的分类考虑。

3. 自觉自治

在校学生应逐步养成“减量、循环、自觉、自治”的行为规范，创新垃圾分类处理模式，成为垃圾减量、分类、回收和利用的主力军。

（三）垃圾种类

1. 可回收物

可回收物主要包括废纸、塑料、玻璃、金属、布料五大类。

（1）废纸，主要包括报纸、期刊、图书、各种包装纸等。需要注意的是，纸巾和厕纸由于水溶性太强不可回收。

（2）塑料，主要包括各种塑料袋、塑料泡沫、塑料包装、一次性塑料餐盒餐具、硬塑料、塑料牙刷、塑料杯子、矿泉水瓶等。

（3）玻璃，主要包括玻璃瓶、碎玻璃片、镜子等。

（4）金属，主要包括易拉罐、罐头盒等。

（5）布料，主要包括废弃衣服、桌布、毛巾、书包、鞋袜等。

以上大类的垃圾统称为可回收物。通过综合回收利用，可以减少污染，节约资源，对营造资源节约型、环境友好型社会有着重要作用。例如，每回收 1 吨废纸可造新纸 850 公斤，节省木材 300 公斤，比等量生产减少污染 74%；每回收 1 吨塑料饮料瓶可获得 0.7

吨二级原料；每回收 1 吨废钢铁可炼好钢 0.9 吨，比用矿石冶炼节约 47% 的成本，减少 75% 的空气污染，减少 97% 的水污染和固体废物。

2. 厨余垃圾

厨余垃圾又叫湿垃圾，包括剩菜剩饭、骨头、菜叶、果皮等食品类废物。经生物技术就地处理堆肥，每吨可生产 0.6~0.7 吨有机肥料。

（1）瓜皮果壳。在垃圾分类中，代表瓜皮果壳的标示为花生壳，这类食物剩余包括家中剩下的过期食用油，都属于厨余垃圾。

（2）残枝落叶。包括家中开败的鲜花都属于厨余垃圾。

3. 有害垃圾

有害垃圾指对人体健康有害的重金属、有毒物质以及对环境造成现实危害或者潜在危害的废弃物，包括废电池、旧灯管、旧灯泡、废弃水银温度计、油漆桶、过期药物等。这类垃圾一般单独进行回收或者填埋。

4. 其他垃圾

其他垃圾，也叫干垃圾。包含以上几类垃圾之外的砖瓦陶瓷、渣土、卫生间废纸等难以回收的废弃物以及尘土、食品袋等。一般采取卫生填埋的方式来减少对地下水、地表水、土壤以及空气的污染。

二、垃圾分类的意义

垃圾分类是对垃圾收集处置传统方式的革新，是对垃圾进行有效处置的一种科学管理方法。当人们面对日益增长的垃圾产量和环境状况恶化的局面，如何通过垃圾分类管理，最大限度地实现垃圾资源利用，减少垃圾处置量，改善生存环境，是当前世界各国迫切关注的问题之一。

（一）减少占地

生活垃圾中有大量物质不易降解，使土地受到严重侵蚀。实行垃圾分类，去掉可以回收的、不易降解的物质，可减少垃圾数量和占用土地 60% 以上。

（二）减少污染

目前我国的垃圾处理多采用卫生填埋甚至简易填埋的方式，占用了大量的土地；并且蚊虫滋生，污水四溅，臭气熏天，严重污染环境。废弃的电池含有金属汞等有毒物质，会对人体产生严重危害；土壤中的废塑料会导致农作物减产；抛弃的废塑料会被动物误食，导致死亡的事故时有发生。

（三）变废为宝

每年有约 40 亿个塑料快餐盒、方便面碗 5 亿 ~7 亿个，一次性筷子数十亿双，这些占生活垃圾总量的 8%~15%。1 吨废塑料可回炼 600 公斤柴油。回收 1500 吨废纸，可免于砍伐用于生产 1200 吨纸张的林木。1 吨易拉罐熔化后能结成 1 吨的铝块，可少采 20 吨铝矿。生活垃圾中有 30%~40% 可以回收利用，实现了社会、经济、生态三方面的效益。垃圾当中的其他物质也能转化为资源，如食物、草木和织物可以堆肥，生产有机肥料；垃圾焚烧可以发电，进行供热和制冷；砖瓦和灰土可以加工成建材。

（四）践行环保理念

大学生正处在人生价值观形成的阶段，思想活跃且可塑性强。积极参与垃圾分类是高校服务育人、环境育人的良好体现，也是学生提高自身环保意识的重要途径。通过了解垃圾分类知识，亲身体验垃圾分类对环境带来的改变，养成垃圾分类的生活习惯，从而改变对垃圾的错误看法，养成生态文明理念。

三、高校垃圾分类

高校内部积极实行垃圾分类，既是培养高素质人才的内在需要，也是创建文明、生态校园的需要，是利在当代、功在千秋的伟大事业，以下介绍高校内部垃圾分类的一般模式与流程。

（一）分类模式

根据学校实际状况，按照当地规定的可回收物、厨余垃圾、有害垃圾、其他垃圾四类进行生活垃圾分类。校园施工产生的建筑垃圾、绿化垃圾以及实验室危险废弃物垃圾等按照相关规定进行处置，严禁混入生活垃圾投放。

（二）分类与收集流程

应当按照规定的时间、地点，用符合要求的垃圾袋或者容器分类投放生活垃圾，不得随意抛弃、倾倒、堆放生活垃圾。

1. 学生公寓和教师公寓分类收集流程

将厨余垃圾滤除水分后装袋投放至室外厨余垃圾桶，不得混入贝壳类、木竹类、废弃餐具等不利于后期处理的物品。

后勤部门负责将厨余垃圾桶内的垃圾在规定时间运送至固定的垃圾集中装运点，对接市政厨余垃圾收运车清运，其他种类的垃圾由后勤安排车辆分类清运。

整体性强、体积大或者需要拆分后再处理的家具、家电等大件物品，须统一放置在校园内专门设置的大件生活垃圾投放点，由后勤部门负责清运，不得随意堆放于普通垃圾投放点。

2. 食堂、商户、教学楼分类收集流程

（1）学校食堂。各食堂自备符合本地标准的垃圾分类桶，厨余垃圾必须放置在厨余垃圾桶中，在固定时间段由后勤部门安排清运车直接上门收集清运至所在地垃圾处理站。

（2）校内商户。商户根据自身日常产生的垃圾情况自备符合本地标准的一类或多类垃圾分类桶。厨余垃圾必须单独放置在厨余垃圾桶中。根据后勤安排，在每日固定时间段内，商户将分类好的垃圾投放在相应对的垃圾桶内，等待后勤部门统一清运。

（3）教学楼区域。各二级学院按照美丽校园建设要求进行保洁，将产生的垃圾分类投放至相应的垃圾桶中。

3. 校园公共区域及二级学院垃圾分类收集流程

学校各公共区域保洁工作由各二级学院划分，由负责日常打扫的学生将垃圾进行分类处置，由保洁人员送至固定收集点，等待最终清运。

（三）改进措施

1. 垃圾分类观念的树立

在高校广泛开展垃圾分类的宣传、教育和倡导工作，使全体师生广泛树立垃圾分类的环保意识，阐明垃圾对社会生活和生态环境的严重危害，宣传垃圾分类的重要意义，呼吁广大同学积极参与垃圾分类，使垃圾分类成为一种社会自觉和社会风尚。

2. 改造、增设垃圾分类回收设施

可将一个垃圾桶分割成几个独立的分类垃圾桶。垃圾分类逐步细化，有利于垃圾的回收利用。分发垃圾回收指南，指导广大学生投放。

3. 改善垃圾储运形式

对于一些体积大的垃圾，应该压缩后进行储运。需要注意的是，务必注意垃圾存放点的卫生情况，坚决杜绝将存放点变成卫生死角。

4. 垃圾分类收集软件使用

科技推动生活进步，当前国家大力提倡垃圾分类，科技行业也应运而生了许多帮助垃圾分类的软件。在手机应用商店搜索“垃圾分类”即可查询到相关应用 App，如“什么垃圾”“垃圾分类”“绿色星球”“垃圾分类管家”等，帮助人们快速地查询垃圾种类。

课后作业

1. 积极参与美丽校园建设工作并谈谈参与这项工作带给你的收获。
2. 根据课本知识，自行绘制一张垃圾分类示意图。
3. 下载一个垃圾分类 App，学习利用互联网手段进行垃圾分类。

劳动实践任务

一、劳动主题

参与美丽校园创建

二、劳动目的

在参与美丽校园创建过程中，强调清洁校园的责任意识，在劳动中分工协作，甘于奉献，厚植学生热爱校园、向往美好生活的情怀。

三、劳动任务

1. 学习并了解校园文化以及美丽校园创建的内容、标准和意义。

2. 认领美丽校园创建任务，制订小组行动计划，明确小组分工。

3. 教师通过“实践啦 · 劳动在线”特色应用程序发布美丽校园创建具体劳动任务，学生可至程序中接受劳动任务、提交劳动成果，并完成师生互评。

四、考核评价标准

1. 劳动任务完成情况，占 40%。

2. 劳动反思有深度，对美丽校园建设意义理解深刻，占 60%。

五、劳动设计

1. 劳动时间及地点

2. 劳动要求

3. 劳动过程记录

六、劳动成果

1. 劳动成果展示

将劳动成果以及与劳动成果的合照记录如下：

2. 劳动心得

结合本次劳动体验，谈谈对美丽校园创建的理解。

第十章　社会实践

学习导航

目标分类	具体内容
知识	1.了解大学生社会实践的概念、特征、类型 2.了解和熟悉大学生社会实践的开展过程 3.了解大学生社会实践报告的撰写方式
能力	1.掌握社会实践的开展流程 2.学会撰写社会实践报告
素养	1.学习和认知社会实践中应具备的领导力素质 2.学习并提高文字素养
课程思政	1.理解大学生社会实践是促进课堂教学与社会实际相结合、全方位培养高素质人才的重要方式 2.激发学生的参加社会实践活动的热情，引导学生树立正确的世界观、人生观和价值观

案例导读

浙江旅游职业学院报送的政务信息获国务院领导批示

近日，由浙江旅游职业学院宣传部报送的政务信息《中小微旅行社经营状况调研报告》(以下简称《报告》)经逐级采编后，被国务院办公厅综合采用，并获国务院领导批示。同时，学校收到浙江省文化和旅游厅办公室拟发的感谢信。

《报告》对浙江的中小微旅行社开展抽样调查，拟写了中小微旅行社的经营状况、市场信心、企业转型、纾困政策等多个方面的困难以及相关诉求，并提出了相应的意见建议。其中，学校数据统计中心提供了省内中小微旅行社的经营数据以及信心指数等基础性数据，为报告提供参考基准。

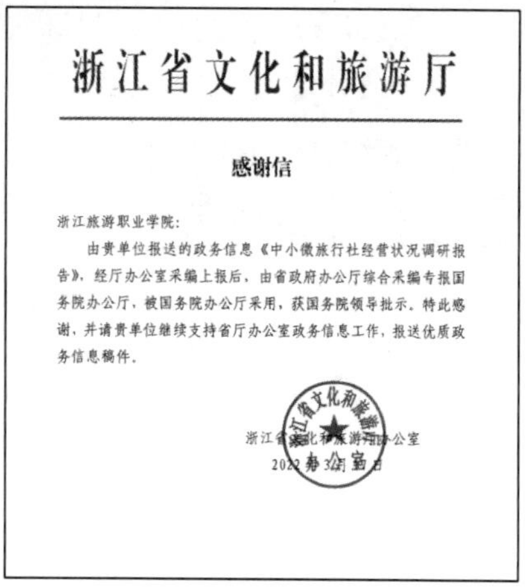

浙江省文化和旅游厅

感谢信

浙江旅游职业学院：

由贵单位报送的政务信息《中小微旅行社经营状况调研报告》，经厅办公室采编上报后，由省政府办公厅综合采编专报国务院办公厅，被国务院办公厅采用，获国务院领导批示。特此感谢，并请贵单位继续支持省厅办公室政务信息工作，报送优质政务信息稿件。

浙江省文化和旅游厅办公室

2022年3月[illegible]日

《报告》坚持问题导向、需求导向和效果导向，深入旅行社调研，了解困难诉求并反映旅行社心声，为旅行社和政府搭建了沟通桥梁，帮助旅行社解决实际问题，是“三为”之“我为企业解难题”的有力举措。

近年来，学校聚焦急难愁盼，积极开展“三为”专题实践活动。其中，在为行业企业解难题方面，学校组织了 58 支团队 300 余名师生分赴 31 个县（市、区）服务我省旅游“微改造、精提升”，共同制订服务团队项目任务清单 12 项；连续 14 年开展“暑期免费送教下乡”活动，44 位教师开展 105 场送教，涉及全省 47 个县（市、区），受益人数超过 5000 余人；开设了各类培训班 83 期，培训人数达 10536 人。此外，由学校报送的《服务乡村振兴战略　助力万村景区建设》案例入选 2021 世界旅游联盟——旅游助力乡村振兴案例，《师生献锦囊　乡村变景区》案例入选全省高校党史学习教育“三为”实践活动“最佳案例”。

资料来源：https://www.tourzj.edu.cn/UpLoadFiels/png/2022-3/20220328140900772.png.

案例分析

社会实践总结报告是一次深入的回顾、反思与总结，是对社会实践活动的思想和经验概括，是对理论联系实际程度与效果的一次全面检视。对个人的成长和成才，进一步推动社会实践活动的深入发展与提高都有重要意义。

案例思考

你觉得社会实践重要吗？为什么？一份优质的实践报告应该是怎样的？

第一节　大学生社会实践概述

一、大学生社会实践的概念

大学生社会实践活动是高校按照高等学校人才培养目标的要求，有计划、有目的、有组织地深入社会，积极参与社会政治、经济和文化生活，以了解社会，增长知识技能，培养正确的世界观、人生观和价值观的实践活动过程。

大学生社会实践活动有广义和狭义之分。广义的大学生社会实践活动是相对于理论学习以外的各种实践环节，既包括与生产劳动相结合的实践活动，又包括与课堂教学相结合的实践活动，如生产实习、毕业实习等。狭义的大学生社会实践活动是指教学计划以外的，与课堂教学相结合的各种实践活动，如社会调查、社会服务等。

二、大学生社会实践的特征

（一）实践性

大学生社会实践是借助实践对认识的决定性作用来实现其在人才培养中的重要作用的。在社会实践中接触社会，通过亲身参与各种实践活动来了解社会，在实践中验证理论、运用理论，深化对理论的认识，增长才干，服务社会，在改造客观世界的同时又改造自己的主观世界，塑造人格，提高综合素质，培养创新能力，实现全面发展。专业实习、调查研究、勤工助学、社团活动、志愿者活动等都具有较强的实践性，能在实践中实现检验认识真理的目的，达到理论与实践的统一。

（二）创造性

大学生参加社会实践活动，一般处于半社会化的状态。面对的是不断变化的新环境，由此必然会产生新的矛盾和问题，完全靠书本知识或学校经验是不能够解决的。这就需要大学生将学校所学的专业理论知识运用于社会实践，充分发挥自己的主观能动性，创造性地提出解决矛盾和问题的新方法。在社会实践过程中锻炼创造性思维方法，积累丰富的社会经验，培养自己的创新精神和创新能力，为今后走向社会、进行创造性的工作奠定坚实的基础。

（三）成长性

青年时期是大学生身心发展成熟的成长期，是世界观、价值观和人生观的形成期，是了解适应社会、扮演社会角色、承担社会责任的过渡期。社会实践就是一种形成、提高和完善大学生思想素质、政治素质、道德素质与心理素质的活动。通过这种活动，形成和坚定爱党、爱国、爱社会主义的信仰、信心与信念，树立科学世界观、人生观和价值观，具备志存高远的理想与目标追求，铸造不畏艰难的坚强品质与坚韧不拔的毅力，培养健康的人格与包容之心，学会处理各种复杂的社会关系，注重改造主观世界，提升综合素质，拓展各种能力，尽快成长为社会所需的卓越人才的活动。善于协调个人利益与集体利益的矛盾，在精神不断完善、升华的过程中实现大学生全面发展和成长成才。

（四）社会化

大学生社会实践具有社会化的特点，是因为实践的主体是即将走出校门踏入社会的准劳动者。通过社会实践，大学生即将投入真实的社会环境，接触更广泛的社会群体，深入了解国情、社情，做好在社会生活中创造财富、赡老抚幼、履行社会职责的准备，缩小与校外现实社会的不适差距，以便应用所学所能更好地服务社会。

三、社会实践的形式

目前，社会实践的活动方式呈现多元化的趋势，主要包括：社会调查、法律宣讲、环境保护公益活动、科技创新实践、“三下乡”活动、文艺展演、义务支教、“红色之旅”参观学习、志愿者活动、挂职锻炼、预就业实习、生产劳动、学习参观等。

（1）社会调查。组织大学生围绕当前热点问题，结合实际、结合专业，开展调查研究，在调查中找出问题、分析问题，提出有价值的解决意见，形成调研成果。同时，在日常学习生活中，要加强新闻敏锐性的锻炼，抓住当前社会的热点问题；通过暑期社会实践系列讲座，加强对社会调查的选题、途径、过程的管理和指导，正确认识社会现象，掌握科学研究方法，提高分析问题和解决问题的能力。

（2）法律宣讲。对于不同的群体，广泛开展法律宣传，比如对于城区居民，开展交通法规侧重性的宣传，对于沿海居民，开展渔业保护法的相关宣传等，以提高广大群众的法律意识和法制观念。在为建立法治社会良好秩序的过程中，自身的法律意识得以加强和提升。

（3）环境保护公益活动。保护环境，减轻污染，遏制生态恶化，不仅是政府社会管理的任务，而且是全社会的使命。作为大学生，更有义务贡献自己的一分力量。通过环境系列讲座，协助清理垃圾等活动，共同营造和谐的“绿色生活”。

（4）科技创新实践。作为大学生“挑战杯”申报项目的预演，积极参与“创业设计大赛”，规范和促进科技成果转化，开展创业实践，提高创业技能。不断提高科学素养，培养良好的学术道德，弘扬求真务实、开拓创新的科学精神。

（5）“三下乡”活动。树立“从农村来，到农村去”的思想，以农村为载体，结合课堂专业知识教育与思想政治教育，为农民解决实际问题，为群众办实事、做好事、解难事，引导大学生运用所学知识和技能服务人民、奉献社会，培养为人民服务的道德观，发扬艰苦奋斗、甘于奉献的精神，鼓励大学生树立“到西部去，到祖国需要的地区”的服务意识，为志愿服务西部计划、“三支一扶”计划的实施出力。

（6）文艺展演。在郊区、农村，文化生活显得尤为缺乏，建立以学生团队为主体，学生自行组织、参与的社区、乡镇文艺演出团队，结合法律宣讲、先进文化传播、环境保护等方面，在为广大农民提供娱乐的同时，达到建立环保型、知识型舒适型小区、乡镇的目的，同时为大学生提供良好的锻炼机会，培养组织协调能力。

（7）义务支教。以希望学校、郊区贫困学校、西部不发达地区的学校为平台，成立义务支教小组，运用所学知识和技能，积极服务农村教育，达到服务新农村建设的目的，为大学生提供了解社会、锻炼自我、展示自我的机会和舞台，促进综合素质的全面提高。

（8）“红色之旅”参观学习。结合大学生党员建设，组织学生到博物馆、纪念馆、展览馆、烈士陵园等爱国主义教育基地学习参观，了解中国革命、建设和改革开放的历史和成就，增强对中国特色社会主义的热爱，激发对全面建成小康社会、实现中华民族伟大复兴的责任感。

（9）志愿者活动。如大学生志愿服务西部、志愿服务辽西北、走进社区帮助弱势群体等，是一种尽己所能、不计报酬、帮助他人、服务社会的活动形式。其中，有的是以各种节假日、纪念日为契机，走进社区和街道进行志愿服务；有的是为国家、省、市承办的大型活动进行志愿服务；有的则是在偏远、贫困的地方，奉献爱心，实现自我价值。

（10）挂职锻炼。到企事业单位担任一定职务，经受锻炼，丰富经验，增长才干，了解社会，了解国情，更普遍地接触人民群众。

（11）预就业实习。通过该形式，学生能得到专业指导，更深刻地了解专业形势，是一种有效的检测自己专业知识的手段。

（12）生产劳动。可以选择到工厂、企业参与生产，也可以选择到农村参与耕作劳动。

（13）学习参观。深入工厂、农村、重点工程或改革先进单位进行实地考察参观。

四、社会实践的意义与作用

（一）促进社会交往能力

大学生在社会实践活动中需要培养的社会交往能力主要包括：①人际交往能力。从学生的角度来讲，要有良好的人际关系就必须具备较强的人际交往能力。在社会实践活动中，要提高大学生的人际交往能力，就要让大学生学会与他人沟通、相处和共事，学会正确评价他人，看到别人的优点，学会换位思考看待问题，在与他人交往中体验信任与尊重。②团队合作精神。高校社会实践往往具有团体性质，具有集体性、合作性、整体性的特点。社会实践就是让大学生从熟悉环境到陌生环境，必须正确处理个人与集体、个人与他人之间的关系，培养自己的团队合作精神。

（二）培养独立生活能力

独立生活能力是一个人过正常生活必须具备的最基本能力，它包括对艰苦环境的适应能力和面临挫折时摆脱困境的应变能力。独立生活能力关系到一个人一生的发展和成功，从对他人的依赖到独立生活，这是大学生人生发展的必然趋势和结果，也是健康、成熟的具体体现。一个人独立生活能力的强弱是其品德智力、技能、体力、意志和吃苦耐劳精神等素质的综合反映。

（三）提高社会适应能力

大学生参加社会实践，既是提高人才培养质量，促进大学生健康成长的需要，又是保持经济社会持续稳定发展的需要，同时，也是提高大学生实践能力、社会适应能力、创业能力、创新能力的重要途径。大学生通过参加社会实践，有利于了解社会，认识国情，开阔视野，增长才干，养成理论联系实际的良好学风；有利于大学生锻炼意志，陶冶情操，树立正确的世界观、人生观和价值观。

第二节　大学生社会实践的计划与实施

一、大学生社会实践计划的概念与特征

（一）大学生社会实践计划的概念

大学生社会实践计划是实践者在开展社会实践活动前撰写的一份予以指导规范实践行为的计划书。其除了对实践活动项目起计划指导作用外，还是项目能否成功申报的关键因素。因此，大学生社会实践计划的撰写是社会实践开展前的关键一环。

一份完整的社会实践计划书主要包含以下几个部分：活动背景、目的及意义、活动时间与地点、活动日程、人员安排、安全应急预案以及实践活动后的总结内容，撰写一份具体的计划书应该依据实际项目情况而定。

（二）大学生社会实践计划的特征

1. 目的性

无目的性的行为便无成果而言，确立明确的目的是顺利进行社会实践活动的首要前提。为什么要开展社会实践活动，进行社会实践活动要达到一个什么目的，学生心中首先要清楚这些问题，把目的通过一定的形式贯穿下去。无目的或有“模糊性”目的的社会实践活动非但不能产生多大的正面教育作用，反而会引起一些不应有的负面影响，随意性更是社会实践活动之大忌。社会实践计划是在社会实践活动前必须完成的工作。在社会实践计划的制订中，一项重要工作就是要明确社会实践活动的主题、目的及预期成果，让团队成员朝着既定目标共同努力。

2. 可操作性

可操作性是指事情或项目的组织管理程序、方法在具体实施前及实施过程中是否能很好运用起来、运用是否流畅，以至于最后的行动能否实施得下去。社会实践计划不仅是参加社会实践所必需的，而且是指导社会实践所必需的。它对整个社会实践活动起到的是引领作用。因此，社会实践计划应该具有可操作性，才能在具体实践过程中更加完美地实现它的作用。

3. 不确定性

社会实践计划是在活动开展前制订的，无论是活动日程安排、人员安排还是资金支出都是对实践活动的一种规划或者设想。因此，社会实践计划只是对社会实践活动的初步安排，具有不确定性。具体活动事项和细节要根据实际情况而定，当客观实际情况发生变化时，社会实践计划也同样要随着具体实际情况的变化而做相应的调整。

二、大学生社会实践计划书撰写

（一）计划制订中应遵循的原则

社会实践计划是保证社会实践顺利开展的第一步，社会实践计划直接关系到社会实践

开展的效果，是实践项目开展与否的决定因素。因此，社会实践计划的制订首先要确保内容的合理性和可行性，同时又要将整个社会实践的细节考虑在内，要始终把安全放在首位。社会实践计划编写的原则主要有以下几个方面。

1. 坚持“以人为本”原则

坚持“以人为本”原则，就是在制订社会实践活动计划时，牢固树立实践教育的思想，把提高大学生思想政治素质作为社会实践活动的首要任务，使大学生在实践过程中受教育、长才干、做贡献。

2. 坚持理论联系实际原则

坚持理论联系实际原则，就是在制订社会实践计划时，注意将理论与实际相结合、课堂与社会相结合、集中与分散相结合，尽可能多地让每一个大学生深入基层，双向受益，提高社会实践的针对性和吸引力。

3. 坚持安全第一原则

坚持安全第一原则，就是在制订社会实践计划时，根据学生个体和地域的实际情况，分析活动安全风险，提出较为详细的安全预防方案，并预留多个活动方案，确保整个社会实践活动的安全。

4. 坚持就近原则

坚持就近原则，就是在制订社会实践计划时，在团队组成方面坚持团体性并采取就近原则，即注意由家乡所在地或相近城市、地区的人员组成团队，并在其家乡所在地附近围绕一个或多个主题开展社会实践活动。

（二）社会实践活动方案的主要内容

对事项或任务排序以后，要对每个事项或任务拟订具体、清晰的行动方案。行动方案包括七大要素（5W2H）：What——做什么，需列出事项清单；Why——为什么做；Who——谁去做；Where——在哪里做；When——何时做；How——怎样做；How much——所需资源有哪些。具体分析如下：

1. 计划书的名称

这部分内容尽可能具体地写出实践活动的名称，如“关于丽水留守儿童问题的调研活动方案”，格式为页面居中。当然也可以在写出正标题后，再添加一个副标题写在下面，如“温暖留守儿童，关爱农村教育——关于丽水留守儿童问题的调研活动方案”等。

2. 活动背景

这部分内容应根据策划书的特点在以下项目中选取内容重点阐述，具体项目有：基本情况简介、主要执行对象、近期状况、组织部门社会实践活动开展原因、社会影响以及相关目的和动机。然后说明问题的环境特征，主要考虑环境的内在优势、弱点、机会及威胁等因素，对其做好全面的分析，将内容重点放在环境分析的各项因素上，对实践活动所涉及的情况进行详细的描述，并通过对情况的预测制订计划。如环境不明，则应该通过调查研究等方式进行分析。

3. 活动的目的、意义和目标

社会实践活动的目的与意义要用简洁明了的话语将其要点表述清楚。在陈述目的要点时，该社会实践活动的核心构成或策划的独到之处及由此产生的意义（经济效益、社会效益、媒体效应等）都应该明确写出。社会实践活动的目标要具体化，并需要满足重要性、可行性、时效性等要求。

4. 社会实践需要的资源

社会实践活动所需的人力资源、物力资源、需要的场地等都要详细列出，而且可以列为已有资源和需要资源两部分。

5. 社会实践活动的开展

作为策划的正文部分，表现方式要简洁明了，使人容易理解，但表述方面要力求详尽，写出每一点能设想到的东西，避免遗漏。在此部分中，不仅仅局限于用文字表述，也可适当加入统计图表等。对策划的各工作项目，应按照时间的先后顺序排列，绘制实施时间表有助于方案核查。人员的组织配置、社会实践活动对象、相应权责及时间地点也应在这部分加以说明，执行的应变程序也应该在这部分加以考虑。

6. 社会实践经费预算

社会实践活动所需要的各项费用，应该根据实际情况进行具体、周密的计算后，用清晰明了的形式列出。

7. 社会实践活动中应注意的问题及细节

内外环境的变化，不可避免地会给方案的执行带来一些不确定性因素，因此，当环境变化时是否有应变措施、损失的概率是多少、造成的损失多大、应急措施等也应在策划中加以说明。

8. 社会实践活动负责人及主要参与者

在方案中要注明社会实践活动的组织者、参与者、社会实践走访的单位及联系方式等（如果是小组策划应注明小组名称、负责人等）。

（三）大学生社会实践选题

1. 社会实践选题的理念

（1）价值指向。价值指向是社会实践项目主题甄选的逻辑起点。要根据党和国家的重大决策，用科学鲜明的社会实践主题引导大学生了解国家的大政方针，了解社会热点，主动思考，积极投身国家经济、社会和文化等各方面的建设中。

（2）人本指向。社会实践项目实施的主体是学生，因此，人本指向即要充分发挥学生的主体性作用。社会实践选题要以满足大学生成长成才为目的，激发学生主观能动性，引导、帮助大学生深入思考想要分析和研究的问题。甄选主题的过程中，学生带着任务查阅资料、集中研讨、撰写成果，由被动接受任务变为主动探究问题，真正成为学习和实践的主体。

（3）问题指向。问题指向应该以社会热点和学生需求作为切入点，丰富社会实践选题内容，并将学生的兴趣点、困惑与实践主题甄选相统筹。要围绕实践主题甄选列出问题，强化问题意识，深化学生对主题甄选的理解，增强对主题甄选的认同感，吸引学生积极、主动地探究实践内容，帮助学生运用所学的理论知识分析和解决问题。

2. 社会实践选题的方法

（1）结合所在学校的学科优势与专业特色。在社会实践主题甄选中，学科优势与专业特色是比较直接和有效的入手点。一来有利于塑造高校社会实践团队的独一无二性，如果社会实践成果良好，可进而形成“品牌效应”。二来有利于调动学生对专业的学习兴趣，激发参与社会实践的热情，提高社会实践的活动效果。因此，结合学校的学科优势与专业特色是大学生社会实践选题的一个重要统筹方法。结合学科优势的选题，社会实践形式十分广泛。既可以通过学习参观将书本理论知识转化为感性认识，又可以通过开展科技发明、专业服务等将所学知识与技能加以应用与实践。结合专业特色的选题，开展起来相对灵活多变。实践选题统筹应考虑与学生在不同阶段的专业课程、学习环境及实践地点相吻合，并针对具体的实践内容与实践方式给出不同的统筹选题链。

（2）结合大学生关注的社会热点焦点问题。时代在变化，思想在碰撞。青年是祖国的未来，民族的希望。结合大学生关注的热点焦点问题，牢牢抓住大学生关心的热点，不失时机地开展社会实践，是社会实践主题甄选的一个重要方法。大学生关注的热点焦点问题与社会实践选题是天然统一的关系，二者相互融合、共同促进。社会实践的选题从大学生关注的热点焦点中来，帮助解决大学生在学习和生活中遇到的困惑与迷茫，热点焦点又为社会实践选题指引方向，帮助社会实践的研究更具有现实意义，从而全面提升大学生的综合素质，培养社会主义的建设者和接班人。

（3）结合实践主体的兴趣特长。实践主题甄选要充分尊重实践个体的兴趣与特点，只有实践主体拥有对实践选题的热情与爱好，才能保证其在实践过程中享受社会实践带来的快乐和动力。兴趣是最好的老师，个感兴趣的题目能够带给实践者无尽的能量和源源不断的动力。故而，结合实践主体的兴趣特长，是社会实践选题的另一个重要方法。

三、大学生社会实践的实施过程

（一）整体流程

1. 了解相关政策

学生可以通过暑期社会实践宣讲会或从学校网站下载相关文件，或咨询团委老师负责实践工作的学生干部等，初步了解社会实践活动的主题、内容和政策。

2. 开展前期咨询

在社会实践活动准备工作之前，学生可向学校团委、各院系分团委、各院系社会实践指导教师详细咨询社会实践的主题、内容、流程等。要提前与带队教师和团队成员研讨实践活动相关的具体事宜，也要向曾参与过暑期社会实践的同学了解活动过程中可能会遇到的问题。

3. 确定社会实践活动的主题

社会实践活动组织者主要根据每年校团委暑期社会实践活动的选题范围，结合个人兴趣、相关专业、组织特性以及指导教师的意图，初步确定选题范围。主题初步确定后，可与团队指导教师商洽，最终确立社会实践活动的主题。

4. 发起活动倡议

社会实践活动组织的核心是寻找活动的核心人员。社会实践活动的组织者可根据课题性质确认团队的核心人员，也可通过同学介绍、学生会等社团部门推荐或者全校性招募等方式选择团队核心成员。核心成员不宜过多也不宜过少，要结合社会实践活动的性质、活动内容、成员能力等多方面因素，综合考虑，注重合理搭配。

5. 制订社会实践活动方案

社会实践活动方案应由活动核心成员共同制订。一个完整的方案应该包括以下内容：社会实践活动的宗旨、目的、意义，团队其他人员的招募，队员的体能培训方案，社会实践活动进程安排，团队应急预案，活动资金预算等内容。社会实践活动方案初步完成后，可找专业的指导教师和团队的带队教师对方案进行可行性评估，修改后确定最终方案。

6. 组建实践团队

团队组成人员一般包括团队队长、指导教师、联络员、卫生安全员和财务管理员等。因团队性质的不同，各团队的成员结构也各异。应按照团队制订的社会实践活动计划，有针对性地在全校范围内招募其他团队成员，最终成立实践团队。

7. 上报社会实践活动申请

实践团队负责人可以到其所在院系的分团委领取社会实践活动申请的相关材料，在规定的日期内完成申报材料的填写，并上交学校主管部门。社会实践活动申报材料要根据要求认真、仔细、规范地填写。

8. 开展团队培训工作

团队培训是社会实践活动开始前最重要的一部分。团队可邀请有相关经验的教师或往届暑期社会实践的优秀人员对团队成员进行培训。团队培训的主要内容包括生能、专业知识、体能、安全知识和紧急医疗知识等。

9. 做好出发准备

社会实践活动出发前，团队负责人需要再次确认路线、社会实践的内容、是否购买保险、社会实践过程中需要的证件和证明是否备齐等。出发前夕，团队负责人要进一步与实践地取得联系，确保社会实践活动的顺利开展。另外，团队安全管理员需要准备好相关医疗应急用品，各组队员需要自行准备好生活必需品。

10. 开展社会实践活动

实践团队根据实践活动主题统一安排实践活动，每位成员每天必须完成不少于一篇的暑期社会实践活动日志，活动结束后认真做好总结。在此基础上，撰写社会实践的调研报告。有条件的实践团队，还要整理相应的录音材料或摄像记录，并对社会实践活动进行实时报道。在实践活动开展过程中要特别注意安全。

11. 整理实践活动材料

社会实践调研活动结束后，各团队要及时整理调研活动的相关材料。材料主要包括社会实践登记表、调研图片、录音材料、个人日志、团队总结、社会实践调研报告、社会实践活动鉴定表（加盖实践基地公章）。社会实践相关材料汇总后，由团队负责人撰写社会实践验收报告。

12. 提交验收材料

实践团队按照校团委的要求，在规定时间内送交社会实践相关材料。

（二）行前准备

1. 衣、食、住、行的准备

（1）衣：以轻便实用为原则。为防天气骤变，应当根据当地的气候准备一两件较厚的衣服，最好有一套防雨的外套，同时准备一双舒适的运动鞋、一顶遮阳帽。留意天气动向，及时增减衣服。各地天气变化无常，要做好充分准备。

（2）食：以卫生为原则。出门在外，由于周围环境的改变、乘坐交通工具的颠簸以及身体的劳累，很容易造成消化功能紊乱。若不讲究饮食卫生，可能导致“病从口入”以及发生各种胃肠道疾病或食物中毒。所以一定要注意卫生，预防食物中毒。饮食要有节制、有规律，不要乱吃不洁的食物。同时，一定要多喝水。在进行社会实践活动过程中，走路较多时容易出汗，如果有比较长的行程最好带上饮用水。如果有条件，喝适量淡盐水，这一点十分有必要。1 克盐加 500 毫升水，可补充机体的需要，平衡汗液带走的无机盐，也可预防电解质紊乱。旅途中喝水要少量多次，口渴时不要一次猛饮，应分多次喝。天气即使再炎热也不要喝 5℃以下的水，10℃左右的凉开水最好，可达到降温解渴的目的。但是，最应引起重视的是饮水卫生。不要喝生水，尤其是被污染的河水、井水等。

（3）住：以安全为原则。在选择住宿地点时，一定要谨慎，以安全、卫生、少花钱为宜，如企事业单位的招待所、高校留宿处等。注意保证睡眠充足，按时作息，以养精蓄锐。住宿时财物要保管好，贵重物品随身携带，谨防偷盗。不要把行李放在宾馆房间提供的柜子里，以免离开时匆忙忘记携带。

（4）行：以简易方便为原则。临行前要检查生活必需品是否齐备，如衣物、洗漱用具、防晒驱虫用品、雨具、常用药品等。行李压缩打包，精简为宜。为防行程颠簸，应当对晕车、晕船等症状有所准备。

2. 相关方案准备

大学生社会实践活动实施之前要准备好相关的活动方案，如社会实践活动实施总体方案、社会实践活动应急预案等。此外，还要准备好相关的文件资料证明等材料。证明材料主要是介绍信、实践地接收证明等。其他文件资料主要包括学生证、身份证、社会实践活动考核表等。

3. 思想准备

大学生在进行社会实践活动之前，应当在思想上做好充分准备。要把自己的角色从一个学校的学生转换成一个能够融入环境的社会人。社会实践大多是在寒（暑）假中进行，夏季进行实践时，高温、暴雨等恶劣天气给社会实践活动带来了不便，给参加社会实践活动的部分大学生造成了较大的压力。大学生要从思想上正确认识社会实践活动中遇到的困难，不要因为生活环境、物质条件等外在条件的变化而变得不适应、垂头丧气，甚至退出社会实践。要坚信不经历风雨怎会见彩虹，相信自己有能力、有毅力克服困难，圆满地完成社会实践活动的各项任务。

4. 体质准备

为了保障社会实践活动顺利进行，圆满完成社会实践活动的各项调研任务，大学生要在实践活动开展之前做好体质上的充分准备。例如，加强身体锻炼、调整饮食习惯等，这些充分的准备有助于社会实践活动的顺利开展。

5. 知识准备

经过系统学习，大学生自身已经具有了一定的知识储备。但是在社会实践开展之前，还是应当有针对性地进行相关知识准备。这里所指的知识准备是指大学生对社会实践涉及的专业等方面的知识要有更为深入的了解和掌握，尤其在开展专业型或者学术型社会实践活动时，这方面的准备更为重要。参加社会实践的大学生还应当对实践地的风土人情、生活习俗等有深入了解。

此外，行前准备还可能有其他方面的准备工作，这都要根据外界环境和客观条件的变化做相应的调整。例如，关于社会实践活动经费问题，在实践活动开始之前，要根据实践活动的需要提前做好经费预算，在实践活动开展前准备好相应的活动经费。但当物价上涨或交通费用上调后，社会实践活动经费就要相应进行调整，后期的社会实践活动就可能需要追加活动经费，以保障社会实践活动的正常进行。

（三）社会实践活动的记录与总结

1. 活动记录

大学生社会实践活动一般要经历 2~4 周时间，集中实践时间一般为 2 周左右。做好实践情况的记录对于事后整理和归纳相关材料非常重要。社会实践活动的记录，既可以采用纸质材料书写记录的方式，又可以利用先进的通信媒介，如录音笔、手提电脑、智能手机等进行录音、拍照。记录下来的资料既是社会实践活动开展的证明，又是顺利完成社会实践活动总结的重要保障。

2. 活动宣传

在大学生社会实践活动开展过程中，要做好宣传报道和信息报送等相关工作。要根据本团队实践活动的开展情况及时与报纸、电视台、网络等新闻媒体联系，深入挖掘社会实践活动内涵及活动新闻亮点，扩大实施活动的影响力，争取在国家级、省级、市级各主要新闻媒体上进行报道。同时，要及时上报工作材料，切实有效地推进社会实践活动的深入开展。社会实践团队可以建立专属微博、网站、QQ 群及微信群等，根据实践进度情况，实时发布活动情况、展示实践团队风采。实践团队也可以通过关注“浙江团省委学校部”腾讯官方微博或者“浙江省学生联合会”新浪官方微博并及时向其发送有关社会实践活动的相关信息，让社会及时了解大学生社会实践活动的开展情况及取得的成果。

3. 活动实施总结

社会实践活动在实施后，要进行全面总结和分析。社会实践实施后的总结能够让实践的参与者从不同的角度分享实践活动中的所见所闻、认识及感想；能够让参与者回忆、思索社会实践过程中的点点滴滴；能够让参与者充分认识到“实践是检验真理的唯一标准”的真谛。在实践中，参与者能够发现自身存在的缺点和不足，更好地提升自己。社会实践实施后的总结也能够凝练社会实践开展过程中取得的经验，能够帮助大学生发现社会实践实施中存在的不足，为下一次社会实践活动的顺利开展奠定基础。

第三节　大学生社会实践报告撰写

一、大学生社会实践的文体类型

（一）实践简报

简报就是有关实践工作简要的情况报告。大学生社会实践简报主要用于向学院系所报告社会实践动态、经验或问题。实践简报要求逻辑合理，结构清晰；主题明确，素材典型；内容能够反映实时动态、现有成果、活动亮点和存在的典型问题与困难等。

实践简报写作方法灵活多样，除叙述外，可以描写、议论，也可以穿插人物对话和自己的体会、感受，既可以用第三人称的报道形式，又可以写成第一人称的访问记、印象记或日记体等，可以小标题的形式将要简报的内容条理化。

（二）实践新闻稿

这里的社会实践新闻稿强调的是为了宣传和教育的需要，由参加社会实践的大学生个人或群体撰写的新闻作品，主要是针对学校学院微信公众号平台、校园网站的需要，好的新闻稿也可以上达省市级及以上媒体。

大学生社会实践新闻稿常用的主要有消息和通讯两种。消息是新闻的主要形式之一。它篇幅简短，报道迅速，时效性强，适合传播新鲜的、重要的或有趣的事实。消息一事一报、简洁明快，篇幅短小，能迅速、及时传播现实生活中各种新鲜事。

与消息相比，通讯在反映新闻事件方面，具有完整性、形象性、灵活性等特点。通讯可分为人物通讯、事件通讯、工作通讯、概貌通讯和小通讯几种。人物通讯以人物为主要报道对象，可写全人全貌，也可截取一段来写；可写一人，可写几人。事件通讯以事件为主要报道对象，事件要有典型性，可以是正面事件，也可以是反面事件。工作通讯以研究工作问题、介绍工作经验为主，具体形式有采访札记、记者来信、工作研究等。概貌通讯以写概貌、观感为主，常使用概括叙述加描写的方式，介绍某地区、单位或行业的新貌。小通讯即篇幅短小的新闻故事，多择取事件的某一片段进行刻画。

（三）实践日志

实践日志是对一天实践活动的具体记录，也可以是一天的小结和感想。实践日志写作比较随意，形式语言不拘，详略因人而异。它不仅可以记录当日的社会实践活动的具体情形和感受，而且可以为进一步的社会实践文章比如社会调查报告和社会实践总结报告写作提供第一手的材料准备。

（四）社会调查报告

社会调查报告有时也叫社会调研报告，是通过调查研究反映客观事实并力求揭示事实本质或发展规律的文体。从调查内容和目的功能的角度，调查报告大致可以分为三种类型。一是经验调查报告。比如在社会实际工作中出现了一种新的经验，对其他相关工作具有启发性和指导性，在大学生社会活动中，就可以进行这样的社会调查。二是问题调查报告。针对社会生活生产中的某个或某类问题进行调查，在充分深入考察和掌握第一手材料的基础上，进行科学深入的分析，发现问题出现的背景、原因、特点，并研究提出解决问题的思路与方法。三是情况调查报告，主要是基础性调查或资料性调查形成的文字成果。调查的主要目的是给相关的业务部门提供真实、客观、准确的情况，以供决策之需。

（五）社会实践总结报告

社会实践总结报告是社会实践活动完成后，在对实践活动总结的基础上形成的文字材料，换句话说，是对有目的、有组织、有计划的具有一定时间长度的社会实践活动的书面总结。它主要是对照前期的计划和方案，结合具体实践活动中落实完成的情况，总结该社会实践活动执行计划的情况如何，做了哪些工作，如何进行的，取得了什么成果，有哪些经验，存在哪些问题和教训，对下一步的工作有什么启示，等等。

二、社会实践调查报告写作的注意事项

社会调查报告是实地调查研究的产物，是根据预定选题或特定目的，进行深入细致的调查研究和综合分析，并将这些调查情况和分析结果进行系统、客观的整理而形成的书面

报告。好的社会调查报告会成为科学决策的可靠参考和资料来源，因此强调摆事实、讲道理时要客观如实，表述清晰，逻辑严密，论证完整系统，有说服力。

（一）了解社会调查报告写作的步骤

社会调查报告的写作一般要经历确定主题、选择材料、拟定提纲、撰写报告等几个步骤。

1. 确定主题

调查报告的主题是报告的宗旨和灵魂，是报告的中心思想，正确地确定主题是写好报告的关键。确定调查报告主题需要注意以下几点：第一，从事实出发；第二，抓住事物的本质；第三，体现创新性；第四，围绕调查目的。总之，主题的确定要做到正确、集中、深刻、创新。正确指主题符合党的和国家的基本政策方针，符合社会的主流思想；集中指主题的中心点突出，主题大小合适；深刻指能够深入揭示事物的本质；创新指主题新颖，包含新思想、新观点、新思路。

2. 选择材料

一项调查所获取的资料与调查报告所用的材料并非完全一致。在写报告前，必须对所获得的材料进行筛选。选择材料必须注意以下几点：第一，根据材料的真实性、丰富性和完整性；第二，紧扣主题；第三，根据材料的恰当性；第四，重视定量分析。总而言之，调查报告所涉及的材料种类繁多，在选择材料的时候要尽量配合使用各类材料，既要求相互印证，又能从不同的角度围绕主题展开。

3. 拟订提纲

拟订提纲的任务在于设计出调查报告的总体结构，以助于厘清思路，明确调查报告的主要内容。一般来说，调查报告提纲的内容主要包括四个方面：一是报告的总题目；二是报告结构和各层次内容的安排；三是各个部分的标题及内容概述；四是说明各级标题的材料安排。总体上，写作提纲要体现提出问题—分析问题—解决问题的思路。但它没有固定格式，需要根据作者的习惯和调查报告的具体内容而定。

4. 撰写报告

拟好提纲后，就可以撰写报告了。撰写报告应注意的问题很多，这里侧重提出四个方面。第一，总体上来说，调查报告属于应用文体，具有实用性，同时它又需要叙事与分析、实践与理论、客观与主观的相互统一，其任务在于以真实而生动的事实、准确而鲜明的观点，总结调查研究的结果。第二，调查报告是一种叙议结合、叙事多于议论的说明文体，语言要求朴实、准确、生动、通俗、客观、准确，不掺杂感情色彩。在从事实得到结论时，态度要鲜明，不可含糊。第三，图表所包含的信息量更大，可以帮助读者理解报告内容。但是调查报告中图表表目不宜太多，建议将相关的内容体现在一个图表上，并配合文字说明要点。另外，在调查报告中，汉字数字和阿拉伯数字的使用应统一。第四，调查报告的长短主要取决于需要和目的。

（二）熟悉社会调查报告文章的属性

一是客观性和真实性。客观性强调描述事物的本来面目，不掺杂个人的偏见。社会调查报告虽然要有自己的主观分析、判断，要确立自己的观点和看法，但它必须在尊重事实的基础上进行理性判断。要求实事求是，不夸张，不隐瞒实情，如实将调查到的情况写出来并做客观分析，在掌握的事实基础上透过现象揭示其本质、规律。

二是针对性和实效性。社会调查报告是在对具体工作、事件或问题的实地客观调查研究基础上，对所得材料进行系统整理、分析，进而揭示本质、发现规律、总结经验、形成观点的书面报告。因此，社会调查报告的写作必须体现针对性的原则，明确调查研究的具体问题，分析问题的症结所在，回答人们关心的问题，提出切实可行的解决方案或建议与对策。

三是典型性和代表性。调查研究的对象虽然可能是个案，具有个性，但具有对共性和普遍性的高度反应能力。在整理筛选调查报告材料的时候，应尽可能突出典型的事实材料的应用价值，同时要抓住能反映普遍性的典型问题，围绕典型事例和问题说话，以使社会调查报告更具说服力。

四是系统性和整体性。社会调查是对一个对象的完整的全过程的调查研究，在调查报告的写作中也要着眼于整体，从整体和局部要素的关系中把握事物的本质和规律。要留意各个层面的材料，运用辩证思维，全面审视，反复考量。要能反映整个调查的客观情况，不以偏概全，不以个别代替整体，从而使读者全面认识调查对象的情况和调查者的实践情形，对调查情况及结果有整体的掌握。

五是干预性与评价性。社会调查报告不仅是大学生认识社会、参与社会实践活动的文字反映，好的社会调查报告也对社会生活和生产实践具有能动性和积极干预性，它反映了调查者对社会生产生活实践活动中的事件、人物或问题的认知和评价。

（三）把握社会调查报告的写作要点

毛泽东在《工作方法六十条》中指出：“文章和文件都应当具有这样三种性质：准确性、鲜明性、生动性。”准确性属于概念、判断、推理问题，这些是逻辑问题。鲜明性和生动性，除了逻辑问题以外，还有词章问题。这个“三性”要求也非常适合社会调查报告的写作。除此之外，还应该再强调一条，即要有点创新性，能发现过去未曾发现的问题，认识过去未曾认识的带有规律性的东西，提出过去未曾有过的对策和方法。为此，社会调查报告的写作要格外留意以下几个方面的要点。

一是力求主题集中、新颖和深刻。主题是调查报告的中心思想和主旨，它和调查的主题有时一致，有时也会有所不同。在具体的材料整理、报告写作过程中，报告主题可能会适当调整。比如有些调查结果可能不是一篇报告所能呈现的，这样可能就要分几个专题进行报告写作；有时材料呈现的思想和内涵，超出之前对调查主题的设定，也要进行调整。不管如何，都要求充分尊重材料，在现有材料基础上挖掘主题。要善于对主要材料、典型材料下功夫，发现新意。所谓集中，就是目的明确，紧扣主题，不游离；所谓新颖，就是有独见性，发现独到，给人以耳目一新的感受；所谓深刻，就是要有很强的现实针对性和实际指导性，有一定的理论基础，能回答和解决现实中迫切需要回答的问题。

二是把提出问题和分析问题、解决问题相合。从调查报告的写作逻辑上看，提出问题就是在调查研究实践中面对的核心问题或突出问题，也是在调查报告写作中要首先明确树立起来的“靶子”，这样才好有的放矢。分析问题就是对问题对象的逻辑展开与论证过程。解决问题则是从分析中得出结论。提出问题要鲜明、准确，要建立在对调查材料的准确分析基础上；分析问题要紧密结合材料，有几分材料说几分话；解决问题要扎实可靠，有针对性和实效性。三者虽然任务不同，但基础都是一样的，即对材料的真实性做可靠的分析推理与归纳，而不是空发议论，囫囵了事。

三是做到叙议相结合、材料和观点相融合。叙述与议论相结合的办法，常见的有三种：一是先叙后议，即先摆事实，然后从中归纳出结论；二是先议后叙，即先提出观点，然后用事实加以说明印证；三是夹叙夹议，即一边叙述事实，一边引申出看法，使材料和观点结合在一起。具体的方法选择与调查报告的具体内容和文章的内在行文逻辑相关。在调查报告中，材料和观点脱节常见的有三种情况：一是材料堆砌，看不出自己的观点，此为言之无理；二是太过偏重逻辑推理，而缺少具体的材料分析论证，此为言之无据；三是列举的材料同观点内在联系性不够，或者以偏概全。这些都是要避免的。

四是要简洁精粹，有吸引力和感染力。内容长短由调查内容和重要性、规模而定，但在一定的长度范围内，语言表述上要尽可能精粹凝练，讲究文字的有效性，不可啰唆冗杂，漫无边际。不仅观点要吸引人，而且引证的材料要讲究取舍，宁缺毋滥，宁短勿长，精粹制胜。

三、大学生社会实践调查报告的内容构成

在完成资料收集与资料分析的工作之后，要把调查研究的情况和结果以文字的形式呈现出来，即撰写调查研究报告。社会调查报告是社会调查研究成果的集中体现，其质量直接影响到整个社会调查研究工作的成果质量和社会价值。调查报告的写作没有固定不变的结构模式，但一份完整的社会调查报告一般应包含以下八个方面的内容要素。

（一）调查报告的题目

调查报告的题目应该尽量简洁、凝练、明确，对调查实践的对象、内容和特点具有高度概括性。比如“大城市与小农业：松江区家庭农场调研”这个题目，就把调查对象的特点概括得比较准确精练，给人的印象深刻，这样说到“点子”上的题目就比较成功。再比如“后拆迁时代城市拆迁居民生活现状研究——基于上海市的实证分析”这个题目，对调查研究的内容概括准确明了。

调查报告的命题方式多样，规范些的比如“有关大学生恋爱心理的调查报告”“阳光

学院图书馆资源建设与利用情况调研”等。其他比较灵活的形式如“为什么大学毕业生择业倾向北上广等一线城市”“爸妈要上班，暑假去哪儿——对上海市闵行区爱心暑托班的调查研究”“旧书籍都去哪儿了——循环经济发展之路”“环保‘新’未来——基于新能源汽车现状的调研”“社会是大课堂，实践长真知识”，可以是问句，可以加副标题，可以活泼轻松，可以是陈述句、判断句，这些体现了调查报告题目没有固定格式的特点，但似乎都能在题目中看到点问题意识——这也是社会调查这一实践形式的初衷和特点在题目中的反映。

（二）调查报告撰写者

调查报告的撰写者一般就是调查小组的成员和实际参加了社会调查实践的学生。在大学生社会调查实践中，调查报告一般由调查小组集体完成，有时也会是个人撰写调查报告。

（三）摘要与关键词

摘要不是必备项目，但调查内容容量较大，较为复杂丰富，篇幅较长，调查分析比较深刻的调查报告最好撰写摘要。摘要可以简明扼要地反映调查报告的主要内容，概括调查实践的主要收获、主要的调查研究方法、分析研究的主要观点或对策等。

关键词主要是为了方便文献检索之用，一般是调查报告主题中的核心和关键词汇。

（四）调查报告前言

前言是正文之前的说明性或叙述性文字，一般概述调查缘由、出发点，调查对象大概情况，调查的大概过程及最后总的收获等，以简短的一段话作为正文的引子。

（五）调查报告正文

调查报告的正文一般包括以下内容要素。

（1）调查项目的背景、目的和意义。

（2）调查对象、时间、地点和内容要求

（3）调查人员组成。

（4）调查方法。

（5）调查的具体内容与做法。

（6）调查获得的主要情况（包括发现的问题）。介绍调查所得到的基本情况，应注重具体事实、统计数据，文字应简明、准确，条理分明，也可兼用数字、表格、图示说明。

（7）调查状况分析研究。重点分析所调查事情或现象产生的背景、原因、实质。应条分缕析，有事实，有依据，抓住问题的实质、规律，揭示出其重要意义或危害性，给人深刻印象。

（8）调研结论或方案与建议。

上述（5）、（6）、（7）等项内容不一定都要分开，有时也可能结合起来写。这三项和最后一项是社会调查报告的“重头戏”，是实实在在体现调查报告发现问题、分析问题、解决问题特点的部分。调查实践的成功与否、调查报告写作的成功与否都在于此。

关于正文部分的结构方式，也没有统一模式。有论者指出可分成纵式结构、横式结构、纵横结合式结构三种。所谓纵式结构，就是据所调查现象本身所具有的时间顺序，从纵的角度来描述和分析；横式结构，就是根据所调查现象本身所包含的各种不同特征或不同方面，从横的角度来逐一描述、分析和比较；纵横结合式结构，就是将上述两种结构相结合，以其中一种结构为主。这些不同的结构方式划分可供写作者参考，但在具体成文中应根据具体情况灵活处理，找到适合自己表达的行文脉络和逻辑结构。

（六）结语或总结

结语是对整个调研实践和成果的一些感想或心得的总结。

（七）参考文献

这个部分很多调查报告并没能体现出来，其实有的时候也是必要的。在撰写调查报告的过程中，不免参考别人的著作或材料、观点；甚至在自己调查实践搜集的数据材料和案例之外，必要时可能还会用到一些间接数据材料，或者用来辅助研究分析，或者用来比较参照。诸如此类的情况，建议反映到参考文献中，这也可体现严谨的科学态度和诚信的文风。

（八）报告的附件

附件是将在调查实践中搜集或整理的典型性材料或有重要参考价值的内容选择出来，附在调查报告之后。这部分内容或者由于篇幅，或者由于行文逻辑，不宜放在正文中，但对整个调查报告又具有参考和辅助作用，可以起到锦上添花或相得益彰的作用，有助于读者对调查内容和结果有更深入的了解，也有助于提升调查报告的分量和质量。

课后作业

1. 利用本次课所学习的相关知识，参与社会实践项目，以小组为单位撰写一份实践报告。

2. 利用本次课所学习的社会实践活动方案的相关知识，对你目前所参与或想要进行的社会实践，以小组为单位撰写一份结构合理的社会实践活动方案。

劳动实践任务

一、劳动主题

参与一次社会实践活动

二、劳动目的

通过参与社会实践活动，学会用脚步丈量祖国大地，用眼睛发现中国精神。

三、劳动任务

1. 利用节假日等课余时间，参加社会实践活动，并在实践中感受劳动成长。

2. 教师通过“实践啦·劳动在线”特色应用程序发布劳动任务，学生可至程序中接受劳动任务、提交劳动成果，并完成师生互评。

四、考核评价标准

1. 劳动成果展示清晰、有效、丰富度高，占 30%。

2. 劳动过程记录翔实，劳动反思有深度，占 30%。

3. 实践单位评价好、满意度高，占 40%。

五、劳动设计

1. 实践主题

2. 实践时间及地点

3. 实践预案

六、劳动成果

1. 劳动成果展示

将社会实践劳动成果以及与劳动成果的合照记录如下：

2. 劳动心得

结合本次社会实践，谈谈你的感悟。

第十一章　实习实训

学习导航

目标分类	具体内容
知识	1.理解实习实训的概念与开展原则 2.了解和熟悉有关实习的政策与规定 3.了解实习实训的目的与要求，掌握相关的安全知识，树立正确的职业观
能力	1.能灵活运用现场管理与安全的方法并应用于实际工作 2.选择实习单位的决策能力
素养	1.学习和认知实习实训中的职业素质 2.学习并形成实习实训中应当具备的劳动素养
课程思政	懂得个人职业发展与国家发展的关系，积极提升自身职业适应性，树立正确的择业观

案例导读

实习实训乱象丛生

近几年，职业教育受诟病的问题之一，就是一些职业院校打着“实习实训”“社会实践”“体验式教学”等旗号，把学生“输送”给企业充当廉价劳动力。

据《中国青年报》报道，前些年，兰州某校不少学生被学校安排至惠州、东莞、昆山等地的电子工厂，开始了为期6个月的顶岗实习。学生们每天被要求至少工作12小时，做着和所学专业毫无关系的流水线工作。

近年来，珠三角、长三角等地区存在用工荒等问题，加之部分企业用工不规范，以及违法违规成本太低等因素影响，少数职校为了创收，俨然与企业联手，以扣学分、不发毕业证等理由迫使学生参加“变了味的实习实训”。

资料来源：http://www.xinhuanet.com/politics/2016-05/06/c_128961534.htm.

案例分析

实训实习作为职业教育的一部分，其内容都应当与学生的专业学习紧密相连，服务于提高学生专业素质与能力这一根本目标。但是，仅从企业利益出发，给学生安排不恰当甚至近乎剥削性的工作，不仅不能促进学生知识和能力的提高，反而让学生们在恶劣的工作环境和现实的工作压力面前，产生对未来职业的叛逆和排斥心理。因此，对实习实训乱象进行整顿，对实习实训过程进行规范，不仅需要提高企业和学校的违法违规成本，对违规行为人追究责任，而且学生也要学习《职业学校学生实习管理规定》等政策文件，向“变味的实习实训”说不。

案例思考

你对实习实训的内容、管理制度有哪些了解？应该如何向实习实训“潜规则”说不？

第一节　实习实训概述

一、实训与实习的含义

（一）实训

实训，即“实习（践）”加“培训”，是源自 IT 业的管理实践和技术实践，后被引入“营销管理”和“商务管理”专业。是高职中用来对学生进行动手能力实际训练的一种说法，因为职业院校的学生培养需要面向劳动力市场需求，作为职业化培养的重要环节，需要给学生提供一个类企业的实际操作环境。实训的说法由此而来。

《教育大辞典》认为，实训教学是学校中相对于理论教学的各种教学活动的总称。旨在使学生获得感性知识，掌握技能、技巧，养成理论联系实际的作风和独立工作能力。作为实践教学中的一类，实训是指在学校的组织下，按照人才培养的规律与目标，借助校内外的实训基地等平台，通过模拟实际工作环境，对来自真实工作项目的实际案例进行实践教学。

传统的课堂教学往往以教师讲授为主，在教学过程中以教师为中心，教学效率高，更适合理论类课程的教学；企业顶岗实习是把学生直接安排在工作岗位上，在工作中学习，更适合以动手操作为主的职业训练。而实训结合了两者的优势，通过模拟实际工作环境，教学采用来自真实工作项目的实际案例，教学过程理论结合实践，更强调学生的参与式学习，能够在最短的时间内使学生在专业技能、实践经验、工作方法、团队合作等方面提高。实训基地都是具有多年工作经验的老师，讲课内容结合实际工作，模拟工作实景来授课，可以让学生经过培训后，有能力直接胜任工作岗位要求。

（二）实习

实习，是指高等学校按照专业培养目标和教学计划，组织学生到国家机关、企事业单位、社会团体及其他社会组织进行与专业相关的实践性教学活动。2016 年 4 月 11 日，由教育部等五部门颁布的《职业学校学生实习管理规定》将实习定义为：职业学校按照专业培养目标要求和人才培养方案安排，由职业学校安排或者经职业学校批准自行到实习单位进行专业技能培养的实践性教育教学活动，包括认识实习、跟岗实习和顶岗实习等形式。

综上，实习实训作为高校重要的实践教学环节，在提高学生实践动手能力和培养劳动素养等方面具有不可或缺的作用。学校通过营造模拟场景、建设实验教室、联系实习单位等多种形式，有计划、系统性地组织学生结合专业所学开展丰富多样的实操性、实践性活动。通过做中学、做中思、做中行，使学生将实践操作中所获得的知识同书本知识、课堂讲授联系起来，做到内外互补、理实结合，从而提升学生的专业素养和职业能力。

二、实训与实习的分类与特征

（一）实训的分类与特征

实训按照不同的教学项目一般分为：基本功训练、工序练习和综合操作实训。

1. 基本功训练

该类实训是操作技能训练的初级阶段，主要包括对常用工具仪器的正确使用训练，基本操作动作的训练。通过训练，不仅可以掌握基本的动作要领、操作姿势和科学的操作方法，而且能掌握动作的力度、幅度和准确度等。以厨师实训为例，厨师的基本功有刀功、勺功、火功。其中勺功又是非常重要的基本功，这些操作技能要在实践中通过大量的练习才能掌握。以翻勺来说，通常按翻勺方法的不同，可分为前翻、后翻、左翻、右翻。许多学生刚开始可能并不掌握其要领，凭着感觉翻炒下去，这样的操作方式不但消耗较大的体力，炒出的菜品也容易参差不齐。学生想要掌握正确的动作，需要对各个方面进行反复练习，加强动作的协调性，形成良好的操作习惯，为后续掌握更为复杂的工序奠定良好的基础（见图 11–1）。

图11–1　厨艺专业学生基本功训练

2. 工序练习

该类实训主要是由各种单一的练习操作配合而形成的工艺过程的一个完整动作的练习，主要目的在于使学生将已学过的操作知识和技能应用于实践。根据各专业操作技能、技巧的形成规律，由易到难、由简到繁划分为不同阶段的操作训练：掌握局部动作的训练阶段，初步掌握完整动作的综合操作阶段，动作更加协调、更加完善的独立操作阶段。例如，导游带团。提前一天接到出团的通知，准备旗子、小喇叭、胸牌、帽子及其他所需物品。早晨提前一个小时到达集合地点，做准备工作。客人到来之后，微笑迎接。客人到齐后，站在前方点数，点清客人的实到人数。车启动后，先不要讲解欢迎词，先等到车开到平稳的道路后再讲。讲完欢迎词后，再介绍行程、景点的概况、当地的风俗、民风及当地的注意事项（见图 11–2）。在快到的时候，要和当地的地接导游取得联系，确认在哪里接团，并告知车牌号码、车身的颜色等其他相关信息。

图11–2　导游专业学生带团实训

3. 综合操作实训

该类实训主要是巩固、提高和综合运用单项工序操作技能、技巧，使学生逐步达到对整体工序流程熟练的程度。主要目的在于使学生运用已经掌握的知识、技能和技巧，按照实训要求，通过一定的训练，形成能完成实训任务、独立进行复杂工艺操作的能力。以客房服务的综合操作实训为例，该实训项目是酒店管理专业的一门综合实践性课程，目的是培养学生充分利用实训室软硬件，掌握客房服务操作流程和各环节的具体技能。按照客房服务的基本流程，具体包括：巡视检查、清扫垃圾、清理脏布草、铺床、抹尘、清洁浴室、归置物品等相关内容。在综合实训过程中，按照行业通用的规范及要求，重点学习相关职业岗位的技能，提高专业的综合素质及能力（见图 11–3）。

图11-3　酒店管理专业学生酒店管理技能实训

可见，专业实训的主要特征体现在以训促学，通过实训教学的开展，使学生掌握本专业中某一工种的基本操作技能，能够正确调整和使用工种的专业设备及其附件等，能够根据相关图样和工艺文件独立进行中等复杂的加工，同时也可以了解与本专业有关的几个工种的基本操作。学生在参与专业实训的过程中，通过技能训练夯实专业知识的学习，实现以训促学的目的。另外，学生在执行实训计划的过程中，教师会引导学生严格遵守实训室操作规章制度及安全管理规定，使学生逐渐形成热爱劳动、尊重劳动、崇尚劳动的良好品质。

（二）实习的分类

高等学校学生实习一般分为三种类型：认识实习、跟岗实习和顶岗实习（也称毕业实习）。

1. 认识实习

认识实习是生产实习的起始阶段，指学生由学校组织到实习单位进行参观、观摩和体验，旨在使学生对未来的工作情景有所了解，形成对实习单位和相关岗位的初步认识，为学习专业课做准备。

认识实习的特征是直观感受，通过带领学生到现场进行观察、参观，认识客观事物和现象，从而补充和丰富课堂知识。俗话说“百闻不如一见”，这种学习方式给予学生直观的感知和强烈的感受，更有利于激发学生的学习兴趣和热情。开展认识实习是为专业学习打下感性的认识基础，如机械专业的工艺课，课前老师常会带领同学们先去车间参观设备，观察工艺流程，形成对工艺操作方式的感性认识。这种参观、观摩的形式一般是由企业的工程师进行实地讲解，通过实习让学生更直观地感受自己所学的专业，对未来工作环境、工作内容有更深的了解。认识实习最终达到开阔学生视野、督促学生更好地进行理论学习的目的。

2. 跟岗实习

跟岗实习是指不具备独立操作能力、不能完全适应实习岗位要求的学生，在学校的组织下，到专业对口的现场直接参与生产过程，综合运用本专业所学的知识技能，以完成一定的生产任务，从而巩固专业知识，学习生产技术，初步学会解决若干比较简单的技术问题，以养成正确的劳动态度。

跟岗实习是校内实训的继续、拓展与提高。跟岗实习中，学生不再只限于观摩阶段的活动，学生可以在师傅的带领下进行一些辅助性的工作，如会计专业的学生在跟岗实习期间可以进行费用分配表的填写、记账凭证的审核等，将自己所学的知识第一时间运用到实践中。跟岗实习可以检验学生平时所学的知识，让学生明白“书到用时方恨少，事非经过不知难”的道理，以调动学生的学习积极性。因为跟岗实习是在生产现场进行，所以学生是以准劳动者的身份出现的，因此要求学生不但要了解企业的基本生产过程和辅助生产流程、生产工艺等技术问题，而且要了解企业的管理情况，如组织机构、人员构成及其主要职责，学习现代企业管理的基本知识及制度，从而进一步感受企业文化，体验企业员工的劳动态度、职业道德及爱岗敬业的职业精神。

3. 顶岗实习

顶岗实习是指学生在初步具备实践岗位独立工作能力后，到生产管理、服务等岗位，体验真实的工作环境，相对独立地完成工作任务的一种实习，一般安排在最后一个学期。

顶岗实习的特征是真实体验，也是毕业前对学生的知识、技能进行全面检查的综合锻炼阶段，旨在培养学生独立综合运用专业知识和操作技能，解决生产技术问题和组织生产的能力。参与顶岗实习是大学生了解社会、接触社会实际工作的一种形式，也是大学生认清职业目标的关键步骤。从实践教学角度来看，顶岗实习是在校学生在真实的企业场景中运用专业知识进行实际操作，是理论联系实际的一种学习方式。从未来工作角度来说，顶岗实习是学生顺利进入职场的岗前练兵，有助于学生快速了解、融入企业文化，更快地适应企业发展节奏。大学文化崇尚的是自由平等、勇于批判、追求真理，强调的是个人发展与综合素质的提升，而企业文化更注重统一的使命愿景、强调规则、讲究服从、鼓励竞争，追求的是集体利益。大学文化与企业文化间的冲突容易让初入职场的大学生感觉无所适从。因此，在正式进入工作岗位前，能够参与顶岗实习，让学生提前适应企业文化，实现对学习环境与工作环境的自然衔接与过渡，有助于学生树立起良好的职业素养。

三、实习实训的作用

（一）有助于学生的综合能力的培养

1. 有助于培养学生的实践能力

通过实习实训，对学生实践能力的提升体现在三个方面。一是培养了学生的洞察能力，在专业实践中，锻炼了观察问题、收集信息的本领。二是培养了学生运用知识分析和解决问题的能力。三是培养了学生的人际关系能力。大学生生活和学习环境相对单一，学生的社会活动较少，部分学生人际沟通能力较弱。实习实训要求学生加强与人的交流和协作能力，无形中就使学生的交际能力和社会适应能力得到培养和提高。

2. 有助于培养学生的创新能力

实际工作问题导向的实习实训有利于培养大学生的开拓精神和研究精神，培养学生的独立思考问题的能力和自我发展的能力。学生在专业实践的过程中，结合实际工作问题，对事物有了自己的思考和重新认识，同时与所学的专业知识和学习积累相结合，会产生新的创造力。

3. 有助于培养团队协作能力

在社会化分工越来越细的当今社会，如果没有团体的协作，仅仅依靠个人的能力很难完成某项工作，大项目大多是由一个团队共同完成的。比如要完成一篇高质量的专业实训报告，需要做大量的准备工作，包括前期的实训计划制订、实训各环节的管理、实训报告的撰写等，尤其是涉及面比较广、工作量大的实习实训，更需要大量的人力、物力才能完成，因此分工协作就显得尤为重要，通过分工，学生们各司其职，提高了工作的效率，同时培养了学生的团队协作的能力。

（二）有助于学生知识结构的完善和知识层次的深化

在海量信息传播的时代，专业教学已经不能及时涵盖所有政治、思想、道德科学等领域的内容。而学生在实习实训中所从事的具体事务，都或多或少地参与其中的一个或几个知识领域联系起来，可以在实践中认识和体验各个领域的丰富知识。在面对和解决某一具体问题的过程中，对学到的理论知识提出疑问，会促使学生对所学知识进行思考，从而进一步完善理论知识结构，拓宽知识面。在实践中，学生在知识结构上主要得到了以下两个方面的收获。一是获取了关于社会现实生活的丰富的直接经验，加深了对国情、民情的了解。通过耳闻目睹鲜活的社会现实，接触和感受纷繁复杂的社会关系，体验和了解劳动者的甘苦和需要，学生会学到许多在学校课堂上无法学到的知识，获取更多更新的信息。二是在实际运用中应用了已学的专业知识，加强了理论知识与劳动实践的联系，行之力则知愈进，知之深则行愈达，深化了自身的知识层次。

（三）有助于明确择业方向，增强就业竞争力

很多学生对于将来要从事的职业并没有深刻的认识，在他们脑海中只有对职业片段式的、模糊的、理想的看法。通过实习实训，可以让学生在实践中体验职业特点，形成明确的职业意识，巩固职业思想。同时，在实习实训过程中还可以了解职业动态、社会需求，感受理论知识对于未来工作的重要性，明确未来的择业方向。此外，实习实训过程中还可以让学生发现自身的不足，明确今后努力方向，不断磨炼自身的专业技能，提升就业竞争力，主动适应未来劳动力市场的激烈竞争。

（四）有助于提升学生的劳动素养

劳动素养是大学生德智体美劳全面发展所应具备的重要素质之一。其中，实习实训是提高大学生思想道德素质的重要途径之一，对大学生劳动素养的形成和发展有着巨大的推动作用。实习实训是劳动精神、工匠精神形成的关键，人的劳动品质也要在实践过程中才能体现。同时，在实习实训过程中需要具有一定的吃苦耐劳精神和奉献精神，锻造学生爱岗敬业的职业素质。因此，学生通过参与实习实训，有助于全方位提升劳动素养。

四、实习实训的一般要求与环节

（一）要有明确的教学目标

实习实训是大学实践教学活动的一部分，有独特的教学目标，整个实习实训活动都应围绕着目标进行。为此，每次实习实训要明确总的教学目标，围绕教学目标进行总的活动设计。然后把总教学目标分为几个阶段性目标，根据阶段性目标组织具体的活动，严格按照计划执行，使教学目标能分段完成、步步落实。实习实训过程结束后，要根据教学目标进行检查、评价和反馈，确保教学效果。

（二）要做好充分的准备

首先要做好实习实训计划。实习实训计划的内容主要包括：对实践性知识和技能的要求、进程、组织、成绩考评等。在制订实训教学计划时，应做好必备的组织工作。首先，学校要成立实习实训领导小组，聘请校外具有丰富从业经验的专家和学者担任委员，根据他们提出的建议，制订实习实训方案，这样有利于实习实训的专业性和可操作性。其次，教师要确定活动场所，一般应选择那些专业对口、合作热情高、条件良好的实习实训场所，使学生真正有所学、有所用、有所得。

（三）指导教师要认真进行组织和指导

每一个实习实训学生，都是学校的一个窗口，他们的表现直接反映着学校的教学水平，影响着学校的声誉。在实习实训期间，教师要认真负责地进行管理和辅导。指导教师应采取讲解与示范相结合、个别指导与巡回检查相结合的方法，使学生尽快掌握技能操作要点和工作规范。指导中要推行激励机制，鼓励学生用所学的知识分析实际遇到的难题，并启发学生提出问题，探索解决问题的途径，培养其创新精神和创新能力。同时，要对学生进行劳动教育、职业素养教育、纪律教育、安全教育等，把学校的好传统、好作风带到实习单位，使对学生的教育管理贯穿于实习实训教学过程始终。

（四）实习实训必须有考评措施

实习实训考评是实习实训教学的重要环节，是实习实训过程中考核学生动手能力和实践水平的手段与方法，起着督促学生努力完成实践操作任务的作用。学校应根据专业实际认真制定相应的量化考评标准，考评内容一般包括完成专题教学目标的程度、实际技能的掌握情况、完成成果的质量情况、实习实训的态度表现等，应该体现过程性评价和总结性评价相结合的原则。实习实训教学考评应以阶段性考评和抽查性考评为主，依据各次的考评结果对学生的实习实训成绩给予综合评定。每次实习实训活动结束后学生都要写实习实训报告，指导教师要进行总结，肯定成功经验，找出不足，以便在后续实习中改进。

第二节 大学生实习管理

一、实习管理的相关规定

（一）国家关于职业学校学生实习管理规定

2016 年 4 月，教育部根据《中华人民共和国教育法》《中华人民共和国职业教育法》《中华人民共和国劳动法》《中华人民共和国安全生产法》《中华人民共和国未成年人保护法》《中华人民共和国职业病防治法》及相关法律法规、规章的要求，联合财政部、人力资源和社会保障部、国家安全监管总局、中国银保监会印发《职业学校学生实习管理规定》。

1. 实习形式

（1）认识实习：参观、观摩和体验。

（2）跟岗实习：在专业人员指导下部分参与实际辅助工作。

（3）顶岗实习：相对独立参与实际工作。

职业学校学生实习是实现职业教育培养目标，增强学生综合能力的基本环节，是教育教学的核心部分。

2. 实习组织

（1）职责分工。教育行政部门负责统筹指导职业学校学生实习工作；职业学校主管部门负责职业学校实习的监督管理；职业学校应将学生跟岗实习、顶岗实习情况报主管部门备案。

（2）单位要求。一是选择实习单位：合法经营、管理规范、实习设备完备、符合安全生产法律法规要求。二是实地考察评估并形成书面报告，其内容应包括单位资质、诚信状况、管理水平、实习岗位性质和内容、工作时间、工作环境、生活环境以及健康保障、安全防护等。

（3）组织实施。

“五要”：①制订实习计划并开展培训；②职业学校和实习单位应当分别选派实习指导教师和专门人员全程指导、共同管理学生实习；③实习岗位应符合专业培养目标要求，与学生所学专业对口或相近；④对自行选择顶岗实习单位的学生要做好服务、跟踪和了解；⑤顶岗实习一般为 6 个月。

“五不要”：①顶岗实习学生的人数不超过实习单位在岗职工总数的 10%；②在具体岗位顶岗实习的学生人数不高于同类岗位在岗职工总人数的 20%；③任何单位或部门不得干预职业学校正常安排和实施实习计划；④不得强制职业学校安排学生到指定单位实习；⑤严禁以营利为目的违规组织实习。

3. 实习管理

（1）管理制度。

①学生实习工作具体管理办法和安全管理规定；

②实习学生安全及突发事件应急预案。

（2）实习协议。

①各方基本信息；

②实习的时间、地点、内容、要求与条件保障；

③实习期间的食宿、工作时间和休息休假安排；

④实习报酬及支付方式；

⑤实习期间劳动保护和劳动安全、卫生、职业病危害防护条件；

⑥责任保险与伤亡事故处理办法，对不属于保险赔付范围或者超出保险赔付制度部分的约定责任；

⑦实习考核方式；

⑧违约责任；

⑨三方认为应当明确约定的其他事项。

（3）管理要求。

①未满 18 周岁的学生参加跟岗实习、顶岗实习，应取得学生监护人签字的知情同意书；

②职业学校和实习单位要依法保障实习学生的基本权利；

③实习单位应遵守国家关于工作时间和休息休假的规定；

④实习学生应遵守职业学校的实习要求和实习单位的规章制度，完成规定的实习任务，撰写实习日志，提交实习报告；

⑤建立学生实习信息通报制度；

⑥加强学生实习期间的业务指导和日常巡视工作；

⑦外地实习应当安排学生统一住宿；

⑧鼓励职业学校依法组织学生赴国（境）外实习；

⑨鼓励各地职业学校主管部门建立学生实习综合服务平台；

⑩合理确定顶岗实习报酬，原则上不低于本单位相同岗位试用期工资标准的 80%，并按照实习协议约定，以货币形式及时、足额支付给学生。职业学校和实习单位不得向学生收取实习押金、顶岗实习报酬提成、管理费或者其他形式的实习费用，不得扣押学生的

居民身份证，不得要求学生提供担保或者以其他名义收取学生财物。

（4）禁止性规定。

完全禁止性条款：职业学校和实习单位要依法保障实习学生的基本权利，并不得有下列情形：

①安排、接收一年级在校学生进行岗位实习；

②安排未满 16 周岁的学生进行岗位实习；

③安排未成年学生从事《未成年工特殊保护规定》中禁忌从事的劳动；

④安排实习的女学生从事《女职工劳动保护特殊规定》中禁忌从事的劳动；

⑤安排学生到酒吧、夜总会、歌厅、洗浴中心、电子游戏厅、网吧等营业性娱乐场所实习；

⑥通过中介机构或有偿代理组织、安排和管理学生实习工作；

⑦安排学生从事Ⅲ级强度及以上体力劳动或其他有害身心健康的实习。

部分禁止性条款：除相关专业和实习岗位有特殊要求，并事先报上级主管部门备案的实习安排外，学生跟岗实习和顶岗实习期间，实习单位应遵守国家关于工作时间和休息休假的规定，并不得有以下情形：

①安排学生从事高空、井下、放射性、有毒、易燃易爆，以及其他具有较高安全风险的实习；

②安排学生在法定节假日实习；

③安排学生加班和上夜班。

罚则：对违反本规定组织学生实习的职业学校，由职业学校主管部门依法责令改正。拒不改正或者管理混乱，造成严重后果、恶劣影响的，应当对学校依据《中华人民共和国教育法》《中华人民共和国职业教育法》给予相应处罚，对直接负责的主管人员和其他直接责任人依照有关规定给予处分。因工作失误造成重大事故的，应依法依规对相关责任人追究责任。

对违反本规定中相关条款和违反实习协议的实习单位，法律法规规定了法律责任的，县级以上地方人民政府或地方有关职能部门应当依法依规追究责任。职业学校可根据情况调整实习安排，并根据实习协议要求实习单位承担相关责任。

对违反本规定安排、介绍或者接收未满 16 周岁学生在境内岗位实习的，由人力资源社会保障行政部门依照国家关于禁止使用童工法律法规进行查处；构成犯罪的，依法追究刑事责任。

4. 安全职责

（1）严格执行国家及地方安全生产和职业卫生有关规定。

（2）实习单位应当健全本单位生产安全责任制。

（3）加强安全培训与考核，未经教育培训和未通过考核的学生不得参加实习。

（4）推动建立学生实习强制保险制度，职业学校支付的，可从职业学校学费中列支，实习单位支付的，可从实习单位成本（费用）中列支。

（5）责任保险范围应覆盖实习活动的全过程，包括学生实习期间遭受意外事故及由于被保险人疏忽或过失导致的学生人身伤亡，被保险人依法应承担的责任，以及相关法律费用等。

（6）不属于保险赔付范围或者超出保险赔付额度的部分，由实习单位、职业学校及学生按照实习协议约定承担责任，职业学校和实习单位应当妥善做好救治和善后工作。

（二）实习评价管理与学生行为规范

学生实习是教学计划中的实践性教学环节之一，为使学生能顺利完成实习任务，各学校一般会就学生行为规范做出一些规定，具体可参考以下案例。

拓展阅读

浙江旅游职业学院实习实训评价管理与学生行为规范

1. 评价管理

（1）学生实习实行实习单位和学校双重考核制度，各专业成立实习成绩考评小组负责成绩评定。组成人员为校内外实习指导教师、相关专业教师和管理人员。

（2）实习单位考核主要内容是：学生的实习态度、职业道德、劳动纪律、职业能力、创新精神等方面。学生实习结束后，实习单位对学生在实习期间的总体表现给出考核结论。

（3）学校考核主要内容是：实习管理平台使用情况，实习收获。学生实习结束后，二级学院实习成绩考评小组根据实习单位考核结论和校内考核，对每位实习学生进行综合评价，给出实习最终成绩。

（4）实习的考核结果应当记入实习学生学业成绩，考核结果分优秀、良好、及格和不及格四个等次，考核及格以上等次的学生获得学分，并纳入学籍档案。实习考核不及格者，不予毕业。

（5）学生在实习期间创办企业并正常运营，经学生所在二级学院认定，其创业实践和创业项目能够符合基本要求者可申请以创业实践和创业项目代替实习，计入学业成绩。

（6）因实习成绩不及格取得结业证书的，结业后在规定的最长学制时间内，可向所在二级学院申请实习重修（实习重修时长与规定实习时长必须一致）。

2. 实习奖励与处分

（1）奖励。各实习小组根据实习学生管理制度考核、实习单位鉴定及二级学院评定，实习结束评出 20% 的院级优秀实习生。同时推荐并评定 5% 的校级优秀实习生，学校将给予表彰。

（2）处分。下列行为属于违纪：

①无故迟到、早退；

②旷工；

③擅自外出，不回宿舍过夜；

④由于工作轻率疏忽或不负责任造成严重后果；

⑤违反实习单位员工守则和工作纪律，造成不良影响；

⑥不服从实习单位管理，采取失礼或过激行为；

⑦私自在非实习所在单位兼职打工；

⑧盗窃或欺诈行为；

⑨打架斗殴、酗酒、赌博，造成恶劣影响；不团结，拨弄是非，造成不良影响。

以上情节严重者，学校和实习单位有权责令该学生停止实习，回校检查，并视情节轻重作相应的纪律处分。

对发生以下几种情况者，实习成绩以不及格处理：

①未经学校批准，不参加实习者；

②不服从实习安排，中途擅自离开实习岗位者；

③未经实习单位及二级学院同意擅自终止实习者；

④因个人问题被实习单位退回（有二级甲等以上医院证明的因病、大小三阳等原因除外）未完成实习任务者；

⑤因病、因事缺席累计时间达实习规定时间三分之一及以上者，旷工累计达两周以上者；

⑥实习期间不遵守纪律，违反实习单位和学校纪律，造成恶劣影响者；

⑦无实习鉴定或鉴定不合格者。

二、大学生实习的安全管理

（一）实习安全

大学生在实习期间可能面临各种各样的安全问题，主要体现于以下四大方面。

1. 生产岗位安全

（1）明确生产实习任务，遵守安全操作规程，注意保密工作，严格遵守劳动纪律、工艺纪律、操作纪律、工作纪律。严格执行交接班制度、巡回检查制度，禁止脱岗参与生产无关的一切活动。

（2）工作中要积极主动，遵守纪律，服从实习指别的工作安排，对重大问题应事先向实习指导人反映，协商解决，学生不得擅自处理。要认真执行《岗位安全操作细则》，防止刀伤、碰伤、棒伤、砸伤、烫伤、踩跌倒及身体被卷入转动设备等人身事故和设备事故的发生。

（3）严格遵守特种设备管理制度，禁止无证操作。正确使用特种设备，开机时必注意检查，发现不安全因素应立即停止使用，并挂上故障牌。

（4）按章作业，搞好岗位安全文明生产，发现隐患（特别是对因泄漏而易引起火灾的危险部位）应及时处理，并上报。及时清理杂物、油污及物料，切实做到安全消防通道畅通无阻。

2. 消防安全

（1）进入一个新的环境，首先必须了解和熟悉距离最近的逃生路线。

（2）注意用电安全，不违规用电，不乱拉乱接电线电源。

（3）选用合格电器产品，严禁使用劣质电器、电源插销及插座。

（4）宿舍中不可存放汽油、酒精等易燃易爆物品，不擅自使用煤炉、液化炉、酒精炉等灶具。

（5）爱护楼内消防设施和灭火器材。

（6）发现安全隐患，及时向管理人员或有关部门报告。

3. 人身和财产安全

（1）要有预防意识，保持良好的防护习惯。留心观察身边的人和事，及时规避可能针对自己的侵害。

（2）用法律维护自己的人身财产安全。对正在进行严重危及自身安全的暴力犯罪，可采取防卫行为。发生案件、发现危险要快速、准确、实事求是地报警求助，积极预防不法侵害危及的人身安全。

①抢劫的预防。注意观察，及时识别；选好外出行走路线；不在陌生人面前暴露自己的行踪；保持行车途中及住地警惕；遇到抢劫时沉着冷静应付；及时报案，以便组织追捕。

②滋扰的预防。慎重处置；依靠集体力量，积极制止违法犯罪行为；注意策略，防止事态扩大；自觉寻找证据，用法律保护自己。

③性侵害的预防。正确识别性侵害；注意自身的言行举止；尽量避免在开放性场所独处；加强教育，增强性自卫能力；遭遇性侵害时，要沉着冷静对待，努力消除造成性侵害的机会和条件；加强性侵害过程中的自身防卫；积极报案，提供证据。

4. 防盗

（1）出租屋或者宿舍防盗措施。锁好门、关好窗；不要留宿外来人员；注意盘查形迹可疑人员；防止推销小商品人员顺手牵羊；宿舍内不放大量现金；贵重物品不要放在明处；安装防盗门窗；及时修复损坏的防盗设施；保管好自己的钥匙；选址安全，谨慎交友。

（2）发生盗窃案件的应对办法。发现被盗时要迅速叫人，寻找和围堵嫌疑人；保护盗窃现场，切勿翻动现场物品；发现存折、银行卡、电子账户等被盗，应立即挂失；及时报警，配合调查。

（二）认识常见的安全标志

安全标志是生产作业中最常见、最明显的安全提示信息，它就像道路上的红绿灯及各种交通标志一样，规范作业者的作业行为，提示作业者安全操作。安全标志根据国家标准规定，由安全色、几何图形和图像符号构成，用以表示禁止、警告、指令和提示等安全信息，如图 11–4 所示。安全标志在安全生产中的作用非常重要。作业场所或者某些设备设施存在较大的危险因素，通过醒目的安全标志，提醒生产人员时刻清醒地意识到所处环境的危险，按照安全标志的指示操作，加强自我保护，预防事故发生。当危险发生时，它指示人们尽快逃离，或者指示人们采取正确、有效和得力的措施。

图11–4　常见安全标志

大学生在实习过程中必须严格按照安全标志所表示的信息进行操作，因此首先需要了解和学习各种安全标志；其次要树立按照安全标志劳动作业的意识；最后必须严格按照安全标志进行工作。

（三）佩戴劳动防护用品

劳动防护用品是指保护劳动者在生产过程中的人身安全与健康所必备的防御性装备，对于减少职业危害起着相当重要的作用。使用劳动保护用品，通过采取阻隔、封闭、吸收、分散、悬浮等措施，能起到保护身体的局部或全部免受外来侵害的作用。尽管在生产劳动的过程中采取了多种安全措施，但穿戴和配备劳动防护用品仍是必不可少的一个环节。在很多情况下，劳动防护用品是保护劳动者安全的最后一道防线。

大学生在进行实习过程中要牢固树立安全防范和自我保护意识，严格按照劳动保护用品的使用规定使用防护用品，应做到“三会”：会检查防护品的安全可靠性、会正确使用防护品、会维护保养防护品。

三、大学生实习的注意事项

在真正进入社会开始工作之前，实习是不可缺少的实践环节。在实习过程中，同学们难免会出现一些意料之外的状况，需要注意以下五个事项。

（一）选择实习单位需小心谨慎

由于大学生社会经验相对缺乏，在选择实习单位时，一定要警惕“黑中介”“皮包公司”，不要相信“想要实习先交押金”的说法；不要随便将自己的证件抵押，避免不法分子借机使用。

一般情况下，优先选择学校合作、推荐的实习岗位，如果自主选择实习单位，可以通过可靠、有信誉的网站寻找实习信息，充分了解实习公司的背景。自己如果无法判断相关信息，可以询问家长，老师的参考意见。常用的企业信息查询网站有国家企业信用信息公示系统、企查查和天眼查，在选择公司之前可以认真查看目标公司的基础信息，是否有行政处罚信息，是否列入经营异常、严重违法失信名单等，从源头上避免“实习陷阱”。

实习阶段，既可以让用人单位了解学生，又可以让学生详细地了解用人单位在经营管理、企业文化、福利待遇等方面的情况。通过一段时间的了解，相互建立密切联系，为学生以后的求职择业打下良好的基础。因此，学生在选择实习单位与岗位时，不应仅仅考虑工作环境、福利待遇等物质因素，而应更加关注未来职业发展方向，利用实践机会加深对课堂所学知识的理解，从而提升技能。因为职业发展方向对于选择合适的企业实习至关重要，所以，大学生在选择实习企业前可以将“职业方向”和“获得成长”两个因素相结合，构建一个企业实习决策矩阵，以此对实习企业的选择提供决策参考（见图 11–5）。

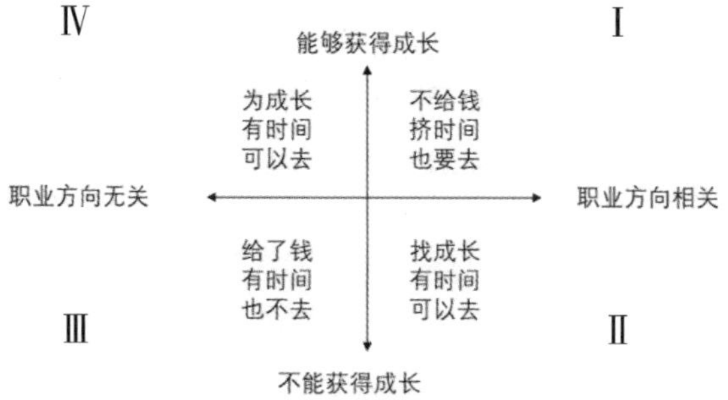

图11–5　企业实习决策矩阵

象限Ⅰ：职业方向相关 + 能够获得成长。即使企业实习不给报酬，即使自己非常忙，挤时间也要去。

象限Ⅱ：职业方向相关 + 不能获得成长。这种情况比较少见，因为只要和职业方向相关，通常都能够寻找到成长的机会。这需要我们在企业实践的过程中做个有心人，勇于提问、善于倾听，一定可以对相关行业和岗位获得了解。

象限Ⅲ：职业方向无关 + 不能获得成长。无论给多少报酬，无论有多空闲，也不要去。

象限Ⅳ：职业方向无关 + 能够获得成长。为了获得需要的成长，有时间的情况下可以选择。

企业实习策矩阵，能够帮助大学生对于如何选择实习企业提供一些清晰的思路。综合“专业方向”和“能力成长”两个要素，弱化实习工资的作用，结合自己的空闲时间进行整体考虑，到底选择哪个企业实习也便有了答案。

（二）实习期间权益受损相关问题

学生在用人单位实际参与劳动和工作的过程中难免会遇到有关身体健康权益的问题，在实习中权益受损时，可以分为如下三类情况。

1. 在校生的实习是通过学校安排、推荐的

在这种情况下，一方面用人单位作为实习生进行劳动的劳动条件提供人，劳动工作的安排指挥者和某种程度劳动成果的获得者，应当为实习生提供符合国家规定的安全卫生的劳动条件，当实习生在劳动中受到伤害时应承担相应的法律责任。另一方面学校作为学生的管理者和实习活动的推荐者应当预见实习生在实习劳动中必然存在和可能出现的风险并承担相应的法律风险。因此，学校和用人单位应当对实习生承担连带赔偿责任，实习生可以选择要求其中一方或者两方承担赔偿责任。

2. 在校生的实习过程未经学校安排或者推荐

实践中，由于实习生的学习时间灵活，可以根据自己的安排进行实习；实习单位接收实习生也不需要学校的有关推荐或者证明资料，实习活动是学生自行联系的，实习过程也没有向学校老师或者有关部门报告。在这种情况下，只要学校在平时的监管活动中尽到了监管责任，对学生自行联系实习可能出现的问题进行了适当的告知或宣传活动，就应当由实习单位对实习生的受伤承担主要责任。因为，实习单位作为实习生劳动条件提供人，劳动工作的安排指挥者和某种程度劳动成果的获得者，无论何时都负有为实习生提供符合国家规定的安全卫生的劳动条件的责任。同时，学校毕竟对学生负有监管的义务，应当尽可能地保障学生的人身安全，基于此种监管责任，学校要对在校生在实习中受伤承担补充责任。即在用人单位不能支付全部赔偿费用危害到受伤学生的治疗或康复时，由学校先行垫付相关费用。

3. 参与实习的在校生是未成年人

在这种情况下，无论该学生的实习活动是否有学校的参与，学校都应与实习单位一起对该学生在实习中的受伤负连带责任。因为，学校作为其学生的监护人，对未成年的学生应当给予更多的关注和更严格的管理。未成年学生的行为能力有限，学校对其承担较之其他成年学生更重的监管责任。

（三）实习生劳动报酬的相关问题

1. 实习生是否有权获得劳动报酬

视情况而定，看学生和实习单位所签的是劳动合同然后约定的试用期还是签的实习协议。劳动合同受《劳动法》制约同时受到《劳动法》的保护，劳动就会有报酬，这是《劳动法》的原则，如果有违反《劳动法》的情况可以去申请劳动仲裁。但是实习协议不一

样，不属于《劳动法》的管辖范围，是属于双方自愿签订的民事合同，由《民法通则》来制约，法律并没有相关规定说实习协议一定要约定报酬，所以如果是实习那么有没有工资得看协议上是否有相关约定，一般情况下，实习单位应该给予实习生一定的劳动报酬。

2. 劳动报酬是否能低于当地最低工资标准

实习生与用人单位没有形成法律上的劳动关系，用人单位无须按照最低工资标准支付劳动报酬。用人单位应当提供给实习生一定的报酬，但这不能看作是工资，而是一种劳动报酬。而实习生一旦毕业，取得毕业证书，其身份就由学生转换为社会上的一名普通劳动者，符合建立劳动关系的主体资格。在这种情形下，该劳动者与用人单位之间就会形成法律上的劳动关系，所发放的劳动报酬就属于工资性质，最起码应当按照最低工资标准支付劳动报酬。但是我国个别地区也有政策规定实习生的工资不能低于当地最低工资标准。

3. 实习生的劳动报酬是否需要纳税

需缴纳个人所得税，但不需个人申报，而是从单位代扣。根据《财政部 国家税务总局关于企业支付学生实习报酬有关所得税政策问题的通知》（财税〔2006〕107 号）规定，对中等职业学校和高等院校实习生取得的符合我国个人所得税法规定的报酬，企业应代扣代缴其相应的个人所得税款。

一般情况下，实习生与公司签订的是劳务合同，实习生取得的收入按照劳务报酬所得缴纳个人所得税，劳务报酬个人所得税的起征点是 800 元。

（四）保持良好的实习心态

1. 不骄不躁

首先，在正式实习之前，充分地了解实习工作岗位的职责、工作内容、工作强度、工作待遇等能帮助自己进入提前进入实习状态，对实习工作保持理性的预期，避免因不切实际的想象而导致的骄躁心理情绪。其次，实习工作待遇大都相对一般，甚至会出现零工资的情况，我们需要摆正自己的心态，不骄不躁，不纠结于眼前的待遇报酬，从长期收益的角度通盘考量，在实习期间，努力工作，学思践悟，尽可能地多积累行业工作经验。

2. 虚心请教

相比较于实习单位的前辈，毕业生缺少经验与方法，遇到实际工作问题，可能会感到束手无策。人际交往能力是职场必备的重要职业素养，正所谓“世事洞明皆学问，人情练达即文章”。在实习期间，多去请教工作经验丰富的前辈，不仅能够锻炼人际交往能力，高效地解决问题，还会收获新的思维方式和前辈们的人生体验。此外，当同事谈论工作时，要尽量去虚心聆听以及参与谈论，多积累学习经验。

（五）学会感恩

实习是从校园步入社会的尝试，可以帮助学生快速适应从在校学生到职业人的角色转换。在这个过程中，学会“社会人”的生活方式与相处之道，为真正走进社会、成为一名劳动者做好准备。

表达对实习单位的感恩既是对单位的尊重也是一种基本的人文素养。我们要学会感恩实习这段重要的人生经历，感谢它提前让我们了解未来的生活，学会在以后的日子里更有针对性地提升自我；我们要学会感恩挫折，在实习中会遇到很多的困难挫折能让我们快速成长，练就一身过硬的本领；我们要感恩那些在实习中帮助过自己的人，正是各种不同的帮助，让我们收获的不仅是一个又一个的进步，更是团队的温暖。学会感恩，做一个温暖的人。

课后作业

1. 实习实训有哪些分类，各有什么样的特征？

2. 实习实训对于自身的专业学习、职业规划有着怎样的作用？

3. 利用本次课所学习的相关知识，举几个实习实训中的小例子，来阐述个人通过实习实训所获得的劳动感悟。

劳动实践任务

一、劳动主题

参加一次专业实习（实训）

二、劳动目的

实习实训是大学学习阶段重要的实践性教学环节之一，是理论与实践相结合的重要方式，通过参加实习（实训），提高自身的业务素质、专业技能和实践能力，形成理性的择业观。

三、劳动任务

1. 学生积极参与学校推荐实习单位的双选会，获得实习（实训）机会，在实习期内，遵守实习相关管理规定，认真履行实习（实训）岗位职责，与同事和谐相处，能圆满完成公司交代的任务。

2. 教师通过“实践啦·劳动在线”特色应用程序发布劳动任务，学生可至程序中接受劳动任务、提交劳动成果，并完成师生互评。

四、考核评价标准

1. 实习日志的完成数量及质量，占 40%。

2. 实习单位的评价，占 30%。

3. 实习指导老师的评价，占 30%。

五、劳动设计

1. 实习（实训）单位

2. 实习（实训）时间

3. 实习（实训）岗位

4. 实习（实训）内容（简要记录每日完成工作事项）

六、劳动成果

完成实习（实训）任务后，将你对此次实习（实训）的所思、所想记录如下：

第十二章　创业实践

学习导航

目标分类	具体内容
知识	1.掌握创业的相关概念，理解创业与劳动的关系 2.理解创业计划书在创业实践中的重要性 3.了解创业营销的概念，掌握初创企业做好营销管理的关键要素
能力	1.掌握初创企业团队的构建方式 2.学会撰写创业计划书并进行项目路演 3.学会使用常用的市场营销工具
素养	1.学习和认知创业实践中应具备的创业者特质 2.掌握并训练创业团队所需具备的基本素养
课程思政	1.理解大学生自主创业是服务于创新型国家建设的重大战略举措 2.激发学生的创业热情，引导学生树立科学的创业观、就业观、成才观

案例导读

青年返乡创业，助力乡村振兴

乡村振兴，是一个呼唤人才同时造就人才的舞台。返乡青年通过创业实践为乡村振兴添砖加瓦，广袤乡村回馈他们以更多人生出彩的机会。

“从大山走出来又回到大山”的彝族小伙立克拢拢，帮助所在村庄的115户612名贫困群众脱贫，推动村集体资产从零增至231.7万元；“90后”返乡创业青年袁小梅从城市回到农村老家，发展养蜂产业，帮助乡亲致富；湖南省花垣县十八洞村的苗家女孩施林娇大学毕业后主动回到村里创业，通过拍摄短视频、直播等方式，让家乡的风景、美食、民俗、建筑为更多人所知……如今，越来越多的年轻人选择返乡创业，在实现自身梦想的同时，带动乡亲们就业致富。

习近平总书记强调："推动乡村全面振兴，关键靠人。"广袤的田野，蕴藏着无限的机遇与希望，为许多人提供了人生出彩的舞台。农业农村部数据显示，截至2022年4月，全国各类返乡入乡创业人员超过1100万。《"十四五"农业农村人才队伍建设发展规划》明确提出，到2025年，培育100万名农村创业带头人，返乡入乡创业人员1500万人。从发展种植养殖业、开办农家乐，到成为非遗传承人、发展农村电商，再到开发乡村旅游、创办小微企业……近年来，越来越多返乡创业人员用坚持、专业和热爱在农村挥洒汗水，为乡村振兴注入了强劲动能。

资料来源：邹翔．青年返乡创业，助力乡村振兴[N]．人民日报，2022-06-14(05).

案例分析

创业是一种极具挑战性的劳动实践，对劳动者各方面素养均有着较高的要求。青年是整个社会力量中最积极、最有生气的力量，在返乡创业、振兴乡村中也扮演着重要角色。不少返乡创业的年轻人接受过良好的教育、有过在市场打拼的经历，具有开阔的视野、活跃的思维，了解市场需求，善于培育高效优质农产品，延长产业链、价值链。同时，这些返乡创业年轻人善学习、肯钻研，在实现自我成长的同时，也让更多人看到乡村发展的机遇，带动更多人投身乡村振兴这片热土。可以说，年轻人返乡创业，拓展了乡村产业，让资金、技术、人才等要素加速向农村汇聚。

案例思考

你对案例中所提到的创业有哪些了解？创业对于社会有怎样的意义？

第一节　创业概述

一、创业的定义及内涵

（一）创业的定义

在《新华词典》里，"创业"被定义为开创基业，出自东汉张衡的《西京赋》："高祖创业，继体承基"。根据杰夫里·蒂蒙斯所著的创业教育领域的经典教科书《创业学》的定义：创业是一种思考、推理和行动的方法，它不仅要受到机会的制约，而且要求创业者有完整缜密的实施方法和讲究高度平衡技巧的领导艺术。哈佛教授霍华德·斯蒂文森认为，创业是不拘泥于当前条件限制，将不同的资源加以组合利用，追求机会，创造价值的过程。

（二）创业的内涵

（1）创业需要创业者勇于冒险，敢于突破当前条件的限制。如百度创始人李彦宏在创立百度公司的时候，放弃了唾手可得的博士帽，放弃了美国最火热的电子商务行业从业机会，选择了当时几乎是无人问津的网络搜索领域。

（2）创业需要不断地整合资源，将各种资源加以组合利用。创业者需要具有系统性思维，从全局思考如何将人、财、物、技术、信息等相关方的资源加以整合应用。

（3）创业是追求机会并创造价值的过程。商业机会往往是创业的核心驱动力。创业的目的是追求商业机会，从而满足某类市场的客户需求，持续创造经济价值和社会价值。

总之，创业是一种劳动方式，是一种需要创业者运营、组织，运用服务、技术、器物作业的思考、推理和判断的行为。

二、创业的类型

随着创业活动的日益广泛，创业活动的类型也呈现出多样化的趋势。了解创业类型、比较不同类型创业活动的特点，有助于我们更好地理解和开展创业活动。创业类型的划分方式很多，所依据的标准也不尽相同。以下从不同的维度出发对创业的类型进行划分。

（一）根据创业目的可分为机会型创业和生存型创业

机会型创业的目标是抓住并利用市场机遇，创造新的需要或满足潜在需求，常常会带动新产业发展。生存型创业是为了谋生而自觉或被迫地创业，大多偏于尾随和模仿，常常会加剧市场竞争。

（二）根据创业起点可分为创建新企业和既有组织内创业

创建新企业是指创业者从无到有地创建全新企业的过程，这个过程充满机遇和挑战，风险和难度较大，创业者需要具备足够的资源、经验和支持。既有组织内创业是指在现有组织内进行有目的的创新，如公司由于产品、营销及组织管理体系等方面的原因，在企业内进行重新创建，张小龙所带领的腾讯广州研发中心产品团队打造的微信就是此类创业的典范。

（三）根据创业者数量可分为独立创业和合伙创业

独立创业是指创业者独自创办企业，产权归创业者个人所有，企业由创业者自由掌控，决策迅速，但创业者要独自承担风险，创业资源整合比较困难，企业发展受个人才能限制。合伙企业是指与他人共同创办企业，其优势和劣势正好与独立创业相反。

（四）根据创业项目性质可分为传统技能型创业、高新技术型创业和知识服务型创业

传统技能型创业是指使用传统技术或工艺的创业项目，如酿酒、中药、工艺美术品等。高新技术型创业是指知识密集度高、带有前沿性和研究开发性质的新技术、新产品创业项目，如将航天技术领域的成果实现产业化，形成新产品，高新技术型创业在创业初期

往往需要大量的资金投入。知识服务型创业是指为人们提供知识、信息等的创业项目，如会计师事务所、工程咨询公司等各类知识性咨询服务机构，这类项目投资少、见效快，但竞争日渐激烈。

（五）根据创业方向和风险可分为依附型创业、尾随型创业、独创型创业和对抗型创业

依附型创业可分为两种情况：一是依附于大企业或产业链而生存，在产业链中明确自己的角色，为大企业提供配套服务；二是特许经营权的使用，如利用知名品牌效应和成熟的经营管理模式，通过连锁、加盟等方式进行创业。尾随型创业是模仿行业内已有的同类企业或类似经营项目进行创业。独创型创业是指提供的产品和服务能够填补市场空白，大到独创商品，小到商品的某种技术，如环保洗衣粉等。对抗型创业是指进入其他企业已经形成垄断地位的某个市场，与之对抗、较量。

（六）根据创业方式可分为复制型创业、模仿型创业、安定型创业和冒险型创业

复制型创业是在现有经营模式的基础上进行简单复制的过程。例如，某人原本在一家化工产品制造企业担任生产部经理，后来离职创立一家与原化工产品制造企业相似的新企业，且生产的产品和销售渠道与离职前的那家企业相似。模仿型创业是一种在借鉴现有成功企业经验基础上进行的重复性创业，具有较高的不确定性，学习过程长，犯错误的机会多，试错成本高。如果创业者素质较高，接受过系统培训，市场进入契机把握得好，创业成功的可能性也比较大。这种创业虽然很少给顾客带来新创造的价值，创新的成分也很低，但对创业者自身命运的改变较大。例如，某软件工程师辞职后，模仿别人开一家饮食店。安定型创业是一种在比较熟悉的领域所进行的不确定因素较小的创业，强调个人创业精神的实现，而不是对原有组织结构进行设计和调整。例如，企业内的研发团队在完成一项新产品开发之后，继续在该企业内开发另一款新的产品。冒险型创业是在不熟悉的领域进行的不确定性较大的创业。这种创业对创业者具有较大的挑战，能够为其带来很大的改变，但个人前途的不确定性也很高，以创新的方式为人们提供具有自主知识产权的新产品、新服务的创业活动，便属于这种类型的创业。

（七）根据创业主体可分为个体创业和公司创业

个体创业指不依附于某一特定组织而开展的创业活动。公司创业指在已有组织内部发起的创业活动，这种创业活动可以由组织自上而下地发动，也可以由员工自下而上地推动，无论推动者是谁，公司内的员工都有机会通过主观努力参与其中，在创业中获得报酬并得到锻炼。从创业本质来看，个体创业与公司创业有许多共同点，但是由于创业主体在资源、组织形态和战略目标等方面各不相同，因而二者在创业的风险承担、成果收获、创业环境、创业成长等方面存在较大差异。

三、创业过程

创业实践的难度极大，是一个需要平衡多方要素、动态平衡的发展过程。通常来说，创业过程包括三个要素，即商业机会、创业团队和创业资源。

（一）创业过程的三要素

1. 商业机会

商业机会往往是一个新的市场需求，或者是一个需求大于供给的市场需求，或者是一个可以开辟新产品的市场需求，从消费者的角度来看是指消费需求未被充分满足的市场痛点。这样的市场需求并非只有创业者认识到，其他的竞争者也许会很快加入竞争的行列。因此，并不是每一个创业机会都需要创业者付出行动去满足它。

2. 创业团队

创业团队不是一群人的简单组合，它要求团队成员能力互补，拥有共同的愿景和价值观，通过相互信任、自觉合作、积极努力而凝聚在一起，并且愿意为共同的目标奉献自己，发挥自己最大的潜能。

3. 创业资源

创业资源是指新创企业在创造价值的过程中需要的特定的资产，包括有形与无形的资产，它是新创企业创立和运营的必要条件，主要表现形式为：创业人才、创业资本、创业机会、创业技术和创业管理等。

（二）创业过程三要素之间的关系

杰弗里·蒂蒙斯在长期研究的基础上，提出了创业过程模型，即蒂蒙斯创业过程模型，如图 12-1 所示。

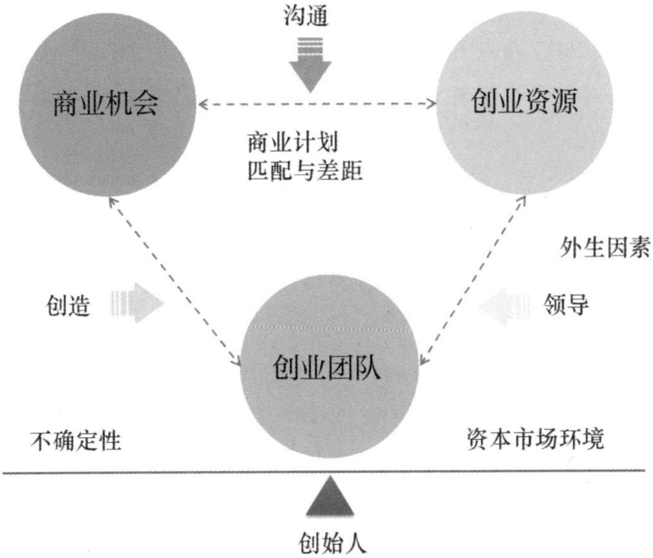

图12-1　蒂蒙斯创业过程模型

蒂蒙斯创业过程模型，指的是一种商业模型。创始人或创业团队必须在推进业务的过程中，在模糊和不确定的动态的创业环境中要具有创造性地捕捉商机、整合资源和构建战略、解决问题的能力，要勤奋工作、富于牺牲。它表达了创业要素之间具有如下关系：

（1）商业机会是创业过程的核心驱动力，创始人或创业团队是创业过程的主导者，创业资源是创业成功的必要保证。创业过程始于商业机会，而不是钱、战略、网络、团队或商业计划。开始创业时，商业机会比资金、团队的才干和能力及适应的资源更重要。在创业过程中，创业资源与商业机会间经历着一个适应—差距—适应的动态过程。商业计划是保证创业团队、商业机会和创业资源三个要素的质量和相互间匹配和平衡状态的语言和规则。

（2）创业过程是商业机会、创业团队和创业资源三个要素匹配和平衡的结果。处于模型底部的创业团队要善于配置和平衡，借此推进创业过程，他们必须做的核心过程是：对商机的理性分析和把握，对风险的认识和规避，对资源最合理的利用和配置，对工作团队适应性的分析和认识。

（3）创业过程是一个连续不断地寻求平衡的行为组合。在三个要素中绝对的平衡是不存在的，但企业要保持发展，必须追求一种动态的平衡。保持平衡的观念展望企业未来时，创业者必须思量的问题是：目前的创业团队是否能领导公司未来的成长、资源状况；下一阶段成功面临的陷阱。这些问题在不同的阶段以不同的形式出现，关系到企业的可持续发展。总之，创业者在创业过程中的情绪就像一个杂技表演者，一边要在平衡线上跳上跳下，保持平衡，一边还要在动荡的处境中进行各式各样的表演。

拓展阅读

创业三要素的动态平衡：淘宝一分为三定位多样需求

阿里巴巴集团在2011年6月16日宣布，该公司会分拆为三个独立的公司，即沿袭原C2C业务的淘宝网、平台型B2C电子商务服务商淘宝商城和一站式购物搜索引擎一淘网。

据悉，此次分拆的出发点是全球互联网和电子商务的形势、客户的需求以及新商业文明的建设决定的企业内部管理都发生了巨大变化，分拆将使淘宝在电子商务领域创造更大的价值。淘宝方面称，此次分拆是为更精准和有效地服务客户，确保淘宝公司旗下业务的持续竞争力和内生性创新能力。

马云在给员工的邮件中是这样说的："变化是痛苦的，没有一次变化会顺利发生，但我们必须变化，我们必须变化在变化之前。"有变化才会有所进步，不仅对于电子商务领域各个竞争者是一种进步，对于消费者来说也是一种利益的再造。

四、创业的意义

（一）创新创业的社会意义

1. 有利于调整产业结构，促进创新发展

大力推动大众创业、万众创新，一方面要在增量上做文章，培育新兴产业；另一方面要挖掘存量资源，将过剩产能中沉淀的人才、资金等创新资源解放出来，引入到战略性新兴产业、高技术产业等效率更高的部门中，从而调整产业结构，化解过剩产能，孕育一批新企业。大众创业、万众创新不仅仅创造新业态，也改造了传统产业。

推进大众创业、万众创新，重点是鼓励企业创新，促进各类创新成果通过自主产业化、转让、许可、入股等方式进入市场，使创新创业大军不断壮大，形成新产品、新市场和新业态，提升产业价值链。

2. 有利于发展民营经济，促进市场竞争

民营经济是我国社会主义市场经济的重要组成部分，中小企业是促进市场竞争的重要力量。推动大众创业、万众创新，是激发亿万群众智慧和创造力的重要举措，符合激发市场活力的要求。要弘扬鼓励创新、容忍失败的创新文化，健全鼓励创新创业的政策环境和市场环境，充分释放全社会创新潜力和创业活力，使创新发展成为全社会的自觉行动，催生大批民营中小企业。越来越多民营中小企业进入市场，才能促进市场有效竞争，进而增强市场活力和发展动力。

3. 有利于增加就业，提高居民收入

推动大众创业、万众创新，是扩大就业、增加收入的重要举措。我国劳动力数量庞大，就业压力较大。而且，近几年还出现了较为突出的结构性就业矛盾，高技能工人供不应求，大学生就业则相对困难。促进大众创业、万众创新，不仅可以创造大量新的就业机会，吸收过剩产能转移出来的劳动力，而且可以通过制度环境建设，引导高素质人才通过创新创业实现自身价值，带动其他人群就业。要让有梦想、有能力的人员通过大众创业、万众创新增加收入，让更多的人富起来。通过创新创业，可以扩大中等收入群体范围，优化社会结构。因此，大众创业、万众创新既能带动就业，又有利于调整收入分配结构，促进社会公平。

4. 有利于适应新消费模式，提高供给与需求契合度

目前，我国消费模式正在发生变化，模仿、跟风式的消费逐渐减少，个性化、差别化、多样化和高端化的消费开始增多，传统供给结构不能完全满足新需求，产品和服务供给中存在一些空白和薄弱环节。新的消费模式要求新的供给模式，从而使创新发展的重要性显著提高，不仅要通过创新提升已有产品质量，而且要通过创新弥补产品和服务中的空白或薄弱环节，满足日益提高的消费需求。相应地，制造业和服务业企业必须更加重视设计、定制、个性和质量，朝着小、特、专、精的方向发展。大众创业、万众创新有利于从

源头上促进供给模式与需求模式的契合，带动更多的人开办新企业、开发新产品、开拓新市场，从而更好地促进消费，拉动经济增长。

（二）大学生自主创业的意义

高校毕业生作为城镇新成长劳动力的主力军，2022 届全国规模预计达 1076 万人，同比增加 167 万，规模和增量均创历史新高。就业形势依然严峻复杂，但机遇与挑战并存。为了破解大学生就业难题，近年来从中央到地方都出台了一系列应对措施，其中鼓励大学生创业被摆在了突出的位置。因此，大学毕业生创业具有十分重要的意义。

1. 以创业带动就业是缓解大学生就业难的有效途径

创业具有扩大就业的倍增效应。大学生创业不仅是就业的重要形式，而且能带动就业，为更多的人解决就业问题。2021 年实施的创业带动就业示范行动累计创造就业机会 416 万个，实际解决就业约 200 万人。因此，培育大学生的创业精神和创业技能，提倡和鼓励大学生自主创业，通过创业来解决大学生就业问题无疑是一种可行且有效的途径。

2. 有利于大学生自我价值的实现

随着社会的不断发展，创办企业越来越需要创业者具有较高的知识水平和技术能力，拥有专业知识和具有人力资本的大学生更有能力通过创业实现价值创造。大学毕业生通过自主创业，可以把自己的兴趣与职业紧密结合，做自己最感兴趣、最愿意做和自己认为最值得做的事情。创业为大学生创造了发展的机会和增加个人财富的可能性，有利于提高其社会地位，对许许多多梦想着开创自己事业的大学生而言，创业不但是一种充分实现自我价值的机会，更是发挥个人潜能的舞台。

3. 有利于培养大学生的创新精神

创业的本质是创新，而创新是一个民族的灵魂，是一个国家兴旺发达的不竭动力。目前，我国技术创新水平仍需提高，市场开发还不够充分，在国际分工中优势不大。要改善这种状态，就要发展创业型经济，而发展创业型经济的根本，取决于拥有创新创业人才的状况。青年大学生作为中国最具活力的群体，是社会未来的精英，如果失去了创造的冲动和欲望，那么中华民族最终将失去发展的不竭动力。大学生的创业活动，有利于培养大学生勇于开拓创新的精神，把就业压力转化为创业动力，培养出越来越多的各行各业的创新型人才，是我国实现发展创业型经济最重要的途径，为创业型经济的发展提供根本性支撑。

4. 有利于培养大学生艰苦奋斗的作风

大学生自主创业的过程中，各种困难和挫折甚至失败都在所难免，这就要求自主创业的大学毕业生具备顽强的意志和良好的品格，勇于承担风险，自立自强，艰苦拼搏。创业可以培养大学生自立自强意识、风险意识、拼搏精神和艰苦奋斗的作风。

第二节　创业者与创业团队

一、创业者概述

（一）创业者的定义

“创业者”一词由法国经济学家坎蒂隆于1755年首次引入经济学。1800年，法国经济学家萨伊首次给出了创业者的定义，将创业者描述为将劳动、资本、土地这三项生产要素结合起来进行生产的第四项要素，是把经济资源从生产率较低、产量较少的领域转移到生产率较高、产量较大的领域的人。著名经济学家熊彼特则认为创业者应为创新者，这样，创业者概念中又加了一条，即具有发现和引入新的、更好的、能赚钱的产品、服务和过程的能力。香港创业学院院长张世平将创业者界定为一种主导劳动方式的领导人，是一种需要具有使命、荣誉、责任能力的人，是一种组织、运用服务、技术、器物作业的人，是一种具有思考、推理、判断能力的人，也是一种能使人追随并在追随的过程中获得利益的人，是一种具有完全权利能力和行为能力的人。

在欧美学术界和企业界，创业者被定义为组织、管理一个生意或企业并承担其风险的人。创业者的英文单词是“entrepreneur”，它包括的基本含义有两个：一是指企业家，即在一个成熟的企业中负责经营和决策的领导人，更准确地说应该是那些具有创业特征（如创新、承担风险、超前行动、积极参与竞争等）的领导人；二是指企业创办人，即我们通常所说的即将创办新企业或者刚刚创办新企业的领导者。日本人形象地把这些人称为“起业家”。

（二）创业者特质

关于创业者的特质，每个专家都有着不同的观点。

1986年，布罗克豪斯提出了创业者的四项特质：成就需要、自我控制、高风险承担、对不确定性的容忍。

2005年，罗伯特提出创业者的十项特质：自我驱动、创造力、热衷创新、积极自信、精力充沛、克服困难的韧性、识别机会和承担风险能力、说服别人的能力、对新事物的敏感、自我认同。

2010年，布鲁斯提出创业者的四项特质：对商业的热情、对产品和用户的关注、面对失败的坚韧、执行能力。

创业学家蒂蒙斯认为创业者应该具备以下六大核心特质：

（1）责任感和决心。包括有决断力、能迅速承担压力的责任感以及目标导向，解决问题的决心，并且创业者愿意为此承受个人牺牲。这是创业者的关键特质，有了责任承诺和决心，创业者可克服不可想象的障碍，并弥补其他缺点。

（2）领导力。成功的创业者是富有耐心的领导者，能够勾勒出组织的愿景，根据长远目标进行管理。他们无须凭借正式的权力，就能向别人施加影响，并能很好地协调企业内部及与顾客、供应商、债权人、合伙人的关系，与他们友好相处，共同分享财富和成功。

（3）执着于商机。创业往往对客户的需求有敏锐的认识，并且执着于创造价值和提升价值。创业者受到的困扰是陷入商机里不能自拔，意识到商机的存在可以引导创业者如何抓住重要问题来处理。

（4）对风险、模糊性和不确定性的容忍度。既然高速变化和高度风险、模糊性和不确定性几乎是不可避免的，成功的创业者们能容忍它们，并善于处理争论和矛盾。

（5）创造性、自立与适应能力。创业者是独立的、高度依赖自我的创新者，相信所获得的成就与自身的控制力和影响力有关，不依赖于外部环境；具有很强的适应力和恢复力，他们不怕失败，并且善于从失败中学习。

（6）超越别人的动机。成功创业者们受胜出别人的动力驱使。他们属于自我驱动型而不是地位和权力驱动型，受到内心强烈愿望的驱动，希望和自己定下的标准竞争，追寻并达到富有挑战性的目标。

需要说明的是并非一定具备这些特质才可以创业，或只要具备了这些特质就一定能够创业成功，拥有这些特质并不是成为创业者的必要条件。如果缺乏以上某些特质，是可以通过学习、实践等途径逐渐获得的。

二、创业团队及团队构成

（一）创业团队的定义

创业团队是指在创业初期（包括企业成立前和成立早期），由一群才能互补（分工）、责任共担、愿为共同的创业目标而奋斗，并能做到利益让渡的人所组成的特殊群体。《管理学大辞典》将其定义为：创业团队是为进行创业而形成的集体。它使各成员（包括创业搭档团队成员）联合起来，在行为上形成彼此影响的交互作用、在心理上意识到其他成员的存在及彼此相互归属的感受和工作精神。

（二）创业团队的组成

一般而言，创业团队由以下四大要素组成。

（1）目标。目标是将人们的努力凝聚起来的要素，从本质上来说创业团队的根本目标都在于创造新价值。

（2）人员。任何计划的实施最终还是要落实到人的身上去。人作为知识的载体，所拥有的知识对创业团队的贡献程度将决定企业在市场中的命运。

（3）团队成员的角色分配，即明确每个人在新创企业中担任的职务和承担的责任。

（4）创业计划，即制订成员在不同阶段分别要做哪些工作以及怎样做的指导计划。

（三）创业团队组建的基本原则

（1）目标明确合理原则。目标必须明确，这样才能使团队成员清楚地认识到共同的奋斗方向是什么。与此同时，目标也必须是合理的、切实可行的，这样才能真正达到激励的目的。

（2）互补原则。创业者之所以寻求团队合作，其目的就在于弥补创业目标与自身能力间差距。只有当团队成员相互间在知识、技能、经验等方面实现互补时，才有可能通过相互协作发挥出“1+1>2”的协同效应。

（3）精简高效原则。为了减少创业期的运作成本、最大化地分享成果，创业团队人员构成应在保证企业能高效运作的前提下尽量精简。

（4）动态开放原则。创业过程是一个充满了不确定性的过程，团队中可能因为能力、观念等多种原因不断有人在离开，同时也有人在要求加入。因此，在组建创业团队时，应注意保持团队的动态性和开放性，使真正完美匹配的人员能被吸纳到创业团队中来。

（四）创业团队构建要素

1. 清晰而强烈的使命感

清晰而强烈的使命感可以加速公司的发展，用来连接公司中志同道合的同事，帮助公司领导引领团队工作，使得公司达到更好的状态以及帮助员工进行高于个人角色的思考，做出更大的贡献。如全球500强企业、世界机械龙头企业三一重工的创始人梁稳根在创业初期提出的“创建一流企业，造就一流人才，做出一流贡献”的企业使命。

2. 坚持核心价值观

如果说强烈的使命感用来连接志同道合的同事，核心价值观则是工作中的核心准则，团队必须明确且长期坚持。核心价值观可以帮助一个团队来确定帮助执行使命的人选，确保所有人都朝着一致的方向努力。

3. 选择合理的团队成员

建立优势互补的创业团队是保持创业团队稳定性的关键，也是规避和降低团队组建模式风险的有效手段。在团队创建初期，人数不宜过多，能满足基本的需求即可。在成员选择上，要综合考虑成员在能力和技术上的互补性，基本保证具备理想团队所需的九种角色。而且，成员的能力和技术应该处于同一等级，不宜差异过大。如果团队成员在对项目的理解能力、表达能力、执行能力、社会资源能力、思维创新能力等方面存在较大的差异性，就会产生严重的沟通和执行障碍。携程网的成功，除了抓住互联网快速发展的契机外，有一个良好的创业团队是关键。携程网的团队成员来自美国甲骨文公司、德意志银行等，是技术、管理、金融运作和旅游的完美组合。大家共同创业，分享各自的知识和经验，避开了很多创业“雷区”。

4. 制定有效的激励机制

正确判断团队成员的利益需求是有效激励的前提。实际上，不同类型的人员对于利益的需求并不完全一样，有些成员将物质追求放在第一位，而有些成员则是希望能够获得荣誉、发展机会、能力提高等其他利益。因此，创业团队的领导者必须加强与团队成员的交流，针对各成员的情况采取合理的激励措施。

创业团队的利润分配体系必须体现出个人贡献价值的差异，而且要以团队成员在整个创业过程中的表现为依据，而不仅是某一阶段的业绩。其具体分配方式要具有灵活性，既包括诸如股权、工资、奖金等物质利益，又包括个人成长机会和相关技能培训等内容，并且能够根据团队成员的期望进行适时调整。

第三节　启动创业计划

一、创业计划书的概念

创业计划书是创业者计划创立业务的书面摘要，用以描述与拟创办企业相关的内外部环境条件和要素特点，为业务的发展提供指示图和衡量业务进展情况的标准。撰写创业计划书可以迫使创业者系统地思考初创企业的各个因素。此外，“酒香也怕巷子深”，创业计划书是创业者叩响投资者大门的“敲门砖”，便于他们能对企业或项目做出评判，从而使企业获得融资。

二、启动创业计划

撰写创业计划书是一个复杂的过程。它包括：①识别商业创意；②创意初筛，以决定最初的可行性；③开展全面的可行性分析，以判断创业计划的各事项是否能够得到保证；④撰写创业计划书。在撰写创业计划书之前，包括初筛创意和可行性分析也都非常重要。许多创业者错误地识别创意，然后就直接跳跃到撰写创业计划书来支持创意。这种做法的错误在于忽视了前后次序关系，在创业计划书开始写作之前，并没有在围绕创意价值开展严格调研这一重要步骤上花时间。

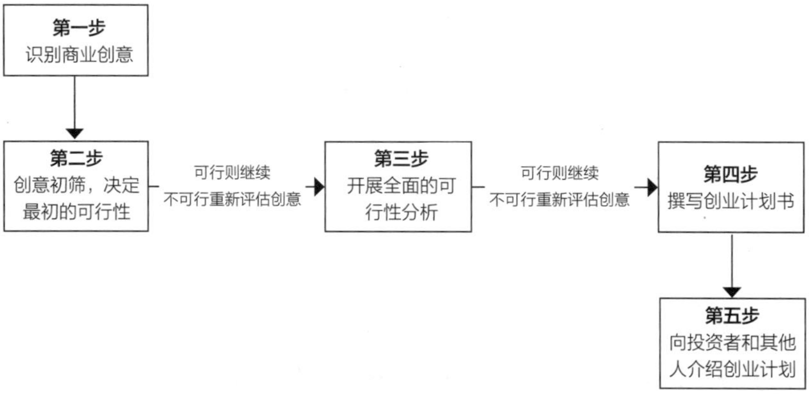

图12-2　启动创业计划的过程

如图 12–2 所示，这些步骤的先后顺序清楚地把考量商业创意价值的调研部分过程、推销过程相互区别开来。从本质上看，第二步、第三步是调研，其任务是鉴别创意的价值。第四步是创业计划书，重点在于计划和推销。最初的步骤十分重要，因为人们没有任何理由为根本没有成功希望的创意去撰写一份创业计划书。撰写创业计划书之前，缺乏对商业创意价值的认真调研（第二步、第三步）是一种冒险行为，它会使创业者对那些和潜在创业活动相关的内部风险失去判断能力，结果导致对计划的过分乐观。

三、创业计划书的“三大件”

写好创业计划书，必须把握好“三大件”，即摘要、主体、附录。

（一）摘要

摘要是对整个计划书最高度的概括，要用最精练的语言，浓缩创业计划书的精华，以最有吸引力和冲击力的方式突出重点，主要是用来激起投资者的兴趣，以求一目了然，以便投资者能在 3~5 分钟时间内评审计划并做出初步判断。摘要是“引路人”，把投资者引入文章的主体。

摘要部分应包括：创业项目概念与概貌；市场机遇与市场谋略；目标市场及发展前景；创业项目的竞争优势；创业项目营收与盈利；创业项目的核心团队；创业项目股权与融资。

摘要部分是整个创业计划书的精华所在，也是打动投资人的关键环节，绝不可粗心马虎，简单糊弄。在摘要部分，创业者需要向投资者重点传达以下信息：你的基本经营思想是正确的，是合乎逻辑的；你的经营计划是有科学根据的和充分准备的；你有能力管理好这个企业，你有一个坚强的领导班子和执行队伍；你清楚地知道进入市场的最佳时机，并且预料到什么时候适当地退出市场；你有符合实际的财务计划；投资人肯定能得到回报。

（二）主体

创业计划书的第二部分即主体部分，是整个创业计划书的核心。在主体部分，创业者应向投资者总体概述企业的各方面情况，展示他们要知道的所有内容。主体部分的功能是最终说服投资者，使他们充分相信创业者的项目是一个值得投资的好项目，以及创业者和其带领的团队有能力让他们的投资产生最佳的投资回报。主体部分要翔实，在有限的篇幅之内充分展示创业者要说的全部内容，让投资者知道他想知道的全部东西。主体部分按照顺序一般包括以下几个方面。

1. 业务描述

（1）企业的宗旨（200 字左右，我们是做什么的）。

（2）商机分析（请通过实例与数字论证）。

（3）行业分析，应该回答以下问题：

①该行业发展程度如何；

②现在发展动态如何；

③该行业的总销售额有多少，总收入是多少，发展趋势怎样；

④经济发展对该行业的影响程度如何；

⑤政府是如何影响该行业的；

⑥是什么因素决定它的发展的。

（4）主要业务与阶段战略。

2. 产品与服务

（1）产品与服务概况。主要有下列内容：

①产品技术概况介绍；

②产品技术优势分析，包括国外研究情况、国内研究情况；

③产品的名称、特征及性能用途，介绍企业的产品或服务及对客户的价值；

④产品的开发过程，同样的产品是否还没有在市场上出现，为什么；

⑤产品处于生命周期的哪一段；

⑥产品的市场前景和竞争力如何；

⑦产品的技术改进和更新换代计划及成本。

（2）利润的来源及持续盈利的商业模式。

（3）生产经营计划。主要包括以下内容：

①新产品的生产经营计划：生产产品的原料如何采购、供应商的有关情况，劳动力和雇员的情况，生产资金的安排以及厂房、土地等；

②公司的生产技术能力；

③品质控制和质量改进能力；

④将要购置的生产设备；

⑤生产工艺流程；

⑥生产产品的经济分析及生产过程。

3. 市场营销

介绍企业所针对的市场、营销战略、竞争环境、竞争优势与不足、主要对产品的销售金额、增长率和产品或服务所拥有的核心技术、拟投资的核心产品的总需求等。

（1）目标市场，应解决以下问题：

①你的细分市场是什么；

②你的目标顾客群是什么；

③你拥有多大的市场，你的目标市场份额为多大。

（2）竞争分析，要回答如下问题：

①你的主要竞争对手是谁；

②你的竞争对手所占的市场份额有多大，所采取的市场策略是什么；

③可能出现什么样的新发展；

④你的策略是什么；

⑤在竞争中，你的发展、市场和地理位置的优势所在；

⑥产品的价格、性能、质量在市场竞争中所具备的优势。

（3）市场营销，你的市场营销策略应该说明以下问题：

①营销机构和营销队伍；

②营销渠道的选择和营销网络的建设；

③广告策略和促销策略；

④价格策略；

⑤市场渗透与开拓计划；

⑥市场营销中意外情况的应急对策。

4. 创业团队

全面介绍公司管理团队情况，主要包括：

（1）公司的管理机构，主要股东、董事、关键的雇员、薪金、股票期权、劳工协议、奖惩制度及各部门的构成等情况。

（2）要展示你公司管理团队的战斗力和独特性及与众不同的凝聚力和团结战斗精神。

①列出企业的关键人物（含创建者、董事、经理和主要雇员等）；

②企业共有多少全职员工；

③企业共有多少兼职员工；

④尚未有合适人选的关键职位；

⑤管理团队的优势与不足之处；

⑥人才战略与激励制度；

⑦外部支持：公司聘请的法律顾问、投资顾问、会计师事务所等中介机构名称。

5. 财务预测

财务分析包括以下几方面的内容：

（1）过去三年的历史数据，今后三年的发展预测，主要提供过去三年现金流量表、资产负债表、损益表以及年度的财务总结报告书。

（2）投资计划包括以下几方面：

① 预计的风险投资数额；

② 风险企业未来的筹资资本结构如何安排；

③ 获取风险投资的抵押、担保条件；

④ 投资收益和再投资的安排；

⑤ 风险投资者投资后双方股权的比例安排；

⑥ 投资资金的收支安排及财务报告编制；

⑦ 投资者介入公司经营管理的程度。

（3）融资需求：创业所需要的资金额；团队出资情况；资金需求计划；为实现公司发展计划所需要的资金额；资金需求的时间性；资金用途（详细说明资金用途，并列表说明）；融资方案，即公司所希望的投资人及所占股份的说明，资金其他来源，如银行贷款等，具体包括完成研发所需投入，达到盈亏平衡所需投入，达到盈亏平衡的时间，项目实施的计划进度及相应的资金配置、进度表。

6. 资本结构

（1）目前资本结构表。

（2）本期资金到位后的资本结构表。

（3）请说明你希望寻求什么样的投资者（包括投资者对行业的了解，资金上、管理上的支持程度等）。

7. 投资者退出方式

（1）股票上市：依照本创业计划的分析，对公司上市的可能性做出分析，对上市的前提条件做出说明。

（2）股权转让：投资商可以通过股权转让的方式收回投资。

（3）股权回购：依照本创业计划的分析，公司对实施股权回购计划应向投资者说明。

（4）利润分红：投资商可以通过公司利润分红达到收回投资的目的，按照本创业计划的分析，公司对实施股权利润分红计划应向投资者说明。

8. 风险分析

详细说明项目实施过程中可能遇到的风险，提出有效的风险控制和防范手段，包括技术风险、市场风险、管理风险、财务风险及其他不可预见的风险。

一份成熟的创业计划书不但能够描述出创业公司的成长状况，展示出未来的成长方向和愿景，而且将量化出潜在盈利能力。这都需要创业者对自己公司有一个通盘的了解，对所有存在的问题都有所思考，对可能存在的隐患做好预案，并能够推出行之有效的工作计划。创业计划书的第二部分就是展示企业各个方面情况的一个平台。创业者对自己的企业越了解，也就能以最快的速度，抓住投资者的眼球，有效融资。

（三）附录

附录经常作为创业计划书的补充说明部分。由于篇幅的限制，有些内容不宜在主题部分更多的描述，附录的功能就是提供更多的、更详细的补充空间，补充需要提供参考资料的内容，供投资者阅读时参考。每份创业计划书在附录中都有大量的财务预测，作为执行计划和财务计划中有关财务的总结。常见附录的内容有：

1. 附件

营业执照影印本、董事会名单及简历、主要经营团队名单及简历、专业术语说明、专利证书、生产许可证、鉴定证书、注册商标、企业形象设计、宣传资料（标志设计、说明书、出版物、包装说明等）、简报及报道、场地租用证明、工艺流程图、产品市场成长预测图等。

2. 附表

主要产品目录、主要客户名单、主要供货商及经销商名单、主要设备清单、市场调查表、预估分析表、各种财务报表及财务预估表等。

四、撰写创业计划书的技巧

一份优秀的创业计划书该如何撰写呢？撰写创业计划书的目的，是帮助投资人快速了解你的项目，并且做出投资的决策。所以，在写创业计划书的时候就要把项目相关的信息都呈现出来，同时又要凸显自身的优势所在。

一份成功的创业计划应该：清楚、简洁；展示项目的市场容量与前景；明确项目所解决的商业痛点或爽点；解释目标消费者为什么会花钱买你的技术、产品或服务；要有一个或多个投资退出策略；解释为什么只要你的创业团队最合适做这件事；与投资者或读者有互动的空间。

一份成功的创业计划不应该：过分乐观，缺乏风险意识；数据不客观，提出一些与产业标准相去甚远的数据；面向产品，没有阐明其满足的细分市场需求；忽视竞争对手分析，或简单将自己定位空白市场的“先行者”；进入一个红海市场，但产品或服务却无绝对优势方面；滥发计划，未仔细寻找最适合的投资人。

五、进行精彩的创业计划书演讲

当你被要求向人口头介绍自己的创业计划书时，首先需要考虑的是如何着手准备这项任务以及如何进行一次精彩的创业计划书演讲。你怎么样向人展示你自己与计划书本身一样重要。当你向别人推荐你的计划时，对方不但关注你的计划书，也同样关注你和你的团队。你怎么样推出自己、你的面部表情、你的幻灯片是否清晰、你怎么样应对困难问题及其他一些特质，将是演讲观众评判你是否为有效创业者的线索。

（一）准备演讲

1. 尽可能多地搜集演讲观众的信息

这可能需要些跑腿的工作，去努力搜集情报，但通常都十分值得。所有的风险投资公司都有自己的网站，上面会列有公司曾经投资的企业和合作伙伴，通过网络搜索和仔细调查也很容易找到有关“天使投资人”的背景信息。掌握这些信息之所以重要是基于两点：第一，如果你可以把自己正在演讲的这项创业项目和与决策者有关的一些活动联系起来的话，决策者会感受到支持你的项目将会带来更多的益处。第二，掌握相关信息是为了找到与这些决策人之间的个人联系。任何千丝万缕的联系，比如曾就读于同一所大学或拥有相同的兴趣爱好，都能够打开话题，建立关系。

2. 提前规划并控制好演讲的时间

演讲的第一条注意事项就是严格控制时间。如果一群“天使投资人”告诉你拥有一个小时的发言时间，但最后 30 分钟是用来接受提问的，你就必须在 30 分钟内结束演讲，不能延时。

3. 着装要得体

一般情况下应该身着正装而不应随意穿戴。只有一个例外，就是当你要面试的公司拥有明显标识的 T 恤或其他印有公司名称 / 标志的衣物，在这种情况下，你的团队成员最好身着这样的服装。

4. 准备好交换个人信息

准备好个人的名片，用于交换个人信息，让投资者有机会进一步了解你和你的团队。同时，你的每一位团队成员都要拥有一个社交账号（如脉脉、微信），因为投资者在与创业者会面之前，也会做些准备。他们最常做的一件事是，在社交网络上浏览他们即将面谈对象的个人档案。

5. 反复练习演讲

许多有经验的创业者在同事和其他听众面前反复练习以期准确控制演讲的时间和获得大家有用的反馈。观摩别人的演讲也是个好办法，从中能总结出一些成功和失败的经验。在许多领域都有创业计划书竞赛，如果条件允许最好能亲临比赛现场或搜索网络上的相关演讲资源。

6. 尽可能多地了解演讲场地的情况

如果你要在一个小会议厅里演讲通常不需要做过多的调整，但如果你要置身于一个较大的舞台，面对更多的听众，类似于一些创业计划书竞赛的最后角逐关头，你就需要扩大幻灯片字体或设计更新颖的方法向更多的听众演示。

第四节　初创企业营销管理

一、创业营销的概念

越来越多的创业者发现，商学院管理学课堂里传授的各种经典的理论和策略对于创业公司来说似乎严重水土不服。其中最重要的原因就是，对于大公司而言，其最核心的任务是发展；而对于创业者来说，最主要的挑战是生存，是如何与那些体量巨大、知名度高、资源丰富的大公司进行竞争。由于两种企业的发展阶段、资源禀赋、市场区间等都截然不同，其背后的理论和策略也必然存在着巨大的差异。初创企业需要一些为其量身定做的理论和方法来指导其行动。

（一）创业营销的定义

创业营销是一种新的营销思想和营销精神。它回避了传统营销中的很多规则，采用一些新颖的、非常规的营销策略来帮助创业公司在一个竞争激烈的市场中站稳脚跟。

目前被广为接受的关于创业营销的定义是：通过创新的途径进行风险控制、资源利用以及价值创造，从而进一步识别和利用那些能够获取和留住有利可图的客户的机会（Morris等，2002）。营销学大师菲利浦·科特勒（Philip Kotler）就曾基于企业生命周期理论提出：当一家公司还很弱小、灵活，并且愿意接受新兴事物的时候，它就会采取一种非正式的营销方式。

（二）创业营销与传统营销的区别

营销专家斯托克斯认为创业营销与传统营销的区别如表 12-1 所示。

表12-1 创业营销与传统营销的区别

	传统市场营销	创业营销
概念	以客户为中心：市场驱动，产品开发紧跟市场需求	以创新为导向：创意驱动，对市场需求直观评估
战略	自上而下的市场细分、锁定以及定位	自下而上地锁定客户及其他有影响作用的人群
战术	传统的营销理论	互动式营销方法、口碑相传的营销
产品	基于市场调研对现有产品的改进，对现有需求的解决方案	顾客参与产品设计与研发，是积极的共同创造者
价格	基于成本	基于为用户创造的价值
市场	针对现存市场	创造崭新市场
促销	通过调研识别并清楚地说明顾客需求	通过动态创新和领先用户，了解引导顾客需求
风险	最小化营销风险	风险在可控范围内
市场情报	正式的市场调研和情报系统	非正式的人脉关系，非正式的市场情报收集

传统营销对于诸如可口可乐、联想、宝洁、比亚迪等已经确立了市场地位的大公司而言是比较行之有效的。这些公司通常都有足够的预算、成熟的团队、宏大的产品推介、健全的分销渠道以及足够的时间。他们可以建立团队来研究市场，研究消费者，搜集大量的数据，通过有经验的统计学专家来分析数据等。在投放一个新产品之前，他们可以通过现成的与媒体、分销商、供应商的关系来控制整个投放流程。

然而，创业者则需要回避传统营销中的很多规则，采用一些新颖的、非常规的营销策略来帮助创业公司在一个竞争激烈的市场中站稳脚跟。很多的初创企业营销策略是随着现实的需要而产生的。通常来说，初创公司只有很少的营销人员，甚至很多时候只是创业者本身。这些营销人员手头的预算捉襟见肘，通常情况下都只有竞争对手的几十分之一、几百分之一甚至更少。对于他们来说，完整的营销团队、专业的图文设计师、昂贵的广告顾问等大公司营销部门的标配都只能是奢望，他们只能想方设法地将手头有限的资源效用最大化。

二、初创企业常用的市场营销理论工具

创业者可以用以下几种市场营销理论工具，对初创企业所面临的市场环境进行全面分析，梳理营销管理思路。

（一）市场分析工具

1. PEST 分析——初创企业的宏观市场环境分析

PEST 分析是指宏观环境的分析，P 是政治（Politics），E 是经济（Economic），S 是社会（Society），T 是技术（Technology）。通常是通过这四个因素来进行分析企业所面临的宏观环境。

2. 波特五力模型——初创企业的行业市场环境分析

波特五力模型由迈克尔·波特于 20 世纪 80 年代初提出。波特认为行业中存在着决定竞争规模和程度的五种力量，这五种力量综合起来影响着产业的吸引力。五种力量分别为新进入者的威胁、替代品或服务的威胁、买方的议价能力、供应商的议价能力以及现有竞争者之间的竞争（见图 12–3）。

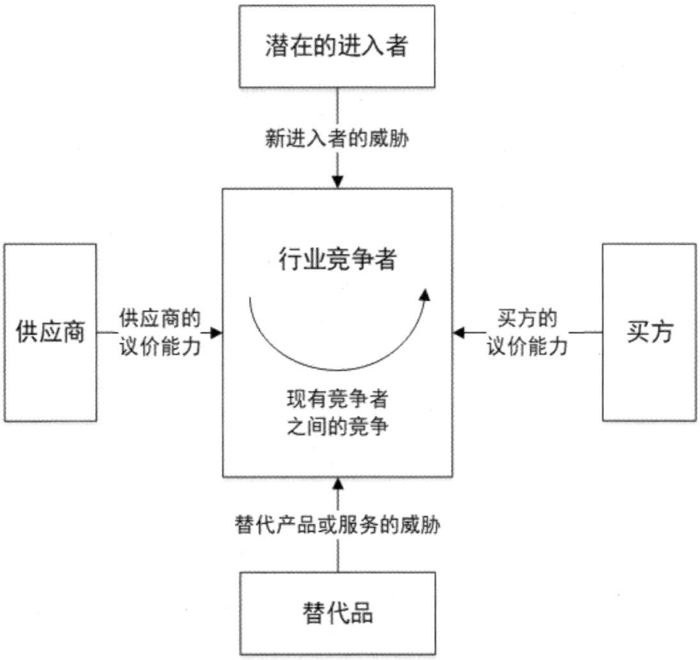

图 12–3　波特五力模型

3. SWOT 分析——初创企业自身优劣势分析

SWOT 分析法，又称态势分析法或优劣势分析法，用来确定企业自身的优势（Strength）、劣势（Weakness）、机会（Opportunity）和威胁（Threat），从而将公司的战略与公司内部资源、外部环境有机地结合起来。SWOT 分析是企业进行自身微观环境分析、认识自身在竞争中处境的最常用也是最有效的分析工具。

（二）营销理论工具

除了市场分析之外，创业者还需要会综合运用如下营销理论工具。

1. STP 营销理论

现代市场营销理论中，市场细分（Market Segmentation）、目标市场（Market Targeting）、市场定位（Market Positioning）是构成公司营销战略的核心三要素，被称为 STP 营销理论。市场上同类的产品有很多，若是不改变策略和寻找细分市场估计很容易被市场上的行业领头羊淘汰出局，那么 STP 营销理论的目的就是帮促企业寻找某个细分市场并解决某一些群体需求的定位。以旅游社交类项目马蜂窝为例，该项目在初创期将国内旅游市场细分为在线旅游社交市场，鼓励用户在 App 上查看或上传自由行游记，将目标市场设为自助游用户市场，同时将马蜂窝 App 定位为一款以“内容社交 + 出行工具”为主且用户黏性较高的社交消费型旅游 APP。

2. 4P 营销理论

企业在市场营销策划时依据产品（Product）、价格（Price）、渠道（Place）、促销（Promotion）四大要素进行策略组合的以满足市场需求为导向的基础理论。

产品：是什么？是有形的产品还是无形的服务；这个产品的定位、品牌；质量如何、功能如何、如何包装（文案的策划、实体的包装）等。

价格：怎么定？产品或者服务的基本价格是什么；能有多少折扣；付款条件及时间限定等。

渠道：怎么卖？该如何去拓展销售渠道，让更多的人知道我的产品；这个产品的仓储条件、物流运输等，即产品到用户手中的一系列过程。

促销：如何卖更多？通过各种形式的广告、公共关系营销、折扣等手段吸引潜在消费者的注意，提升项目成交额。

3. 4C 营销理论

4C 营销理论是由美国营销专家劳特朋教授在 1990 年提出的。它以消费者需求为导向，重新设定了市场营销组合的四个基本要素：消费者（Customer）、成本（Cost）、便利（Convenience）和沟通（Communication）。它强调企业首先应该把追求顾客满意放在第一位，其次是努力降低顾客的购买成本，然后要充分注意到顾客购买过程中的便利性，而不是从企业的角度来决定销售渠道策略，最后还应以消费者为中心实施有效的营销沟通。

4. 4R 营销理论

4R 营销理论是由美国学者唐·舒尔茨在 4C 营销理论的基础上提出的新营销理论。4R 分别指代 Relevance（关联）、Reaction（反应）、Relationship（关系）和 Reward（回报）。该营销理论认为，随着市场的发展，企业需要从更高层次上以更有效的方式在企业与顾客之间建立起有别于传统的新型的主动性关系。

5. 4I 营销理论

随着网络媒体的发展，市场环境的不确定性不断增加，传统的营销理论已经很难适应新媒体的传播，把内容整合的有趣（Interesting）、给用户带来利益（Interests）、做到和用户互动（Interaction）、让用户彰显个性（Individuality），这一理念应运而生，被称为 4I 营销理论。有趣是前提，创业者需要解决的不仅是用户的“痛点”，更是用户的“爽点”。如美图秀秀项目在获得创业成功的原因就是它不仅解决了用户的拍照需求，更解决了用户拍得更美的需求。

三、初创企业的市场营销策略

（一）偷袭营销

三十六计中的第一计是瞒天过海。偷袭营销可以算是瞒天过海在创业营销中的精确运用。偷袭营销通俗来说就是某企业本身并不是某种赛事或活动的赞助商，但却运用某些非常规手段建立和赛事活动的联系，让消费者误以为该企业就是赞助商。

比如 2012 年伦敦奥运会前夕，一个叫 Paddy Power 的品牌在伦敦街头树立了众多广告牌，声称自己是“本年度伦敦最大赛事的官方赞助商”。广告牌上还在括号中加了一个免责声明：“此处专指法国伦敦”。原来法国有一个和伦敦市同名的伦敦镇，Paddy Power 赞助了一个当地的传统比赛。为此事，国际奥委会还与 Paddy Power 对簿公堂，但前者却意外输掉了官司。

（二）草根营销

草根营销顾名思义就是指利用群众的力量进行营销。这几年在美国甚至全球形成强大社会影响的各种运动，比如冰桶挑战等最初都是在一部分群体里传播，后来扩展到普通民众，形成燎原之势。创业者一方面可以借助这些运动进行品牌传播（比如参与冰桶挑战），另一方面通过赞助一些本地的活动在当地培养口碑，从群众中来，到群众中去。

（三）病毒营销

如果没有病毒营销，各种游击营销战术的影响可能仅限于直接看到、接触到广告的顾客。只有通过病毒营销，游击营销战术的影响才会呈指数级的增长。现在微信朋友圈中大量流行着“求转发”“求点赞”的信息。这种靠“求”的营销方式并不是真正的病毒营销。真正的病毒营销通过创意让人们自发地、主动地传播。如拼多多的拼多多红包助力分享，就是一种病毒营销的形式，用了较低的成本获得了大量的关注度和新用户。

（四）社群营销

社群营销是一种建立在关系和网络上的创业营销方式。对于创业公司来说，在拥有了一定数量的用户群体后，社群营销将会大大地降低营销费用以及提高营销效果。逻辑思维就是社群营销的典范。2012 年 12 月 21 日，资深媒体人、央视《对话》栏目前制片人罗振宇与独立新媒创始人申音联合打造的知识型视频脱口秀《罗辑思维》正式在优酷网上线播出。与此同时，在同一天，该节目的同名微信公众号开通。从上线至今，罗辑思维积累了大量铁杆粉丝，由一款互联网自媒体视频产品逐步成长为当前影响力最大的互联网知识社群之一。他们把会员分散到若干社群里，通过组织的互动来影响更多人，从而塑造罗辑思维的品牌。

课后作业

1. 利用本次课所学习的创业计划书相关知识，对你目前所参与或想要进行的创业项目进行全面梳理，以小组为单位撰写一份结构合理的创业计划书，并制作创业计划书 PPT。

2. 对比创业者特质，分析自身符合几点？为其中一种特质制订相应的劳动实践或训练计划。

3. 谈谈你对初创团队构建要素的理解和看法。

劳动实践任务

一、劳动主题

创业人物访谈

二、劳动目标

让学生树立创业榜样，更好地了解创业及创业者，激发学生参与创业实践的潜能。

三、劳动任务

1. 学生可以通过线上、面谈、电话等多种采访形式，认识并了解身边的创业人物，更好地理解创业内涵、创业者特质及创业心态，对创业公司、项目有初步的认知。

2. 教师通过“实践啦・劳动在线”特色应用程序发布劳动任务，学生可至程序中接受劳动任务、提交劳动成果，并完成师生互评。

四、考核评价标准

1. 访谈提纲设置的合理性，占 20%。

2. 访谈过程内容记录真实、翔实，占 30%。

3. 创业人物访谈心得的质量，占 50%。

五、劳动设计

1. 访谈对象

2. 创业项目（简述创业项目名称、概况）

3. 访谈过程（访谈提纲及主题自拟，可以从创业动机、心态、项目内容、创业感受等方面对创业者进行访谈）

六、劳动成果

经过访谈过程，将你对创业、创业者方面的所思、所想记录如下：

参考文献

[1] 罗贝尔·福西耶．中世纪劳动史 [M]. 陈青瑶，译．上海：上海人民出版社，2017.

[2] 费尔南·布罗代尔．十五至十八世纪的物质文明、经济和资本主义（第一卷）[M]. 顾良，施康强，译．北京：商务印书馆，1992.

[3] 杜月升．价值与劳动 [M]. 北京：中国经济出版社，2003.

[4] 申国昌，申慧宁．我国劳动教育的历史审思与未来展望 [J]. 全球教育展望，2020，49（10）：102–113.

[5] 曾天山，顾建军．劳动教育论 [M]. 北京：教育科学出版社，2020.

[6] 杜君立．现代的历程：一部关于机器与人的进化史笔记 [M]. 上海：上海三联书店，2016.

[7] 吕罗伊莎，王调品，刘桦．劳动教育教程 [M]. 北京：北京师范大学出版社，2021.

[8] 陶希圣．中国社会之史的分析 [M]. 北京：商务印书馆，2015.

[9] 马唯杰．劳动伦理研究 [M]. 苏州：苏州大学出版社，2017.

[10] 徐中约．中国近代史 [M]. 北京：世界图书出版公司，2013.

[11]《中国共产党简史》编写组．中国共产党简史 [M]. 北京：人民出版社，中共党史出版社，2021.

[12] 马克思．资本论 [M]. 朱登，译．北京：北京联合出版公司，2013.

[13] 王江松．劳动哲学 [M]. 北京：人民出版社，2013.

[14] 刘芹茂．马克思主义教育学说引论 [M]. 武汉：华中师范大学出版社，1991.

[15] 赵凌云．大学劳动教育的时代意义与实践路向 [J]. 学校党建与思想教育，2020（11）：4–7.

[16] 韩升，赵雪．新时代劳动教育的价值意蕴与实践路向——以马克思身体思想为基点的考察 [J]. 吉首大学学报（社会科学版），2020，41（5）：13–20.

[17] 徐国庆．劳动教育 [M].2 版．北京：高等教育出版社，2021.

[18] 金正连．劳动教育与素质养成 [M]. 北京：中国人民大学出版社，2020.

[19] 宗伟，周兴前．大学生劳动教育与实践 [M]. 北京：科学出版社，2021.

[20] 田鹏颖，王圆圆．论劳模精神的科学性及其当代价值 [J]. 东北大学学报（社会科学版），2018，20（5）：520–526.

[21] 李珂．新时代劳模精神的崭新意蕴与当代价值 [J]. 红旗文稿，2020（8）：33–35.

[22] 魏永刚．劳模精神引领社会风尚 [N]. 经济日报，2021-09-18（9）.

[23] 杜羽，方莉 . 劳动成就梦想 [N]. 光明日报，2021-09-28（5）.

[24] 郑子君 . 劳动精神在新时代的内涵和价值 [J]. 人民论坛，2021（19）：82-84.

[25] 黄蓉生，樊新华 . 培养新时代大学生劳动精神的四个着力点 [J]. 中国高等教育，2021（9）：4-6.

[26] 郑娓娜 . 新时代大学生劳动精神培育的价值意蕴及其实现路径 [J]. 学校党建与思想教育，2019（9）：94-96.

[27] 王政武 . 劳动主体地位回归：以人民为中心经济发展的逻辑及路向 [J]. 内蒙古社会科学（汉文版），2017（1）：8.

[28] 乔东 . 劳模精神、劳动精神和工匠精神探析 [J]. 中国劳动关系学院学报，2019（33）：8.

[29] 习近平在同全国劳模代表座谈时的讲话 [N]. 人民日报，2013-04-28（1）.

[30]《大学生劳动教育理论与实践教程》编写组 . 大学生劳动教育理论与实践教程 [M]. 上海：同济大学出版社，2021.

[31] 潘维琴 . 劳动教育与实践 [M]. 北京：机械工业出版社，2021.

[32] 陈春敏 .“工匠精神”的当代价值及其培育路径研究 [D]. 华中师范大学，2018.

[33] 张青 . 大学生工匠精神培育研究 [D]. 山东大学，2018.

[34] 蒋乃平，杜爱玲 . 职业安全与职业健康 [M]. 2 版 . 北京：高等教育出版社，2021.

[35] 刘向兵 . 劳动通论 [M]. 2 版 . 北京：高等教育出版社，2021.

[36] 梁艳珍，祁鸣鸣，李馨雨 . 大学生劳动教育实用教程 [M]. 成都：电子科技大学出版社，2021.

[37] 冯喜成，向松林 . 劳动教育理论与实践教程 [M]. 北京：首都师范大学出版社，2020.

[38] 佟瑞鹏，李春旭 . 旅游景区事故应急管理与预案编制 [M]. 北京：中国劳动社会保障出版社，2015.

[39] 教育部职业技术教育中心研究所 . 劳动教育读本（高职版）[M]. 北京：高等教育出版社，2021.

[40] 徐敏，张浩 . 劳动防护用品知识学习手册 [M]. 北京：中国劳动社会保障出版社，2018.

[41] 吴敏 . 高职院校大学生在工学结合中的劳动法主体资格初探 [J]. 教育与职业，2011（32）：185-186.

[42] 刘晋波 . 劳动法保护毕业前在校大学生劳动权益探析 [J]. 上海商学院学报，2012，13（5）：62-66.

[43] 段晓军 . 劳动法在高校学生中的普及教育探索 [J]. 法制博览，2018（15）：143-144.

[44] 吕群蓉 . 论劳动法教学对大学生兼职与就业的保护 [J]. 当代教育论坛(管理研究), 2010 (6): 69–70.

[45] 汪波 . 论劳动法教学指导大学生就业的意义、途径及方法 [J]. 洛阳师范学院学报, 2015, 34 (10): 132–136.

[46] 刘育君 . 论劳动法在大学生群体中的普及 [J]. 吉林省教育学院学报 (下旬), 2015, 31 (12): 30–31.

[47] 许国成 . 大学生社会实践教程 [M]. 杭州: 浙江大学出版社, 2021.

[48] 倪福全, 邓玉, 周曼 . 大学生社会实践教程 [M]. 2 版 . 北京: 水利水电出版社, 2016.

[49] 陈少平 . 新时代大学生社会实践教程 [M]. 厦门: 厦门大学出版社, 2020.

[50] 张威 . 新时代高校劳动教育的价值意蕴及实践路径研究——基于立德树人的视角 [J]. 科教文汇, 2022 (6): 44–47.

[51] 杨志锋, 李文芳, 林金忠, 肖郑颖, 庄学文 . 基于工程训练的非机类学生工程素质及劳动实践教育探讨 [J]. 中国设备工程, 2022 (6): 259–260.

[52] 张瑞, 陈坤 . 论大学生劳动教育与创业教育的融合发展 [J]. 学校党建与思想教育, 2022 (6): 79–80.

[53] 罗生全, 张雪 . 劳动教育课程的理念形态及系统构建 [J]. 广州大学学报 (社会科学版), 2022, 21 (2): 11.

[54] 刘然然 . "双高计划" 背景下高职院校劳动教育课程体系构建初探 [J]. 杨凌职业技术学院学报, 2022 (1): 66–69+76.

[55] 卢丽华 . 劳动教育背景下基于 "志愿 +" 的 "五位一体" 高职实训机制研究 [J]. 现代职业教育, 2022 (9): 115–117.

[56] 王莉 . 劳动教育融入中职实习实训教学的价值、问题与对策 [J]. 佳木斯职业学院学报, 2022 (1): 146–148.

[57] 叶子明, 王瑜, 杨庆 . 应用型本科生的劳动意识及其教育培养研究 [J]. 华东科技, 2022 (2): 134–136.

[58] 刘向兵 . 新时代高校劳动教育论纲 [M]. 北京: 社会科学文献出版社, 2019.

[59] 张子睿, 郭传真, 劳动教育及其创新进路研究 [M]. 北京: 中国书籍出版社, 2021.

[60] 刘旭 . 以实习实训课为载体开展劳动教育 [N]. 工人日报, 2022–03–02.

[61] 马开剑 . 大学教学论基础 [M]. 济南: 山东大学出版社, 2011.

[62] 李剑萍 . 大学教学论 [M]. 济南: 山东大学出版社, 2008.

[63] 约翰 · C. 麦克斯维尔 . 领导力 21 法则: 追随这些法则, 人们就会追随你 [M]. 路卫军, 路本福, 译 . 北京: 北京时代华文书局, 2016.

[64] 布鲁斯・R. 巴林杰 . 创业计划书：从创意到方案 [M]. 陈忠卫，等，译 . 北京：机械工业出版社，2018.

[65] 张景亮 . 大学生创新创业管理与人才培养模式研究 [M]. 长春：吉林科学技术出版社，2020.

[66] 李子毅，刘佩 . 大学生创新创业指导 [M]. 北京：北京理工大学出版社，2019.

[67] 胡楠，郭勇 . 大学生创新创业指导 [M]. 北京：人民邮电出版社，2017.

[68] 吕薇，田杰棠，沈恒超 . 创业创新增强经济发展新活力 [N]. 光明日报，2015-11-25.

[69] 何建湘 . 创业者实战手册 [M]. 北京：中国人民大学出版社，2015.

项目策划：段向民
责任编辑：张芸艳
责任印制：孙颖慧
封面设计：武爱听

图书在版编目（CIP）数据

大学生劳动教育教程 / 徐初娜，金蓓蕾，徐敏主编；金浩伟等副主编. -- 北京：中国旅游出版社，2022.8（2024.7 重印）
新形态一体化活页式教材
ISBN 978-7-5032-6965-3

Ⅰ. ①大… Ⅱ. ①徐… ②金… ③徐… ④金… Ⅲ. ①劳动教育－高等学校－教材 Ⅳ. ① G40-015

中国版本图书馆 CIP 数据核字 (2022) 第 087251 号

书　　名：大学生劳动教育教程

主　　编：徐初娜　金蓓蕾　徐　敏
副 主 编：金浩伟　柏　凤　卢璐璐　张彩娟
出版发行：中国旅游出版社
（北京静安东里 6 号　邮编：100028）
https://www.cttp.net.cn　E-mail:cttp @ mct.gov.cn
营销中心电话：010-57377103，010-57377106
读者服务部电话：010-57377107
排　　版：小武工作室
经　　销：全国各地新华书店
印　　刷：北京墨阁印刷有限公司
版　　次：2022 年 8 月第 1 版　2024 年 7 月第 3 次印刷
开　　本：787 毫米 × 1092 毫米　1/16
印　　张：15.25
字　　数：323 千
定　　价：39.80 元
ISBN　978-7-5032-6965-3